上海市哲学社会科学学术话语体系建设办公室
上海市哲学社会科学规划办公室
——
资助出版

上海市纪念改革开放40年
研 究 丛 书

改变中国人的十四个观念

改革开放40年
经济哲学范畴诠释

张雄 等著

上海财经大学出版社

2018年，我们将迎来改革开放40周年。改革开放是决定当代中国命运的关键一招，40年的改革开放使中国人民生活实现了小康，逐步富裕起来了。我们将总结经验、乘势而上，继续推进国家治理体系和治理能力现代化，坚定不移深化各方面改革，坚定不移扩大开放，使改革和开放相互促进、相得益彰。我坚信，中华民族伟大复兴必将在改革开放的进程中得以实现。

——习近平

总　序

2018年，是我国改革开放40周年。40年改革开放历程波澜壮阔，中国人民用双手书写了一部国家和民族发展的壮丽史诗，中华民族沿着改革开放的康庄大道，续写从站起来、富起来到强起来的历史新篇章。

回首40年光辉历程，我们对中国特色社会主义道路坚定不移，充满自信。我国从农村联产承包到城市经济体制改革，从深圳特区创建到中国加入世界贸易组织，从浦东开发开放到自由贸易试验区建设，从实行社会主义市场经济到全面推进依法治国，从沿海沿边开放到“一带一路”建设，改革开放一次次突破禁区，冲破禁锢，打破常规，革故鼎新。无数雄辩的事实和辉煌的发展成就充分证明，改革开放是党在新的历史条件下领导人民进行的新的伟大革命，是决定当代中国命运的关键一招，也是决定实现“两个一百年”奋斗目标、实现中华民族伟大复兴中国梦的关键一招。改革开放道路是完全正确的，完全符合中国的国情。改革开放40年伟大实践昭示世人，中国之所以能够快速发展，最根本的一条是坚持改革开放。

“改革开放是我们党的历史上一次伟大觉醒，正是这个伟大觉醒孕育了新时期从理论到实践的伟大创造。”党的十八大以来，以习近平同志为核心的党中央继续高举改革开放伟大旗帜，以更大的政治勇气和政治智慧推进改革，用全局观念和系统思维谋划改革，以自我革命的精神重启全面深化改革的进程，推动形成新一轮改革大潮，改革全面发力、多点突破、纵深推进，系统性、整体性、协同性不断增强，重要领域和关键环节改革取得突破性进展，主要领域改革主体框架基本确立。

回首 40 年光辉历程，我们获得弥足珍贵的经验和启示。一个国家要发展、一个民族要振兴，就必须在历史前进的逻辑中前进、在时代发展的潮流中发展。中国的改革开放之所以能够成功、必然成功，根本的一条是顺应了中国人民要发展、要创新、要美好生活的历史要求，契合了世界各国人民要发展、要合作、要和平生活的时代潮流。纵观当今世界，变革创新是大势所趋、人心所向，是推动人类社会向前发展的根本动力。世界各国都在加快推进改革创新，新一轮科技革命和产业革命正在孕育兴起，谁更有智慧、更有勇气，敢于变革、敢于创新，谁就会抢占发展先机，谁就会居于主导地位。可以说，改革是对执政党生命力的考验，是国家发展能力和竞争力的根本保证。能否改革、能否持续改革，是对当今世界各国执政党政治潜力和执政能力的最大考验。什么样的执政党具有锐意改革的哲学、文化支撑，就具有延绵不绝的竞争力和生命力，就能在未来的世界发展格局中立于不败之地。

回首 40 年光辉历程，我们对于改革开放自身规律的认识更加深刻。中国共产党领导下的改革开放之所以能够成功，重要的一条是把改革提升到哲学的高度、方法论的层面，用辩证思维把准改革脉搏，妥善处理各方关系，在整体谋划、系统思考中把准改革开放脉搏，在统筹兼顾、综合平衡中把改革开放全面引向深入，这是中国共产党积累的一条基本的改革经验、执政经验。

一是妥善处理顶层设计与基层积累的关系。党的十八大以来，我们更加注重对一些必须取得突破，但一时还不那么有把握的改革，开展一系列先行先试的试点探索，投石问路，然后再把基层积累的可复制、可推广的成功经验，提升到国家顶层设计的层面。当然，决定在哪些领域改革、试点哪些举措、在哪些区域试点，这要从加强改革顶层设计和总体规划的角度去选择。党的十八大以来的发展历程一再明示，基层积累要在顶层设计的前提下进行，顶层设计也要在基层积累的基础上来谋划。

二是妥善处理系统推进和重点突破的关系。随着改革的全面深化，必须强调系统性、完整性、协调性，不可能再像改革初期在某个领域某个方面的单项改革那样，单兵突进，而是要把改革从以经济为主，延伸到经济社会、文化民生等各个领域。同时，改革又不能平均用力、齐头并进，搞一刀切、齐步走，而是要确立关键环节、重点领域，寻找到把改革推向纵深的着力点。整体推进和重点突破，这两者必须相辅相成，不可偏废。

三是妥善处理解放思想与实事求是，胆子要大与步子要稳的关系。搞改革肯定要打破现有的工作格局和体制机制，必然会有风险，不会四平八稳。触动利益的改革，不可能都是敲锣打鼓、欢欢喜喜、轻而易举。各级干部都要有胆量和魄力，必须解放思想，拿出勇气，认准的事就要甩开膀子大胆地干。还要坚持稳中求进工作总基调，推出改革的具体举措一定要充分研究、反复论证、科学评估，做到稳妥审慎，稳扎稳打，蹄疾步稳。

坚持和推进全面改革开放，最重要和最根本的一条，是坚持党的领导不动摇，落实人民中心思想不松劲。我们要始终坚持在中国共产党的领导下，尊重人民群众的主体地位，把改革开放伟大事业深深植根于人民群众之中，紧紧依靠人民的力量推动改革。我们要紧紧围绕人民所思所想所盼，深入开展社会化宣传教育活动，为改革开放事业凝聚力量人心，营造有利氛围。尤其要增强党员干部对改革开放事业的认同感和使命感，引导广大干部群众真心诚意接受改革、拥护改革，引领社会成员自觉地把个体的命运与改革开放事业的兴衰成败相联结，牢固树立以人民群众幸福感获得感和满意度，作为衡量改革发展成败的标尺的执政理念。

“一个时代有一个时代的问题，一代人有一代人的使命。”中国特色社会主义进入了新时代，改革开放又到了一个新的历史关头。我们已经处于“两个一百年”奋斗目标的交汇期，处于迈入实现第一个百年目标、向第二个百年目标进军的关键期，美好的目标就在眼前，更大风险和考验也摆在面前。潮平两岸阔，风正一帆悬。改革开放 40 年伟大历程告诉我们，始终高举改革开放的旗帜，坚定不移，坚韧不拔，不断把改革开放向全面、系统、纵深推进，是中国特色社会主义伟大事业从胜利走向新的胜利的唯一选择。我们要按照党的十九大和十九届一中、二中、三中全会的战略安排和部署，贯彻新发展理念，深化供给侧结构性改革，加快完善社会主义市场经济体制，推动形成全面开放新格局，深化机构和行政体制改革，改革生态环境监管体制，继续深化国防和军队改革，健全党和国家监督体系。

当好“改革开放排头兵、创新发展先行者”，是习近平总书记对上海一以贯之的要求。党的十八大以来，上海承担了一系列全面深化改革的先行先试任务。上海自贸试验区改革，是通过负面清单的方式解决政府管得太多、太全的问题，探索形成以简政放权、转变职能为核心，以创新方式、提高效能为重点，符合现代治理体系要求、对标国际高标准贸易规则的政府服务管理新模式；上海建设科创中心，是要让我国在从要素驱动、投资驱动发展为主，向以创新驱动发展为主的发展模式切换中，能够走到世界前列；上海为创新社会治理、加强基层建设推出“1+6”文件，是要走出一条符合超大城市特点和规律的社会治理新路子；上海率先出台国资国企改革“20条”，是要实现从“管企业”向“管资本”的转变；上海积极探索司法体制改革，是要率先建立符合司法规律和职业特点的人员分类管理制度。此外，上海还承担了“营改增”税制改革、群团改革、高考综合改革和教育综合改革，等等。这一系列改革使得我们的各项制度、政策更加符合经济社会发展需要，这种勇于改革、善于改革的精神，也成为上海和国家保持发展活力、前进动力的重要支撑和思想驱动。在庆祝改革开放40年之际，总结上海经验，为深化我国改革开放事业源源不断提供上海的新思考和新方案，是我们责无旁贷的时代重托与使命担当。

广大社科理论工作者要以庆祝改革开放40年为契机，继承和发扬改革开放精神，把我国改革开放基本进程、主要成就、基本经验和内在规律系统总结好、深入挖掘好、广泛传播好，切实转化为学习思考能力、理论创新能力和学术原创能力，使之成为构建中国特色哲学社会科学的出发点和着力点。我们要更好地结合当代中国实际，立足各自学科领域，坚持问题导向、需求导向和价值导向，以中国理论解读中国实践，以中国实践丰富中国理论，在守正出新、博采众长中推进理论和学术创新，久久为功，善作善成，着力推进改革开放史和相关理论研究，为形成布局合理的学科体系、植根中国的学术体系、融通中外的话语体系，加快构建中国特色哲学社会科学作出贡献。

2017年，在中共上海市委宣传部指导下，上海市哲学社会科学学术话语体系建设办公室、上海市哲学社会科学规划办公室启动实施了上海市“改革开放40周年”系列研究。复旦大学、华东师范大学、上海社会科学院等上海多所高校和社科研究机构的专家学者，历时一年辛勤工作，爬罗剔抉，刮垢磨光，探赜索隐，钩深致远，按照“论从史出”“史论结合”的研究路径，在回顾中国和上海40年改革开放伟大实践的基础上，尊重学术规律，凝练理论思考，打造标识概念，构建话语体系，取得了“纪念改革开放40年”系列研究成果。现在选取其中的一部分，汇编成这套“上海市纪念改革开放40年研究丛书”。本丛书囊括经济、政治、社会、文化、哲学、法律、科技、教育、国际关系等多个学科领域，对中国改革开放40年的发展历程，进行全方位阐释和理论解读，对当下我国发展面临的众多问题，进行深入剖析，展开学理论证，谋划应对举策，为我国改革开放再出发提供学术性探索和学者版建议。本丛书能够代表上海学术界对于改革开放40周年的思考水准，呈现了上海社科理论界应当具有的历史责任，反映了社科理论界对我国改革开放未来发展和综合国力继续提高，最终实现中华民族伟大复兴中国梦的美好愿景。

是为序，以纪念改革开放40年！

燕　爽

中共上海市委宣传部副部长、上海市社联党组书记

前　言

习近平同志指出："改革开放是决定当代中国命运的关键一招，40年的改革开放使中国人民生活实现了小康，逐步富裕起来了。我们将总结经验、乘势而上，继续推进国家治理体系和治理能力现代化，坚定不移深化各方面改革，坚定不移扩大开放，使改革和开放相互促进、相得益彰。我坚信，中华民族伟大复兴必将在改革开放的进程中得以实现。"这段精辟深刻的论述，是我们评价中国改革开放40年历史最精准的依据。

40年历史怎么梳理，怎么来认知。若不把这40年梳理好，往后的路与目标很难行走，很难实现。看不出历史逻辑和它的节奏，就看不出中国现代性历史化发展的全过程。从经济哲学的角度来反思这40年的历史，是一件很有意义的事。40年，弹指一挥间，我们从向世界学习走向了对世界的反思、对中国的再反思，走向了民族自我意识的空前高涨，走向了充分的祝福意识和忧患意识的统一。从老百姓的感觉来看，40年能说出诸多事，但是，像黑格尔那样，用范畴来整理这段历史，看到一个历史逻辑的运动，更具有价值。当然，在黑格尔看来，只有范畴逻辑的运动，才能赋予历史的质料意义和价值。但是我们呢，用范畴来反思这 40 年的历史，如海德格尔所说，哲学就是运用范畴、思想和思想体系来追问一个新的时代，我想，一个值得铭记的历史变革时代，其历史理性和宏大实践所映射的时代精神，更值得我们基于历史和逻辑的双重维度，给予深刻的理论透视和哲学反思。

最近，我领衔一个上海市课题，通过对社会主义市场经济、货币、资本、金融、财富、欲望、个人、自然、创新、消费、发展、正义、劳动和法共 14 个深刻关联中国人心智发展的经济哲学范畴反思，集中诠释我国改革开放 40 年来，在中国共产党的领导下，如何经历中国现代史上这场史无前例、翻天覆地的伟大历史转折的关键过程，叙说中国现代性发育发展的精彩故事。

张　雄

2018 年 9 月 10 日

数据中国

国家统计局2018年8月27日发布的改革开放40年经济社会发展成就报告显示，40年来，中国经济社会发展取得举世瞩目的历史性成就，实现前所未有的历史性变革。

经济跃上新台阶

数据显示，2017年，我国国内生产总值按不变价计算比1978年增长33.5倍，年均增长9.5%，远高于同期世界经济2.9%左右的年均增速。1978年，我国国内生产总值只有3 679亿元，2017年首次站上80万亿元的历史新台阶。

人均国内生产总值不断提高。2017年，我国人均国内生产总值59 660元，扣除价格因素，比1978年增长22.8倍，年均实际增长8.5%。我国人均国民总收入（GNI）由1978年的200美元提高到2016年的8 250美元，超过中等偏上收入国家平均水平，在世界银行公布的217个国家（地区）中排名上升到第九十五位。

财政实力显著增强。1978年，国家一般公共预算收入仅1 132亿元，2017年达到172 567亿元，1979年至2017年年均增长13.8%。

经济规模跃居世界第二位。1978年，我国经济总量居世界第十一位；2010 年超过日本，成为世界第二大经济体。2017 年，我国国内生产总值占世界经济总量的 15%左右，比 1978 年提高 13 个百分点左右。

外汇储备大幅增长。1978 年，我国外汇储备仅 1.67 亿美元，位居世界第三十八位；2017 年末外汇储备余额达 31 399 亿美元，稳居世界第一位。

城镇化稳步推进。2017 年末，我国常住人口城镇化率为 58.52%，比 1978 年末上升 40.6 个百分点；我国户籍人口城镇化率达 42.35%，与常住人口城镇化率的差距缩小到 16.17 个百分点。

基础产业跨越式发展

统计显示，农业基础地位不断强化。2017 年，我国粮食总产量稳定在 1.2 万亿斤以上，比 1978 年翻一番。近年来，我国谷物、肉类、花生、茶叶产量稳居世界第一位，油菜籽产量稳居世界第二位，甘蔗产量稳居世界第三位。

工业生产能力不断提升。2017 年，钢材产量 10.5 亿吨，比 1978 年增长 46.5 倍；水泥产量 23.4 亿吨，增长 34.8 倍；汽车产量 2 902 万辆，增长 193.8 倍。

交通运输建设成效突出。2017 年末，铁路营业里程达到 12.7 万公里，比 1978 年末增长 1.5 倍，其中高速铁路达到 2.5 万公里，占世界高铁总量 60%以上。2017 年末，公路里程 477 万公里，比 1978 年末增长 4.4 倍。

邮电通信业快速发展。2017 年末，全国移动电话普及率达到 102.5 部/百人；建成了全球最大的移动宽带网，移动宽带用户达 11.3 亿户。

全方位开放新格局逐步形成

统计显示，我国贸易规模稳步扩张。2017 年，货物进出口总额达到

4.1 万亿美元，比 1978 年增长 197.9 倍，年均增长 14.5%，居世界第一位。

外商投资规模和领域不断扩大。2017 年，我国实际使用外商直接投资 1 310 亿美元，比 1984 年增长 91.3 倍，年均增长 14.7%。1979 年至 2017 年，我国累计吸引外商直接投资达 18 966 亿美元，是吸引外商直接投资最多的发展中国家。

对外投资合作快速发展。2017 年，我国对外直接投资额（不含银行、证券、保险）1 201 亿美元，比 2003 年增长 41.1 倍，年均增长 30.6%。

科技发展逐步壮大

数据显示，我国科技投入不断增加。2017 年，我国研究与试验发展（R&D）经费支出 17 606 亿元，比 1991 年增长 122 倍，年均增长 20.3%。我国研发经费总量在 2013 年超过日本，成为仅次于美国的世界第二大研发经费投入国家。

科技队伍发展壮大。2017 年，按折合全时工作量计算的全国研发人员全时当量 403.4 万人年，比 1991 年增长 5 倍。按折合全时工作量标准，我国研发人员总量在 2013 年超过美国，连续 5 年居世界首位。

人民生活条件改善

统计显示，我国就业规模稳步扩大。1978 年至 2017 年，我国就业人员从 40 152 万人增加到 77 640 万人，年均增加 961 万人。

城乡居民收入大幅提升。2017 年，全国居民人均可支配收入达到 25 974 元，扣除价格因素，比 1978 年实际增长 22.8 倍。2017 年，全国居民人均财产净收入占全部可支配收入的比重达到 8.1%。

居民生活条件不断改善。2017 年，全国居民人均消费支出 18 322

元，扣除价格因素，比1978年实际增长18倍，年均增长7.8%。

居住条件显著改善。2017年，城镇居民、农村居民人均住房建筑面积分别比1978年增加30.2平方米和38.6平方米。居民预期寿命由1981年的67.8岁提高到2017年的76.7岁。

竞技体育和群众体育共同发展。1978年至2017年，我国运动员共获得世界冠军3 314个。全民健身运动蓬勃发展，近4亿人经常参加体育锻炼。

（数据来源：新华社北京2018年8月27日电《“数”说历史性跨越——统计数据展现改革开放40年中国经济社会发展成就》。）

目 录

总序 / 燕爽　1

前言 / 张雄　1

数据中国　1

导论 / 张雄　1

一、鲜活的辩证法：以自我革命精神推进改革　1

二、从历史走向未来的经济哲学　6

三、"真理标准问题大讨论"改变中国人的生存观念　14

第一章　消费观念 / 张雄　熊亮　19

第一节　消费观念的学理性追问　19

第二节　1978—1992 年：中国人消费观念的现代性萌动　22

第三节　1992—2012 年：现代性消费观念的充盈及异化　27

第四节　自党的十八大以来，追求进步的消费观："理性—绿色—共享"　32

第二章　货币观念 / 曹东勃　39
第一节　1949—1978 年:既重要又不重要的货币观念　41
第二节　1978—1992 年:思想的解放带来了货币观念的放大　43
第三节　1992—2012 年:从高涨的货币经济到多向度的货币观念　47
第四节　自 2012 年党的十八大以来:新时代货币经济深度发展带来货币观念的理性化矫正　52

第三章　欲望观念 / 姜勇　59
第一节　非理性:欲望概念内涵的多维度诠释　60
第二节　1949 年以来中国人欲望观念的变迁　63
第三节　反思与展望:全面深化改革阶段面临的问题　69

第四章　财富观念 / 宁殿霞　72
第一节　财富概念的经济哲学诠释　73
第二节　1949—1978 年:注重计划配置、集体积累的财富观念　77
第三节　1978—1992 年:对两个重大问题的反思引发现代财富观念的启蒙　81
第四节　1992—2012 年:社会主义市场经济体制建构提供了财富涌流的空间　84
第五节　2012—2018 年:财富共享与人民财富论新时代的开启　88
第六节　中国人财富观念嬗变的启示　91

第五章 社会主义市场经济观念 / 王程 93
第一节 市场经济观念认知图式的质变:实现三个“告别” 94
第二节 社会主义市场经济观念生成的历史逻辑 99
第三节 社会主义市场经济观念的价值寓意 108

第六章 经济正义观念 / 康翟 119
第一节 1949—1978 年:计划经济体制下的经济正义观 120
第二节 1978—1992 年:包容差异和竞争的经济正义观 124
第三节 1992—2012 年:“先富”与“共富”的辩证法 128
第四节 自 2012 年党的十八大以来:“以人民为中心”的经济正义观 133

第七章 自然观念 / 平成涛 139
第一节 1949—1978 年:“人定胜天”的自然观念 140
第二节 1978—1992 年:处于萌动时期的现代自然观念 145
第三节 1992—2012 年:市场经济的深入推进带来自然观念的现代面相 148
第四节 2012 年党的十八大以来:新发展理念下自然观念的新方位 153

第八章 金融观念 / 申唯正 162
第一节 金融观念的范畴解读 163
第二节 中国现代性金融观念的萌芽与发展 169
第三节 走向自信的中国金融观念 184

第九章　个人观念 / 李秀辉　189
第一节　个人观念的研究理路与学理反思　192
第二节　个人观念发育的社会环境变迁　200
第三节　我国个人观念形成的五个面向　206
第四节　转型期个人观念健康发育需处理好三对二律背反关系　214

第十章　劳动观念 / 王程　221
第一节　劳动范畴的学理性诠释　222
第二节　经典著作中劳动概念的现实延展　225
第三节　改革开放推动劳动观念实质性提升　230
第四节　社会主义市场经济体制的确立促使现代劳动观念不断充盈　235
第五节　坚持以人民为主体地位的新时代劳动观念　239

第十一章　创新观念 / 任瑞敏　245
第一节　1978 年以前:创新更多的是革命的激情和苦干精神的显现　246
第二节　1978 - 1992 年:思想解放运动唤醒了对创新观念的深刻反思　251
第三节　1992 - 2012 年:国家创新战略的提出以及创新实践的全面展开　256
第四节　自十八大以来:创新观念的全面性、系统性及人民性　262

第十二章 发展观念 / 董必荣 267
第一节 1949—1978 年:革命的发展观念 270
第二节 1978—1992 年:改革的发展观念 273
第三节 从“先进发展观”到“科学发展观” 275
第四节 自 2012 年党的十八大以来:“新发展理念” 278

第十三章 资本观念 / 逮继明 292
第一节 马克思主义的资本观 294
第二节 1949—1978 年:社会主义制度的自我确证与资本理解的矛盾性与摇摆性 299
第三节 1978—1992 年:发展道路的自我反思与资本理解的反思性与开放性 301
第四节 1992—2012 年:“批判”与“建构”中的“私有资本”和“公有资本” 306
第五节 自 2012 年以来:深化改革,“让一切劳动、知识、技术、管理、资本的活力竞相迸发” 311
第六节 经验与启示 318

第十四章 法的观念 / 王程 320
第一节 历史唯物主义视域中“现代意义的法” 321
第二节 1949—1978 年:社会主义制度的发展与新法的探索 327
第三节 1978—1992 年:思想解放推动现代法的观念的萌动 330

第四节　1992—2012年:社会主义现代法治观念的全面打开与高涨　336
第五节　更为公平正义与科学理性:新时代法的观念的实践与创新　342

后记　351

导　论

一、鲜活的辩证法:以自我革命精神推进改革

习近平指出:“勇于自我革命,是我们党最鲜明的品格,也是我们党最大的优势。中国共产党的伟大不在于不犯错误,而在于从不讳疾忌医,敢于直面问题,勇于自我革命,具有极强的自我修复能力。”显然,自我革命是中国共产党在自我建设过程中,勇于自我反思、善于自我否定、敢于自我超越、强于自我修复的能力和品格,旨在始终确保党性与人民性、党性与先进性、党性与时代性的高度一致。

自我革命充满着辩证法的深刻原理。其一,自我革命提倡自我批判精神。马克思指出:“辩证法不崇拜任何东西,按其本质来说,它是批判的和革命的。”辩证法的批判性在于:凡是符合历史发展规律和趋势的现实存在,都加以推进;凡是脱离历史发展规律和趋势的现存一切,都毫不留情地加以更替。辩证法的革命性在于:它总是以先进性替代腐朽性,

以合法性替代任性，以科学性替代随意性，以新生事物替代旧事物，不断推出具有摧枯拉朽性质的制度改革与创新。其二，自我革命把事物的新陈代谢视为自身内部矛盾运动的结果，提倡积极的自我否定和自我修复，而不是外在的强力干预。在哲学智慧的宝库中，唯有辩证法才具有生生不息、革故鼎新的生命活力。黑格尔深刻地揭示了矛盾是事物发展动力的哲理，他既把发展看成事物内在的矛盾双方对立、排斥、斗争而过渡到相互渗透、相互融合的统一过程，更看重矛盾通过辩证的自我否定、自我扬弃，从而达到事物不断趋于真理性存在的极佳境界。辩证否定观是事物的自我否定而不是外在的他在否定；否定是扬弃，既克服又保留，而不是毁弃和彻底消灭。其三，自我革命是主体对外部世界的能动驾驭，信奉“美是艰难的、优秀需要苦难”的哲理，辩证法注重发展不是线性的上升图式，而是波浪式前进，螺旋式上升的圆圈运动。

改革开放 40 年来，我们党从邓小平提出的改革是第二次革命的深刻论述，到习近平明确提出“以自我革命精神推进改革”的政治哲学理念，反映了党对改革开放过程的驾驭已越来越显示高度的自觉性和辩证的能动性。改革不再是主体消极、被动地适应客体的结果，而是主体能动地改造客体的智慧象征，它体现了我们党不断追求自由和进步的意志，也表达了党对自身生命所给予的终极关怀的热情。改革不走阶级斗争的道路，而是采取最具人性化、理性化和现代化的社会转型方式，用自我设计、自我发动、自我革命的精神，实现历史演化创新的目标。这种能动架构社会发展的智慧逻辑早在哲学家康德那里被称为人类追求进步的禀赋。他说：“人性对于其自身又是这样的：对于我们这个物种所将要遇到的哪怕是最遥远的时代，它也绝不会无动于衷，只要那个时代确实无疑是可以指望的，而且既然看起来可以由于我们自己的合理安排而加速引到这个对于我们的后代来说乃是如此之欢乐的时辰，那么它在我们的这一代就格外不会出现了。因为这个缘故，所以哪怕这个时代来临的最微弱的迹象，对于我们也是非常之重要的。”这段精辟论述有两层寓意：一是追求历史进步是人类的秉性；二是历史进步的实现不是自然演化的结果，关键是人力的自觉合理安排。

改革最彰显“人力自觉合理安排”之处：改革是中国共产党人的自我革命。习近平强调，要兴党强党，就必须以勇于自我革命精神打造和锤炼自己，只有在革故鼎新、守正出新中实现自身跨越，才能不断给党和人民的事业注入生机和活力。值得指出的是，改革的“自我革命”的性质被诠释为：改革必须始终坚持在党的领导下通过科学理性设计的规制，自下而上、自上而下循序渐进地推进制度完善并创新的过程。先进的政党是改革开放的领导者和掌舵人。广大人民群众是改革开放的主体力量。自我革命的广度和深度深刻地反映在以下几个方面：(1)从以阶级斗争为纲，到以经济建设为中心；从计划经济到社会主义市场经济，再到市场在资源配置中起决定性作用的重大理论命题的创新。(2)从摸着石头过河，边改革、边实践、边认识，发展到注重理论先导、科学决策、超前规划。(3)从发展是硬道理到科学发展观的提出，再到五大范畴新发展理念的战略布局。(4)从改革初期对抽象人的反思到个人财产的实体性和主体性的法律确认，再到中国梦是每个人现实的梦、人人出彩、个个乐在其中的战略实施。(5)从农村承包制的改革到国有企业的现代企业制度改革，再到供给侧结构性改革。(6)从追求粗放式的发展模式到以质量为内涵的发展模式，再到以提高生命质量和生活质量为核心的绿色发展模式。(7)从传统的四总部建制的军事管理体系到构建能够打赢信息化战争、有效履行使命任务的中国特色现代军事力量体系。这些具有自我革命性质的重大变革节奏,每一步都体现了我们党根据时代变化和人民群众的需求所提出的理性化战略决策的智慧。这些辩证否定的多种新形式的推出,是党所领导的广大人民群众共同奋斗、撸起袖子加油干、真抓实干的自我革命的结果。这些有助于社会主义制度优越性不断发挥的种种重大改革,记载了中国人民在中国共产党的领导下,历经磨难、曲折、困苦和顽强拼搏的创造历史全过程。中华民族伟大复兴正是通过不断的自我革命精神的弘扬,才从可能性走向现实性。

这种自我革命精神植根于执政党的精神自觉和文化自觉:首先是精神的自我反省。十年“文革”的精神挫败导致了改革开放初期精神的自我批判,从绝对的祝福意识走向社会主义改革的忧患意识,政党的先进性并不在于本本主义教条中的抽象表述,而在于在挫折中自我觉醒,在悲剧中追求凤凰涅槃的精神。对本本主义、教条主义、官僚主义以及封建残余思想的批判,成为党的哲学批判精神的重要内容。当理性的自我追问澄清了事实真理的时候,具有先进性的政党就会在内在自我批判和认知反省的过程中迎来历史重大转折的发展契机。

其次,敢于自我革命的精神意味着我们党一次又一次成功地接受了文明发展的挑战与应战。历史学家汤因比指出,创造是一种遭遇的结果,而起源是交互作用的产物。在过去 6 000 年里,把一部分人从“习惯的完整”里震动到文明的变化社会中正是挑战与应战的交互作用。来自内部与外部环境的刺激越强烈,越容易激发主体追求自由自觉活动的创造力。人类从野蛮走向文明社会,正是通过勇敢地与大自然抗争,在痛苦的境遇中获得文明发展的冲力。40 年改革开放的历史，我们党一次又一次成功应对了来自国内外种种困难的挑战，培养了党智慧地驾驭中国经济社会发展的治理能力。

再次，自我革命精神意味着改革者总是把取得的成果与成绩作为昨日的辉煌，他们绝不进行偶像崇拜，也不把历史变成继续进步的包袱或障碍，而是智慧地面对未来，追求新的成果与辉煌。改革开放初期，当亿万农民充分分享农村家庭联产承包责任制所获得的改革成果的时候，胜利并没有成为终极意义上的理想目标的实现，而是被后来一波又一波的新土地制度深刻改革的浪潮所替代。改革没有完成时，只有进行时。

最后，自我革命精神还意味着自我交战能力的显现，它是极度痛苦的，因为自身利益的调整或丢失需要无私无畏的奉献精神，敢于舍弃自我利益和既得利益，为的是追求更为合理的新制度产生；自身命运的奉献或牺牲，为的是换来改革深度推进的点滴进步。李克强指出，地方政府改革是一场自我革命。革庸、懒、散、奢的“命”，革形式主义、官僚主义的“命”。自我革命必须从党的自身特别是领导干部抓起，领导干部特别是高级干部必须加强自律，慎独慎微，对那些违法违纪的党内腐败分子，不论权力有多大、地位有多高，都要敢于亮剑，严惩不贷。

值得进一步指出的是，“自我革命精神”的缘起，最深刻的动因来自社会主义社会基本矛盾运动的结果。唯物史观告诉我们：社会的物质生产力发展到一定阶段，便与它们一直在其中运动的现存生产关系或财产关系发生矛盾。于是，这些关系便由生产力的发展形式变成生产力的桎梏，社会革命的时代就到来了。随着经济基础的变更，庞大的上层建筑也或慢或快地发生变革。40 年改革开放实践正是依照着生产力与生产关系、经济基础与上层建筑矛盾运动的辩证法推动的。改革开放初期，思想解放运动带来了生产力的解放与发展，尤其是社会主义市场经济的确立，直接牵动着经济基础和上层建筑的改革，它不是一般意义上的改良，而是深刻意义上的“二次革命”，触及体制转换、利益调整、分配原则、人员分流、法规制定、资源配置等体制内外的问题。诸多矛盾的解决，既靠改革来推动和协调矛盾各方的关系，又靠自我革命精神，敢于接纳一切新生事物，舍弃小我，奉献给大我。改革者既是推动改革的主力军，又是被改革的客体对象，双重身份的认定必将导致“自我革命”的发生。原有改革矛盾的解决又触及更深层次的实践问题，引发新的矛盾凸起。改革的深刻性和复杂性说明了改革不会为自己铺设平坦而又直线到达目标的道路，只会遭遇挫折、痛苦及坎坷，没有如此的经历，改革绝不会成功，这正是对“以自我革命精神推进改革”的另一缘由的诠释。

二、从历史走向未来的经济哲学

经济哲学越来越受到大家关注，与它有着良好的学科优势相关。人类当下的经济活动已很难完全摆脱认识的表象、肤浅、主观和任性，容易陷入受挫、惧怕和非理性的窠臼中。而经济哲学有着从经济规律出发的特殊思考，有着创造财富的术与道的辩证认知，有着财富相对论的哲学智慧，有着从实证方法走向人文精神的进步路标，因此，从历史走向未来的经济哲学深刻地见证并显现了人类在经济生活领域的文化自觉与自信。

（一）行走在商道与哲思之间

经济哲学研究源远流长，经济思想何时开始，经济哲学则何时出现。远溯前古典经济学时代（公元前800—1776年），在古希腊、罗马以及欧洲中世纪教会的经济思想中，人们发现，对早期经济思想的解析离不开哲学家的一般态度和觉解。被称为“第一位具有分析头脑的经济学家”的亚里士多德，同时也是一位古希腊哲学泰斗。他较早提出货币有两种对立的形式和趋势的观点：一方面，货币的作用在取得了所需的货物以满足需要之后就终结了；另一方面，货币又在引导人们趋向无限度的积累欲望，导致市场一系列伦理问题的发生。

在古典经济思想及其批判时期（自1776年至19世纪90年代），经济哲学主要融入古典哲学与古典政治经济学的思想交流中。有经济学家曾对这一时期的经济哲学思想做过考察，认为两种来源值得重视：一是近代哲学家洛克、休谟的思想，二是笛卡尔和卢梭的思想。前者在亚当·斯密的著作中，“个人主义首次形成了完整的体系”；后者影响了“19世纪的古典经济学家”的思维方法。学界公认，康德、黑格尔、马克思对现代经济哲学的贡献是巨大的。

在新古典经济思想及其批判时期（自19世纪90年代至20世纪30年代），经济哲学主要融入经济学方法论的争辩中。经济学家从方法论的角度对科学哲学做了精深的研究，提出了经济学的本体论和价值论问题。波普的证伪思想向经济学家确立了经济学范式革命的理念：大胆而有区别的预言，反驳预言的认真努力，以及根据抛弃假说的可能原因进行严格的反证。应当说，科学哲学对西方经济学传统堡垒的瓦解有着重要的方法论意义。

（二）经济哲学：三个维度的解析

何谓经济哲学？经济学家通常把它理解为经济学的哲学问题研究。而哲学视阈中的经济哲学，更多地被诠释为哲学对经济世界的理性追问，包括：本体论追问——欲望、利益、需要的原在性原理以及恶的历史驱动等问题；关于经济世界是"自然的计划"，还是"历史的计划"的追问——市场自然法则与人的自由自觉活动关系等问题；关于进步观念的追问——财富的增长是否意味着文明的提升和人的全面发展等问题。

经济哲学以它特有的思想追问形式，赋予经济世界一种特殊逻辑与思辨：它可以使货币化空间不再是仅靠价格制动的物欲流转的平面世界，而是一个全方位、多向度、充满着变异性的精神与物质相互贯通的立体世界；不再是一个单靠达尔文进化论的规则所能定义的丛林世界，而是一个被不断接受历史化诠释、公理的批判、理性质疑的生存世界。

其一，作为"政治经济学批判"的经济哲学。在马克思那里，经济哲学被诠释为"政治经济学批判"（《资本论》副题）。伊林·费彻尔指出："马克思的目的始终是'政治经济学批判'，这既意味着对资本主义生产方式的批判，又意味着对它在资产阶级国民经济学说中的理论反映进行批判。"政治经济学批判是以政治经济学作为反思对象的哲学批判程式，"批判"的含义有三：一是经济学的价值观考问。经济学的原在性价值预设是什么？经济学是以财富为目的，还是以人为目的？经济学应以个人主义的经济学至上，还是以经世济民的经济学至上？政治经济学是人民的经济学，还是少数富有阶级的经济学？二是历史哲学的审查。不驻足于经济事件发生的历史图像的技术描述，而是对特定的经济事件、结构和环境进行必要的“过去—现在—未来”的历史哲学考问，这样，任何经济学范畴在宏大历史规律的追问下，都会消解概念自身的凝固性和绝对性。三是追求辩证逻辑的上升运动。对经济体的分析，将“完整的表象蒸发为抽象的规定”，即通过对资本主义社会混沌表象的穿透，力求将最发达的和最多样性的历史的生产组织背后的社会关系本质加以揭示，进而形成科学地解释资本主义社会内部结构、生产关系、基本阶级构成、经济危机等的范畴体系。显然，政治经济学批判的学科优势在于：对经济所关涉的思想维度、政治维度以及历史价值维度给予高度重视，由单一的经济学分析框架直接转入系统分析的哲学社会科学的优势学术资源。

其二，作为“经济学方法论”的经济哲学。经济哲学注重方法论与研究范式的导入，因此，经济哲学又被称为经济学方法论。丹尼尔·豪斯曼在《经济学的哲学》一书中指出：“有关经济学方法论的问题——包括经济学的目标、确立经济学命题的方法、经济学的概念以及这些概念与自然科学概念的关系等——都是哲学问题。”学界认为，经济学方法论内容繁杂，争议较大的是对实证经济学、规范经济学和经济学艺术三种根本方法的价值取舍。实证经济学是形式化的、抽象的，关心的是支配经济活动的力量；规范经济学是道德维度的，关心的是应当是什么的问题；经济学艺术关注政策问题。从辩证哲学的角度判断，三者都不能缺少。那种只承认实证经济学，拒斥经济学的道德和政策功能的观点是极端片面的。

20 世纪上半叶，西方主流经济学曾走过一段对西方科学哲学由“盲目崇拜”转入“全面清算”的历史过程。有些经济学家错误地认为：与哲学家讨论方法论问题，经济学是“迷途的羔羊”。尽管如此，经济学方法论的研究从19世纪下半叶的辩论高峰期到今天，浪潮不断迭起，思想不断出新，如约翰·斯图亚特·穆勒的“政治经济学的定义及其方法”、米尔顿·弗里德曼的“实证经济学方法论”、雅各布·马沙克的“论经济学的工具”、马克·布劳格的“经济学史中的范式和研究纲领”等。值得提出的是，随着现代西方存在论哲学的追问，西方经济学传统的理论预设也受到质疑，经济人教条暴露出三大矛盾问题：信息完备与信息深度残缺的矛盾；利己与利他、人性中的私向化与社会化的对立与冲突；经济理性与非理性的知行背离。这些关涉工具主义批判、抽象前提批判、实证主义批判、人本主义批判、行为主义批判、逻辑符号主义批判的提出充分彰显了哲学牵引经济学范式革命的张力。

其三，作为“经济学人学”的经济哲学。经济学家马歇尔说过，“经济学是一门研究财富的学问，同时也是一门研究人的学问”。尽管经济学研究有着不以人的意志为转移的经济运行和发展的客观规律，但经济过程又是人们的现实实践过程，人的市场行为、精神因素、社会关系的发展状况不能不反过来影响现实的经济进程。哲学的人本主义价值观是分析一切经济行为与动机的深刻根据。西斯蒙第指出，财富不应当作为目的而推进，它只能是手段，而“人”才是目的。新政治经济学的研究要“寻求人类的最大利益……包含提高道德品质与获得幸福”。古典学派只关心资本，不关心人，实际上，政治经济学的研究对象是汇集全体人民的意志，人人分享物质财富。经济学倘若丢弃了以人为本，该理论就会带来实际灾难。

经济学人学最核心的问题是“经济正义”问题。如果一种状态既是平等的，又具有帕累托效率，那它就被描述为“经济正义”。哲学家休谟一语破的地告诫我们，正义完全从其对人类的交往和社会状态的必需用途而派生出其实存，这是一个真理。在经济全球化的背景下，人类的生存秉性与经济交往行为已发生深刻变化，更需要呼唤一种新的经济正义精神。事实上，正义范畴不是空洞虚幻的指认，它受特定的制度环境和文化价值观制约，其语义系统由历史背景和相关事件主体所定义。以资本逻辑为轴心的市场经济直接或间接地决定了经济正义的话语权。经济正义的本质必然关涉资本逻辑的“理性狡计”。它在两个方面干扰着经济正义的实现：一是深层次的追求利益私向化的秉性；二是弱肉强食、强者必霸的权力扩张性。

（三）以马克思主义理论指引经济哲学研究

对经济哲学研究走向的思考离不开马克思主义理论的指引。今天我们在何种意义上来纪念《资本论》第一卷出版这一重要事件就变得极具价值与意义。

首先，从21世纪人类历史发展的生存境遇来反思第一卷出版的意义。150年前《资本论》第一卷出版，150年后的今天，世界在现代性的挤压下已经被碎片化。今天人类所应对的现代性生存世界，其存在的澄明仍然没有超出马克思的逻辑预设和思想批判的框架。现代性的本质不是亚当·斯密所揭示的工业分工加市场交换等于丰裕社会的逻辑程式，也不是近代法国启蒙运动所定义的“自由、平等与博爱”的价值内涵，而是深刻的现代文明与地球灾难相兼容的“二律背反”，人类得到的和失去的都令人惊叹。从异化、物化到幻化，有多少《资本论》的思想理念至今仍被证明为熠熠生辉的真理？其学术价值和历史意义正在于其深刻地揭示并回答了历史进化的第二大形态——“人对物的依赖”的现代性社会特征、规律及本质。从卢梭的历史化的异化，到康德的四对二律背反，再到黑格尔的国家与市民社会的矛盾思辨，马克思做了辩证的批判与借鉴。在《资本论》中，马克思给出了精准的答案：现代性最深刻的本质是精神与资本的对立和冲突。在货币化生存世界里，资本不断地生产着劳资关系的对立、贫穷与富有的两极分化以及商品拜物教、货币拜物教、资本拜物教。因此，人类本身和商品一样，都成了被交换、被通约、被搏杀的对象。精神被物质所统摄。殊不知，就现代性本质的批判而言，《资本论》深刻地揭示了资本的内在否定性中的五种对立关系，即劳资关系的对立、资本的私向化与社会化的对立、资本的技术向度与人本向度的对立、资本的主体间性的内在竞争与对立、资本追求剩余的秉性与文明发展的极限的对立，并且从货币史、交换史和工业史考察的角度，深刻地揭示了现代性社会工业文明发展的历史必然性和经济危机周期性爆发的规律。因此，《资本论》所关涉的问题不是历史的思辨问题，而是形而上学主体性哲学与形而下学主体性资本的政治经济学双向批判问题。

150年后的今天，有多少马克思《资本论》的思想理念受到挑战？21世纪金融化资本主义体系的发展已导致全球资本的收益率远远高于社会财富的增长率和劳动报酬的增长率。资本收益率为什么能如此偏离全球经济正义的轨道而狂奔？为什么能如此脱离劳动价值论的科学规制而任性？鲁道夫·希法亭早在其著作《金融资本》中就得出重要结论：“金融资本，在它的完成形态上，意味着经济的或政治的权力在资本寡头手上达到完成的最高阶段。它完成了资本巨头的独裁统治。同时，它使一国民族资本支配者的独裁统治与其他国家的资本主义利益越来越不相容,使国内的资本统治与受金融资本剥削的并起来斗争的人民群众的利益越来越不相容。”这说明,全球金融资本主义体系发展的脱域性极易导致社会财富的两极分化,权利与资本的交易必然带来国家与市民社会的对立,资本收益率高倍增长与社会贫富差距日益拉大的矛盾是金融化世界最深刻、最普遍的社会存在本体论问题。在全球资本高度私有化和高倍收益率的背后,深藏着马克思对现代性社会所批判的资本逻辑的问题,金融资本实质上是特定的社会关系、生产关系和财产关系的反映,资本与劳动的对立证明了相关制度的反人权性和不平等性。全球金融资本的私向化程度越严重,其自身的内在否定性越充分,金融资本与人民大众的对抗性矛盾越尖锐。现代金融化资本主义体系仍然归属现代性发展的高级形态,现代性二律背反的本质深藏其中:欲望与理性的对立、形式与内容的对立、私向化与社会化的对立等。唯有深刻反思,才能触及现代性与金融化资本主义本质的关联性。它不仅证明了主观精神与精神的客体化沉沦之间的冲突十分严重,更深刻地证明了那种靠马基雅维利的“利益驱动论”、斯密的“社会即市场、人人皆商人”、达尔文的“弱肉强食、适者生存”并延续至今的历史进化模式以及价值观,虽给人类带来过进步,但同时又使人类遭受着深重的灾难,给世界文明的整体主义精神造成了巨大的破坏。世界期待着新的价值观的整合,期待着具有正能量的世界进步意义的精神引导,期待着具有整体主义的精神对碎片化地球的整合。

三、“真理标准问题大讨论”改变中国人的生存观念

党的十一届三中全会是一个重大的历史事件，“真理标准问题大讨论”给中国带来了改革开放40年来的巨大变化。从经济哲学角度反思40年的历史，中国从向世界学习走向了对世界的反思、对中国自身的再反思。从某种意义上说，这是中华民族现代性自我意识的觉醒。改革开放的40年是一个值得铭记的历史变革时代，其鲜活的经验和宏大而又深刻的历史实践所映射的时代精神状况非常值得我们从历史与逻辑的双重维度梳理并澄明一个重要事实：“真理标准问题大讨论”深刻改变了中国人的生存观念。

我们只要检视改革开放40年的历史，就可以发现，社会主义市场经济、货币、资本、金融、财富、劳动、欲望、个人、法、自然、创新、消费、发展和正义这14个经济哲学范畴深刻关联着中国人的心智发展。这些范畴集中诠释了改革开放40年来我们如何经历了中国现代史上史无前例、翻天覆地的伟大转折的关键过程，诉说了中国现代性发育发展最精彩的故事。可以说，自党的十一届三中全会开始的改革开放40年历程中，我们的成就之一是中国在现代史上真正发育和发展了中国特色社会主义的现代性。中国现代性的发育主要从以下三个向度开始：

第一个是工业化。中国的工业化从洋务运动就已开始，但是很快就被摧垮了。在民国时期，工业化程度十分低，洋油、洋钉都要进口，也就谈不上工业基础构建了。我国工业化在中华人民共和国成立后才真正

开始进入原始积累时期，最初借助于苏联的援助，后来中苏关系破裂，苏联撤走了专家，导致我们的工业化进程在技术方面突然中断。毛泽东及时强调自力更生、艰苦奋斗的精神，就是在这样一个工业化原始积累时期，我们还是创造了“两弹一星”的奇迹。可以说，这是一段极端困难而又复杂的，也是极其壮观和富有史诗韵味的历史。改革开放后，中国工业化发展战略做了重大调整，工业化进程中既强调重工业，又强调轻工业和农业的协调均衡发展。随着改革开放不断深入推进，互联网、大数据及人工智能等飞速发展的科技促使我国的工业化取得了举世瞩目的成功，这一步跨越使我们在许多领域已达到或超越世界发达国家水平。

中国改革开放40年走完了西方需要几百年才能走完的路。英国在近代工业革命的进程中出现了《国富论》。中国共产党人正在这场轰轰烈烈的工业化进程中撰写着另一部影响世界历史进程的巨著——“人民财富论”。这是两种不同社会制度下工业主义精神的区别所在。当然，我国工业化过程也出现了一些问题，如人与自然关系的恶化，自然即资源，自然即商品，导致江、河、湖、海受到污染；再如，我们的生存世界已被工业化侵蚀，工业化的负面影响已构成人类生命的第一杀手；还有工业机械主义的运动方式，或多或少地影响了现代人的生活方式和审美方式。工业主义的效益准则给了我们快节奏的生活方式，甚至钢筋、水泥、汽车等都成为一些都市或乡镇建筑雕塑的审美象征。

第二个是市场化。改革开放40年，中国从计划经济过渡到市场经济，强调微观领域的竞争。在中华人民共和国成立初期，曾经搞过社会主义竞赛；改革开放后，提出了“竞争”的概念。1992年，中央提出了建设社会主义市场经济伟大号召，使我们终于认识到，“资本主义社会必然与市场经济模式相勾连，社会主义社会必然与计划经济模式相勾连”是概念认识的错误；市场经济模式并不是资本主义制度的专利，社会主义与资本主义同属于马克思所说的“人对物的依赖”阶段，两者对市场经济运行模式的选择都具有必然性。市场经济运行模式与社会主义关联更能够发挥市场的优势作用。40年历史实践证明，社会主义市场的积极效应充分显现。市场化的经济哲学本质集中体现在：由市场交换原则产生异质化社会。市场交换最有价值的就是个性存在论的充盈。个性的确立和发展已成为不可替代、不可复制的历史进化主题。社会要包容不同人的文化和信仰，交换异质性也就是交换个性化的社会关系，交换人的自由意志的对象化存在。随着历史变革实践的深入，市场经济运行模式的特征也逐渐被框定，如资源配置方式、经济竞争、价格机制、经济利益最大化原则、法治体系以及政府职能的定位等。这种模式的逐步推进实际上形成了市场有机体的“骨骼”。

社会主义制度下的市场化取向给中国带来两个主要变化：一是微观领域的经济发展开始提倡竞争观念。从产品经济过渡到商品经济，生产什么、生产多少都是由市场说了算。二是现代政府与市场关系的职能定位成为不断趋于合理化和高效率的国家重要改革议题。尤其是在党的十九大召开后，中共中央印发了《深化党和国家机构改革方案》，再一次证明了国家在政府和市场关系的深入思考方面更加成熟了，一方面给市场在资源配置上更多的决定权，另一方面在现代政府的权力治理方面推进监管体制改革。当然，社会主义与市场关系问题的讨论是一个常讲常新的话题。今天我们再来讨论它，主要关涉五个方面的内容：社会主义市场经济与资本主义市场经济有何异同？为什么社会主义市场经济模式比资本主义市场经济模式更容易遭到议论？社会主义的本质与市场配置资源的"决定性作用"相悖吗？社会主义社会应当加快哪些领域的市场化改革？大力发展社会主义市场经济如何实现人的全面发展？

第三个是货币化。海尔布罗纳和米尔博格在《经济社会的起源》一书中指出："从中世纪社会转型到市场社会，需要三个深远变化：对孜孜赚钱的新的态度（作为一种合法行为）必须取代中世纪对逐利行为的怀疑态度；货币化网络必须扩张，超出其狭隘的范围，即买卖活动必须控制所有产品的产出，以及几乎所有工作的绩效；必须容许'需求'和'供给'的变化取代领主的指令和习俗，由前者而不是后者来指挥经济活动。"我们用40年的时间完成了海尔布罗纳和米尔博格所谓的"深远变化"，货币化在改革开放的进程中逐渐凸显。改革开放40年来，中国由计划配置资源到货币配置资源，从传统的货币观念过渡到现代资本观念，无论在思想上还是实践上都在大踏步地前进。党的十八大以来，中央在建立科学理性的货币观念方面做出了卓有成效的调控，尽量把作为手段的货币功能与作为目的的追求人的自由全面发展的目标协调起来。应当看到，货币这个人类经济活动的"润滑剂"，在现实社会中不断驱动着人的生存欲望、生命冲动，甚至使人执迷和疯狂。货币成为显示人类社会历史进化与提升的符号，同时也彰显它给人性的充分发展、人性的异化及其损伤所带来的历史见证。在现代性社会里，货币可以带来人与人关系内在维度的改变。货币幻象的发生，其哲学特征是作为符号的货币被实体化、主体化与神灵化；货币幻象的实质是在观念中用货币来剥夺整个世界的固有价值。因此，马克思对货币拜物教、资本拜物教的忧患与深刻批判仍具有十分深远的意义。

40 年的货币化进程为中国人彻底打开货币观念认识空间提供了重要条件。从国人的货币心理变化透视出人们从藏货币到银行存货币，再到用货币来投资理财的发展进程；从经济哲学角度分析，表现出人们从对货币的习俗性联想，到对货币的冲动与疯狂，再到对货币的财富效应联想，最后到对货币的符号幻象。

在改革开放 40 周年的今天，我们要从经济哲学范畴来反思和追问中国现代性进程，才能够真正感觉到中国人的生存观念确实发生了深刻改变。观念的改变带来了改革开放的深入推进，十一届三中全会和“真理标准问题大讨论”带来的结果是中国真正走向现代化、走进重要的历史发展时期。

第一章　消费观念

本章内容提示：消费观念的嬗变反映了社会经济发展能级水平以及文化变迁的事实，同时也凸显了人性解放和自由的张力。改革开放40年来中国人消费观念的变迁再现了社会主义市场经济"货币—资本—财富"发展逻辑所带来人心智的变化与提升。中国人终于告别了传统的"新三年，旧三年，缝缝补补又三年"的消费观念，转向具有现代性特质的"消费欲望、消费冲动、消费个性、消费自由"的哲学程式。自党的十八大以来，新的发展观念迎来了新时代，出现了五个显著的追求进步的消费观念，即理性消费、绿色消费、共享消费、移动消费、网络化平等消费。

本章关键词：传统消费观念；现代消费观念的萌动；消费观念的现代性特质；追求进步的消费观

第一节　消费观念的学理性追问

早在古典政治经济学文献中，关于消费观念的诠释就有着重要的记述。魁奈最早提出“消费与生产相循环的理论”[1]。在他看来，消费与生产是经济过程的两个重要范畴，两者犹如车之两轮、币之两面的关系，通过循环而完成由生产带动消费，由消费促进生产的循环属性。马克思在合理借鉴古典政治经济学相关原理及思想的基础上，提出了唯物史观的消费原理及思想。他在1857年《〈政治经济学批判〉导言》中科学阐明了政治经济学的对象和方法，分析了生产、分配、交换、消费的辩证关系原理：“在生产中，社会成员占有（创造、改造）自然产品供人类需要；分配决定个人分取这些产品的比例；交换给个人带来他想用分配给他的一份去换取的那些特殊产品；最后，在消费中，产品变成享受的对象、个人占有的对象。生产表现为起点，消费表现为终点，分配和交换表现为中间环节。”[2]在这里，马克思强调了两点：第一，将生产、分配、交换、消费四个环节关联起来，形成一个全社会经济发展的整体性运动规律。第二，消费创造出生产的新需要，甚至消费与生产成为互为决定的关系，即“生产为消费创造作为外在对象的材料；而消费为生产创造作为内在对象、作为目的的需要，没有生产就没有消费，没有消费就没有生产”[3]。显然，唯物史观关于消费范畴的理解有两个特征：一是消费并非平面、表象的存在，而是历史的、具体的与特定生产力和生产关系发展水平相契合的人类实践活动，与一定阶级关系、所有制属性和财富的多寡相联系。二是消费并非单面的、机械的具有历史决定论意义上的逻辑程式，而是与现实的生产、交换、分配等范畴构成辩证统一的有机体。后来，经济学家斯拉法

① 《新帕尔格雷夫经济学大辞典》，经济科学出版社1996年版，第663页。
② 《马克思恩格斯全集》第1版第46卷上册，人民出版社1979年版，第26页。
③ 《马克思恩格斯全集》第1版第46卷上册，人民出版社1979年版，第30页。

又提出另一个观点：把经济过程看成从“生产要素”通向“消费品”的“单行道”。生产和生产性消费的概念构成了一般的概念框架。隐含在斯拉法分析中的“生产和生产性消费”概念的一般公式是：劳动＋物品→物品。换句话说，生产和生产性消费的方式刻画了通过使用物品和劳动生产出物品的过程。[1] 经济学家凯恩斯提出：“消费和可支配收入之间存在消费函数的关系。”他指出，消费和可支配收入都在国民收入账户中得到常规度量。在比较长的时间序列中，消费似乎是围绕着一个不变可支配收入率而变动。与此相对照，与衰退时期或横截面数据拟合的消费函数似乎表明这个比率（凯恩斯称之为平均消费倾向或 APC）随可支配收入的增加而下降。换言之，这些研究估计出消费对可支配收入的导数（边际消费倾向或 MPC）比 APC 小。[2] 凯恩斯指出，消费函数是相对比较稳定的体系，消费的总量受收入水平和消费倾向影响。实际上，凯恩斯为我们明确指出了消费从来就不是强制行为，没有哪个政府、组织和机构有足够的理由迫使消费者去毫无缘由地进行消费，影响消费行为的是消费能力与消费观念，消费行为不仅仅是一个简单的买卖交换，更是一个复杂的心理、文化和社会关系行为。鲍德里亚则从分析当代西方社会对以物的消费现象为中心的消费文化消费意识形态着手，对人类当代所面临的重大实践问题进行了哲学分析。他指出：“消费是一种积极的关系方式（不仅于物，而且于集体和世界），是一种系统的行为和总体反映的方式。我们的整个文化体系就是建立在这个基础之上的。”[3]在他看来，

---

① 《新帕尔格雷夫经济学大辞典》，经济科学出版社 1996 年版，第 663 页。

② 同上书，第 664 页。

③ ［法］鲍德里亚编，刘成富、全志钢译：《消费社会》，南京大学出版社 2014 年版，前言。

消费范畴已成为理解当今时代的概念性工具，消费者与物的关系已不是使用与被使用的关系，而是人作为“全套的物”的有序消费对象及被强暴关系。消费实质上是用某种编码及某种与此编码相适应的竞争性合作无意识纪律来驯化人类的逻辑程式，它不是通过取消便利，而是相反让人类自觉不自觉地进入消费逻辑的游戏规则。

综上所述，作为经济哲学的消费范畴既表征了社会经济发展能级水平以及文化变迁的事实，同时也凸显了人性的解放和自由的张力。改革开放 40 年来，中国人消费观念的变迁再现了社会主义市场经济“货币—资本—财富”发展逻辑所带来人心智的变化与提升。

第二节　1978 — 1992 年：中国人消费观念的现代性萌动

1978 年党的十一届三中全会关于真理标准问题的大讨论，确定了解放思想、开动脑筋、实事求是、团结一致向前看的指导方针。注重解放思想、实事求是，就是从当下中国人的欲望、需要、利益和生产实践出发，努力创造一个符合现实中国人生存与发展的制度环境和条件。这次会议的大讨论，与其说解放了人，不如说它更深层次地解放了人的欲望，打开了中国人的欲望闸门。这场讨论反映在人的概念理解的转变上展现出三个核心观念的改变：一是由抽象的人向现实的人的转变；二是由过多的从完全被政治定义的人向重视政治的人与经济的人、欲望的人、需要的人、利益的人转变；三是由以阶级斗争为纲所组成的人群共同体向经济建设为中心，注重生产和消费的人群共同体转变。由此引起更深层次的问题讨论是:从计划出发来定义人的需要和消费,还是从现实人的欲望、需要、利益出发来定义人的消费?这是能否坚持马克思主义唯物史观一个重要的原则和出发点。计划体制下中国人的消费观念要不要从根本意义上加以改变?如果被计划了的消费、票证与某种意义上特权的消费形式连同传统中国人的消费观念都应当被现代化中国航程的开启、现代机器大工业的生产、改革开放的动力牵引、追求人的全面发展所彻底淘汰,那么中国人的现代消费观应当是什么?马克思指出,社会存在决定社会意识。只有中国特色现代性的发育,工业化、货币化、市场化和普遍的交往形式的扩大,现代性消费观的到来才会势所必然。

在这14年的历史过渡时期,中国现代性的发育经历了三个重大历史事件:第一,破除高度集中的计划经济体制,探索适应社会主义生产力发展的经济体制和运行模式,改革首先从农村起步,实现了由人民公社制度向以家庭承包经营为基础统分结合的双层经济体制的根本改变,极大地解放了农业生产力,乡镇企业异军突起,为使农民尽快致富和促进工业的改革与发展开辟了一条新路径。这一时期,中国工业化发展战略做了重大调整,工业化进程中既强调重工业,又强调轻工业和农业的协调均衡发展。在基本完成工业化原始积累的基础上,赋予新时期工业化"多层次、多部类、外向型、先进性"的新内涵。第二,以改革的活力不断打开经济发展的自由空间。1984年10月党的十二届三中全会做出了《中共中央关于经济体制改革的决定》,确定把"有计划的商品经济"作为20世纪80年代经济体制改革的目标模式,改革的重点由农村推向城市,由局部改变转向全面综合配套的改革。此时,商品化、货币化的经济发展趋势成为主流。第三,社会主义发展的"市场化"取向成为历史的必然。邓小平的“南方谈话”深刻地指出了“计划经济不等于社会主义，资本主义也有计划；市场经济不等于资本主义，社会主义也有市场”①。这一判断强化了我国社会主义改革的市场化取向，开阔了市场的发展空间，也进一步明确了社会主义市场化取向的寓意、社会主义市场制度的创新特点以及社会主义与市场经济内在的本质联系。如今看来，改革开放最重要的创新之一就是提出了中国特色的社会主义市场经济体制和运行模式。有了这 14 年三大历史事件所带来的实践变革，中国经济社会发生了翻天覆地的变化，生产力的快速发展给国家与老百姓带来了财富积累的效应，生产方式、生活方式、思维方式的变化使中国人的世界观放大、价值观现代化，从而也引发了中国人消费方式和消费观念的改变。

这一时期，消费观念的变化围绕着三个理论预设而展开：一是消费与人性解放的关系。这一时期，人们开始关注人的需要个性化与消费的多元偏好，破除消费的计划性、统一性和单一性制度形式。人性的解放意味着要冲破传统计划体制的约束，拥有多向度的选择，意味着对传统守旧思想的冲破。当中国人有了一些财富积累的时候，就开始思索如何有尊严地存在、如何有体面地生活。诸如此类的消费支出表现在：农村里有钱就建房，城市里追求现代生活方式的消费支出逐渐增多。二是消费与追求个性自由的关系。从传统社会向现代社会的转型表现为从人群共同体的族群意识向个性化显现的现代人转换，个性化是商业化社会发展的结果，商品的异质性、多样性正是由现代人个性化显现与价值选

① 《邓小平文选》第 3 卷，人民出版社 1979 年版，第 373 页。

择的需求所决定的。习俗社会决定了消费的集体无意识和个人消费的从众行为，现代社会却是以个人的理性选择和文化价值观的异质、多样认定来决定个人消费偏好。因此，消费不再追求统一范式、统一习俗，而是个性化显现与张扬的表达。三是消费与认定私向化财富的关系。十年“文革”对公民拥有私人财富的权利进行了非人道的践踏，一切财富公有化的思想被视为合理的价值观，计划体制下的公民所拥有的“剩余”既是被计划的，也是平均共享的。真理标准问题的大讨论带来了人本主义的拨乱反正，使具体的、可感的、个人的私向化财富观念得到确认，这是社会主义国家财富、集体财富和个人财富体系中应当拥有的认知图式。由于承认了个体财富的合法性与正当性，个体财富的体量在这一时期不断扩大，出现了“万元户”“百万元户”，越来越多的个人累积起了家庭财富。由生产力的巨大解放带来中国人个性自由的发展，消费偏好出现了个性化、自由化和多样化的趋势。在这 14 年间，中国大地上创造个体财富的力量不断涌现，出现的“经商热”“下海潮”就是积聚整合各种生产要素的力量实现个体财富的最大化，以满足由人性的自由解放而带来消费层次和消费水平的提高。个体财富的形态开始发生转变，由传统意义上以物质形态为主的财富形式逐渐向以货币形态、资产形态为主的财富形式转变。个体不仅拥有实物的财富积累，而且逐渐将财富资产化、金融化、证券化以实现财富的保值和增值（1990 年 12 月 19 日中国股市开市），金融消费成为中国人大众式消费的又一新型偏好，投资理财热带来了金融消费热。

改革开放初期，中国消费观念的现代性萌动鲜明地反映在以下三个方面：

第一，由传统的“新三年，旧三年，缝缝补补又三年”的消费观开始转向追求现代生活时尚及审美的消费观。无论在城市还是在农村都出现了时尚审美变化：男人蓝色、女人红色的统一审美格式发生转变，从老布衣到的确良，乃至更加时尚的衣料与装饰品；由工业化推进带来家用产品电气化、机械化的追求，自行车、缝纫机、手表走进千家万户；初现端倪的移动通信工具——大哥大、BB机成为时尚身份的象征；由流行歌曲和交谊舞带来对现代城市时尚生活的追求，时尚生活被特定人群中的一部分人所消费，大多数人在接受与追求时尚的路上。

第二，由大众式、标准化的统一消费观转向追求消费个性、消费自由。人们对消费个性、消费偏好、消费自由的注重主要体现在：中国人穿衣从求同走向求异，开始有了不同的形式与款式，追求颜色的亮丽与款式的个性化；理发出现了时尚发型、发式的消费需求；住房消费也开始出现，城市商品房由单一的设计变成多样型的范式，农村则出现草房变成瓦房的消费偏好，逐渐走出了统一化、格式化、陈旧质料化的格局；对人生的教育计划构想的消费也显示了个性化，有的偏好出国留学，为出国留学支付各种英语培训班的教育费用；有的偏好学历升级，为补学历、文凭投入大量资金。

第三，货币化消费心理的发育使多数中国人由过去相信票证的消费过渡到以货币形式满足消费欲望的心理偏好。由计划体制向有计划的市场体制过渡，价格的双轨制使人们越发感到货币支付消费的重要性和通约性，“货币对社会各种质料的组合，货币经济对人与人关系中内在维度的改变，锻造出人对世界理解趋向物欲化和价值通约化的心理坐标”①。这里诠释了货币功能对消费心理偏好影响的哲学道理。票证退场后，货币在市场上可以自由通兑消费品，进一步激发了人们消费的新欲望，也催生了人们对货币占有的欲望，将货币的占有量作为通约商品权力大小的心理准则。

第三节　1992—2012年：现代性消费观念的充盈及异化

这一时期改革开放的主要任务是体制转轨、制度创新，建立和完善社会主义市场经济体制，深化经济体制、政治体制、文化体制和社会体制的改革，建立健全充满活力、富有效率、更加开放的体制机制，推进社会主义和谐社会建设。

此时，影响中国人消费观念的重大历史事件主要有两个：一是中共中央以文件形式正式宣布建立“社会主义市场经济体制”，为中国人建立现代市场意义上的消费观念迈出了实质性的步伐，这就意味着中国人的消费不再取决于“计划性”，而是由市场来决定。1993年党的十四届三中全会做出了《关于建立社会主义市场经济体制若干问题的决定》，这一决定基于当时对社会主义市场经济的认识，设计了社会主义市场经济体制的基本框架，明确提出了社会主义市场经济的制度创新和实践创新战略，确立了社会主义市场经济体制改革的各项任务，从而为中国人现代

① 张雄：《货币：一种哲学向度的思考》，《哲学动态》2003年第8期。

消费观念的发育发展奠定了制度条件。自此，中国人消费观念的产生与发展的制度背景开始由传统的自然经济、社会主义计划经济转向社会主义市场经济，消费不是由票据说了算，而更多地取决于货币的支付能力；消费不是由计划说了算，而是由市场供求关系来决定；消费不仅仅是对刚性需求的满足，而且是符合市场规则的马斯洛需求理论意义上有层次的满足；消费不再完全取决于政府的预设，而是由每个社会公民自由自主选择的结果。社会主义市场经济的提出与早期发展给中国带来工业化、市场化、货币化快速发展的态势：从小规模的工业生产到新型工业化道路，从相对分割的地区市场到开放竞争的统一市场，从相对静态的货币形态到“大河涌动”的资本形态，透视着市场让一切有利于生产力发展的各种要素都流动起来的积极功能，以及按照符合市场经济规律要求进行资源有效配置的优势本能，从而为现代性消费观念的发展提供了“生产—消费”“财富的积累与支配力—消费”的关键要素。二是中国正式进入世界第二大经济体，它意味着国力、财力为国人现代性消费观念的充盈提供了坚实的基础和不竭的动力。2010 年 8 月 16 日官方媒体宣布，中国已超越日本成为仅次于美国的世界第二大经济体，世界将开始视中国为一个超级经济大国。此事件意味着，改革开放 32 年中国经济的发展、生产力的提高、现代性发展的规模已达到前所未有的水平。财富创造的高速度迸发出国家与百姓消费观念的重大改变。充足的财力带来了购买力的冲动、消费欲望的升级、消费想象空间的放大，理性消费与非理性消费兼而有之。以生产带动消费，以消费刺激生产，从根本上加速了中国人消费观念的现代性转型。

社会主义市场经济的确立实际上就是要对整个经济制度的内在逻

辑与外在形式进行彻底的变革。这种渐进式改革与创新在实现政府收入超速增加、企业利润大幅增长的同时，也使得庞大而又较为丰裕的个体财富必然走向广阔充盈的消费市场。这一时期中国人具有现代性特质的消费观念的充盈集中体现在以下三个方面：

首先，消费的主体性趋强。基于消费者主体可支配的收入财富越来越丰裕，人们消费的主体性不断凸显，消费支出在家庭理财计划中占有越来越大的比重。在过去有效供给不足的生产主义时代，受温饱不足所困扰的老百姓并没有选择的消费主体权，一切消费似乎都是刚性的、被动的、被计划了的和命令式购买；到了较为丰裕的消费充盈时代，人们不再只是为解决温饱而购买，其消费行为已获得主体选择权，消费既是主体个性自由的选择活动，也是个人主体性存在的自我确认，我的消费我做主。消费的主体性体现在人们关注身体维护、健康食品、美容化妆、旅游休闲、安全防范等。去哪儿玩，说走就走；去哪儿住，拎包就住；等等。这些都来自主观需求，是主体欲望的冲动和意志自由表达的结果。这一时期人们积攒了足够的财富，注重对自我消费所带来的愉悦感、安全感和幸福感逐渐增强，主体性消费所带来的物品消耗与人的心理体验相平衡。

其次，消费的人本性趋强。“从强调把人放在研究的中心位置、注重人性的发展与进化来说，它是一般意义的人学的延伸和具体化，人的生命和生命的质量是经济学最根本的价值前提。”[①]在这里，可以看出经济哲学意义上消费范畴的价值前提就是将人的生命和生命的质量放在首

① 张雄：《人的生命质量是经济学最根本的价值前提——关于经济学与人学关系的思考》，《江海学刊》2005 年第 5 期。

位，消费的人本性就是要体现以人为本，把满足人的物质需要、精神需要和人的自身价值提高作为出发点和落脚点，这主要体现在三个方面：一是消费的前提是以人为本，将以人为本落实到公民的基本权利，如公民的就业权利、教育权利、医疗权利、社会保险权利、失业保险权利、住房权利等，只有保证了公民的基本权利，才能实现消费的效率与公平相统一。因此，这一时期确保公民权利的消费越来越成为整个社会消费总量的重要部分。二是以人为本的消费原则部分解决了这一时期人民群众的某些消费不足问题。例如，亿万农民的消费不足在政府有关政策的调控下逐渐有了改观；日趋老年化社会的银发群体消费不足的问题，政府通过养老事业与养老产业并举、国家投入与市场配置相结合的方法，生产并提供大量的为老年人服务的公共产品，在一定程度上激活了老年群体的消费欲望。三是有助于提升人的生活质量和生命质量的消费受到关注。尽管局限在一定的人群范围内，但中国人在理解财富作用的意义上有了新的转变：省吃俭用的消费观被“为人所用”的消费观替代；当下积累财富的意义不仅在于未来的应对，更在于当下生命意义的放大和精神意义的享用，为此消费才是人与财富关系的哲学解答。消费因不同的人群而异，因不同人的财富积累而异，因不同人的消费偏好而异，因不同人的文化需求而异，因不同人的身体状况而异。这样的消费观念变化比计划体制下的大一统、整体划一式的消费更显人本性。

再次，消费异化的抬头。西方非理性消费主义思潮在这一时期对中国内地的影响甚嚣，集中体现在：一是一种病态的消费观蔓延，由感觉至上主义引起的市场消费过分强调物品的表象、体验、外在形式，从而扩延到对消费文化及审美的抛弃，片面地用感觉的表象作为消费唯一取舍的标准。二是单纯地追求肉体、欲望、身体的消费，从而把消费的灵魂、精神简单地还原为动物式的需要满足。三是单纯地追求符号、品牌和物品样式的刺激与消费，忽视物品的有用性、耐用性，奢侈消费风靡，盲目地追求物品的更新率，尤其是影像消费系统被遮蔽的虚伪性，给市场消费带来种种幻象。“庞大的商品堆积物”的景观将消费者卷入物的场景中，消费者对物的符号、图像、符码极度崇拜导致消费异化的出现：一是消费者与消费品关系的异化。在消费领域，“客体被掏空了意义和物质内容。主体也随之被掏空，乏味而缺乏感性”[①]。被掏空了意义的客体与被掏空了情感的主体之间再没有那种和谐交融。消费品对消费者而言只是物化、符号化、形象化，消费者对这些具有价值表征或审美趣味的消费品“冲动购买”“不停歇地买”“用完即扔”，甚至“买而不用”。[②] 这 20 年间，尤其是后几年，“庞大的商品堆积物”已经让许多消费者成为物的占有者，而不是使用者，对物的占有已经让消费者主体性的情感被“掏空”。二是消费者与其他消费者社会关系的异化。在鲍德里亚看来，“物品变成了系统的符号，这种身份转换，同时也包含人与人之间的关系的改变，它变成了消费关系”，“我们看到，被消费的东西永远不是物品，而是关系本身”[③]。由于“物”在社会经济领域中实现自身的增值，而“物”的增值又要在具有可变性、流动性的竞争中竭力保持紧张的不平等关系，这就导致人与人，即消费者与其他消费者之间“原子式”关系的存在。[④]

---

① [英]拉什·厄里编，王之光、商正译：《符号经济与空间经济》，商务印书馆 2006 年版，第 23 页。

② 刘方喜选编：《消费社会》，中国社会科学出版社 2011 年版，第 30 页。

③ [法]鲍德里亚编，林志明译：《物体系》，上海人民出版社 2001 年版，第 224 页。

④ 刘方喜选编：《消费社会》，中国社会科学出版社 2011 年版，第 31—32 页。

第四节 自觉的十八大以来，追求进步的消费观："理性—绿色—共享"

自觉的十八大以来，中国特色社会主义进入了新时代，"新时代的社会主要矛盾已经转化为人民日益增长的美好生活需要和不平衡不充分的发展之间的矛盾"①。新时代的"新"意味着中国人迎来了从站起来、富起来到强起来的伟大飞跃，意味着科学社会主义在 21 世纪的中国焕发出强大生机活力，意味着中国特色社会主义道路、理论、制度、文化不断发展，拓展了发展中国家走向现代化的途径，给解决人类问题贡献了中国智慧和中国方案。

在这一时期，影响中国人消费观念的历史事件有三个：

一是中国梦发展战略的提出，强化了中国人消费观念的"人民性"。中国梦归根结底是人民的梦，必须紧紧依靠人民来实现，必须不断为人民造福。随时倾听人民呼声、回应人民期待，保障人民平等参与、平等发展的权利，维护社会公平正义，在学有所教、劳有所得、病有所医、老有所养、住有所居上持续取得新进展，不断实现好、维护好、发展好最广大人民的根本利益，使发展成果更多更公平地惠及全体人民，在经济社会不断发展的基础上，朝着共同富裕的方向稳步前进。由此，中国人消费观念有了中国梦发展战略的引导，具有两个方面的进步意义：一方面，社会

① 习近平：《决胜全面建成小康社会 夺取新时代中国特色社会主义伟大胜利》，人民出版社 2017 年版，第 11 页。

主义提倡的消费观从国家来说，就是以人民消费为核心内容，为满足人民消费提供制度保障和条件，为多数人消费利益的实现和维护提供法律保障。消费的人民性内含着消费的公平、正义、平等的要义，有着共享同乐的价值偏好；消费既要服务于纳税人，更要服务于平民百姓、广大人民群众，特别是关注弱势群体的消费。另一方面，人民的梦需要人民踏实肯干的精神，人民只有通过劳动才能实现自己美好的梦。由此，中国人的消费观念应当提倡在积极参与劳动的实践中实现自己的消费，正当的消费来自真实劳动成果的分享，而不是不劳而获的非劳动框架中的奢侈浪费，这是消费的彻底唯物主义态度。提倡人民消费观既是进一步推进中国人现代性消费观念的文明化，又是对前一时期消费过度、消费狂热、消费奢侈等非理性现象倾向的矫正。

二是社会主义核心价值观的提出为构建中国人科学理性的社会主义消费观提供了具有进步意义的价值坐标。2013 年 11 月党的十八届三中全会提出“富强、民主、文明、和谐、自由、平等、公正、法治、爱国、敬业、诚信、友善”的社会主义核心价值观，这一价值观既容纳了优秀的中华传统文化价值观的精髓，又兼容了世界文明的优秀价值理念；既体现了现代文明真、善、美的追求，又提供了国人思维与存在的价值标准。它为中国人的消费观念提供了至少两个方面的进步内涵：一方面，核心价值观是我们行为的准则和范式，其提倡的自由、平等、公正、法治的价值准则客观上要求消费也应当遵循平等、共享、合理、合法的价值原则。另一方面，价值观是人们行为做出选择的重要依据，具有真、善、美的核心价值观是我们一切行为（包括消费行为）的根本依据。消费什么？如何消费？从不当到正当，从模糊到理性，从集体无意识的从众行为到有明确的正当动机和目标，核心价值观都给予了消费的正确答案。

三是党的“五大发展理念”的提出为社会主义消费观念走向更深层次的辩证、和谐、健康、可持续发展提供了行动指南。2015 年党的十八届五中全会提出“创新、协调、绿色、开放、共享”的发展理念，尤其是自党的十九大报告问世以来，在进一步推进文明消费观的过程中全面贯彻落实了“五大发展理念”：其一，以创新为驱动，精神产品和物质产品的不断创新必然引发消费观念的更新和消费形式的更替。创新对消费的驱动作用表现在消费空间的不断扩大、消费欲望的不断激活、消费方式的不断创新、消费内容的不断增加、消费想象力的不断丰富。总之，创新有助于在更高意义上实现人的幸福感和快乐感。其二，关注社会利益关系的矛盾差异和不平等原因，从制度上、政策上和舆论导向上确保“消费体现协调、协调促进合理合法消费”。其三，告别传统的人与自然相对立的消费模式，建立与自然和谐共生的绿色消费。其四，进一步增强开放意识，让消费从国内走向国外，从国外走向国内，双向有机合理合法的消费流动既增强了国与国之间的交往，又满足了中国人民不断扩大消费空间、品味世界不同文化的消费需求，让消费转换为一种强大的社会生产力。其五，进一步推行共享消费理念，以最小的社会公共成本整合和节约社会资源，让大众在公共空间、共享平台以及收益成效中得到实惠，从而在真正意义上实现公平、合理、规范、有效的社会共享。

自党的十八大以来，在精神文明建设的带动下，国人的消费观出现了追求进步的新趋势：理性消费、绿色消费、共享消费、移动消费、网络化平等消费。

(一)理性消费

在市场经济条件下的理性消费,就是消费者在一定消费能力的条件下,做出合乎需要的消费行为。当前,国家已加大有助于理性消费的制度安排,破除市场幻象,引进科学意识,增强法制观念,把消费建立在讲科学、讲规范、讲法律、讲文明的基础上。如对大众的金融消费建立更加严明的监管市场。一方面通过打假的方式为维护消费者合法权益提供制度保证和法律保障;另一方面通过各种舆论和信息公开化给消费者知情权,通过媒体的导向提倡追求真、善、美的消费,克服过分的非理性消费行为,不提倡冲动消费、激情消费、盲目消费、奢侈消费、过于从众心理的消费,提倡消费的科学根据、事实根据、真实需要的根据。

(二)绿色消费

近年来,我国居民消费持续扩大升级,已进入消费需求持续增长、消费结构加快升级、消费拉动经济作用明显增强的重要阶段。对美好生活的追求体现在消费观念偏好已经由单纯对“物”的占有转向“质”的提升,绿色消费成为居民生命质量和生活质量提升的首要标准。绿色消费品不断丰富,规模在不断扩大,正如新时代绿色消费所表征的居民消费现象:“节能家电、节水器具、有机产品、绿色建材等产品走入千家万户,空气净化器、家用净水设备等健康环保的产品销售火爆,循环再生产品逐步被接受,新能源汽车成为消费时尚,共享出行蓬勃兴起。”[①]过去那种陷

① 陈婉:《2017年中国居民消费发展报告发布:绿色消费深入人心,市场规模不断扩大》,《环境经济》2018年第8期。

入“庞大的商品堆积物”的景观已经转变为注重对商品绿色、健康消费的关注，物的符号不再是人们关注的对象理念，绿色、节能、循环再生产被纳入消费观念中。这也是对现代西方消费主义思潮的回应和矫正。

（三）共享消费

随着互联网技术的进步，大数据、云计算、第三方支付和各类平台的广泛应用推动了共享经济的持续发展与共享产品的出现，也孕育着一种新的消费模式即共享消费。共享消费是借助互联网技术，将消费品的所有权与使用权进行分离，把消费品的使用权按消费者的需求进行重新组合，从而极大地降低交易成本，提高资源利用率，在充分满足消费者需求的同时，使消费品释放出群体共享价值。① 这里的共享消费涵盖了两层意思：其一，共享消费的共享价值不再仅限于个体分享，而是大众群体的共享；其二，共享消费将使用权转移到所有权，让更多的人能够使用更少的物品，节约了生产成本，减少了资源消耗。在共享消费中既要体现人民的共享价值，也要体现人民的维护与监管，才能确保共享消费有序进行。这里不以货币多寡为共享条件，人人都可获得便利的出行工具。以共享消费解决出行“最后一公里”的共享单车为例，2016 年中国共享单车市场规模达到 12.3 亿元，用户规模达到 0.28 亿人。预计到 2018 年，中国共享单车市场规模将达 178.2 亿元，增长率为 735.8%。② 大街小巷的共享单车为短途出行提供了便利，让人们享受共享经济的低成本福利，

① 胡雪萍：《共享消费新模式及其可持续指向》，《理论探索》2017 年第 6 期。

② 《2017 年中国共享单车发展现状及发展趋势预测分析》以及《2018 年中国共享单车行业报告》，中国产业信息网 2017 年 6 月 17 日及 2018 年 3 月 22 日。

互惠互利的共享经济空间与制度形态注定使越来越多的消费品由“我的”走向“我们的”。

（四）移动消费

现代网络技术的高速发展使得信息高速流动，出现了互联网、移动端的消费，将厂商、消费者、信息三者融合在一起，发挥其扩大市场空间、加快商品流通以及开发消费欲望偏好功能，推动实体经济的发展。据商务部数据统计，截至2018年6月，我国网络零售市场发展迅速，实物商品网上零售额对社会消费品零售总额增长的贡献率超过了37%，对消费增长形成了强有力的拉动作用，在当前我国消费转型升级中扮演着引领者和加速器的角色。过去30年美国是世界经济的引擎，未来30年相信也将是世界经济的领先引擎，但中国会是新的重要引擎。过去30年美国人口和中产阶层改变了整个世界的经济，未来30年中国这个增长中的市场会根本性地改变世界经济的图景，而这种改变来自中国巨大的网络化、移动终端的消费市场。巨大的市场、渴望品质消费的消费者、先进的支付、便捷的物流将虚拟经济与实体经济有机地融合，这就是移动终端上的中国消费将给全球贸易带来的无限活力，将推动世界经济新发展。

（五）网络化平等消费

网络化消费、移动终端消费带来了消费形式的新亮点：平等消费。网络化平等消费就是指高端消费人群的偏好和低端消费人群的偏好在网络化工具的作用下，在科学、健康、理性观念的影响下趋同，尽管存在消费差距是必然的，但消费差距呈现逐渐缩小的趋势。网络化平等消费更多地体现在某些领域消费机会的平等、消费过程的平等、消费结果的平等。一方面，高消费人群受生活观念科学化、健康化、医学化影响，不再以消费价格的高低作为自身消费的标准与需求，贵不一定适合自身生命质量和生活质量的提高，因此，消费的标准更趋理性化，消费的价格偏好明显呈现合理化。另一方面，低收入人群随着互联网市场的放大，能用较低的价格购买实惠而满意的商品，从根本上提高低收入人群的消费标准和满意度，如收入不高、财富不多的群体也能够购买手机、电脑、汽车等商品。

唯物史观告诉我们，人们在自己生活的社会生产中发生一定的、必然的、不以他们的意志为转移的关系，即与他们的物质生产力的一定发展阶段相适合的生产关系。这些生产关系的总和构成社会的经济结构，既有法律的和政治的上层建筑，也有一定的社会意识形态与之相适应的现实基础。物质生活的生产方式制约着整个社会生活、政治生活和精神生活的过程。不是人们的意识决定人们的存在，相反，是人们的社会存在决定人们的意识。不同发展阶段的消费观念也反映了整个社会生活、政治生活和精神生活。40 年改革开放的实践证明，改革开放是决定当代中国命运的关键。我国生产力的高速发展、生产关系的合理变革、上层建筑相应的调整与改革，使当代中国人生产方式、生活方式、价值观念发生了相应的深刻变化，使中国人民生活基本实现小康。

第二章　货币观念

本章内容提示：回溯与考察40年改革开放历史进程中货币观念的嬗变，有三点重要启示：其一，货币是人类文明演化的产物，也是文明进步的记载者。改革开放以来货币观念的变化从一个侧面印证了时代的巨大进步，证明了中国共产党领导的改革开放事业，其方向和道路正确，成效和功绩不容否定，停顿和倒退没有出路。其二，改革开放以来货币观念的嬗变深刻反映了马克思主义中国化的丰富实践及其理论探索与制度创新的伟大历程。货币观念的变化反映的是时代的变化、实践的变化以及人生观、价值观的变化。实践是检验真理的唯一标准。改革开放以来，在社会主义市场经济框架下，货币功能与货币观念逐渐成熟完善，变化的总趋势是进步的。其三，自党的十八大以来的一系列制度建设和发展理念的辩证与创新有助于在一个货币化生活世界中防范货币对人性与社会的酸蚀和异化，促进"人的社会本质"的复归。货币观念从单一到觉醒，从"货币的疯狂"到"货币的联想"，最终回归到"货币的理性"，反映的正是这样一种努力。

本章关键词：改革开放；货币观念；经济哲学

持续40年的改革开放伟大历史进程及其巨大变革力量不仅极大改变了中国大地的物质形态和中国社会的内在结构，而且深刻塑造了中国人的思想观念和精神面貌。正如十九大报告所指出的："我们党团结带领人民进行改革开放新的伟大革命，破除阻碍国家和民族发展的一切思想和体制障碍，开辟了中国特色社会主义道路，使中国大踏步赶上时代。"①这样一个值得铭记的历史变革时代，其鲜活经验和宏大实践所映射的时代精神状况值得人们基于历史和逻辑的双重维度给予持续的理论观照和哲学透视。对货币观念的经济哲学反思之所以必要，至少基于如下四个方面的理由②：其一，经济的货币化进程内在地改变了各种社会质料之间的组合方式，也必然地映射着人对世界理解的物欲化；其二，货币交换表象背后的本质力量是人的社会分工与社会交换、特定生产关系与社会关系的交换；其三，纷繁复杂的货币形式变迁的根本决定力量是社会制度形式的历史变迁；其四，货币交换规模、形态与货币化程度的变化直接反映和量度着人性及其社会文明发展的重要方面。

货币是价值的象征物，而"象征物是用来代表其他事物的，是被代表事物的抽象化产物。价值就是某件事物的重要性"③。货币出现在人类文明的演进脉络中并最终登堂入室，成为社会经济发展的支撑性构造，并不简单是某一物品自身演化的结果，而是映射着纷繁复杂的社会交往及其内在结构的深层变迁。自改革开放以来，中国的货币数量与经济体量一起扩张，货币管理体制和政策架构逐渐完善。人性借助于货币这一

① 习近平：《决胜全面建成小康社会 夺取新时代中国特色社会主义伟大胜利——在中国共产党第十九次全国代表大会上的报告》，人民出版社2017年版，第14页。

② 张雄：《货币：一种哲学向度的思考》，《哲学动态》2003年第8期。

③ ［美］卡比尔·塞加尔著，栾力夫译：《货币简史》，中信出版社2016年版，前言第20页。

工具获得解放，生产生活方式和思想观念也同步发生巨变。货币观念的变革是经济社会领域历史性变革的写照。

第一节 1949—1978年：既重要又不重要的货币观念

改革开放前的30年是建立社会主义基本制度、初步探索社会主义道路和开启国家现代化建设的历史阶段，也是计划经济体制下国人确立新货币观念的重要时期。带有鲜明时代痕迹的货币形态及其功能设定塑造了特定历史条件下的货币观念。

一、没有票证，货币兑换受到限制

中华人民共和国成立之初，百废待兴。就产业结构而言，本质上是一个农业国，城乡、工农之间存在严重的不平衡、不匹配。就货币领域来说，承续的是旧中国恶性通货膨胀日积月累造就的极为复杂的局面。货币从城市流向农村，实物（主要是粮食）从农村流入城市。掌握了现金的农民无从消费，因为城市拿不出足够的物资（工业产品）与农村生产的农产品进行交换。于是，农民手中的货币就转变为一种“流动性过剩”。在这种背景下出台的大宗物资统购统销政策和工农业价格“剪刀差”的目的之一，就是对这种“流动性过剩”加以节制。以“反通胀”问题意识作为决策出发点和指导方针固然有其特殊原因，却也在根本上对货币功能做了系统性改造。一个重要的制度设计是票证经济。以粮票为代表的各类票证本身并不具备法定的流通功能和交易功能,但在实际运行过程中逐渐成为“影子货币”:人民币只有与票证搭配使用,才能完成交易行为。票证的出现是计划经济时期生产和流通领域统购统销政策的必要配套,也是一种准货币政策的产物,实际上成为购物的准入门槛。这个设计的根本逻辑在于:计划经济是一种短缺经济,物资的供不应求是常态,货币的相对超发也是常态,那么应对这种局面的简单办法就是改变资源配置的方式,在货币与实物之间再架设一道屏障作为“双保险”,人为筛选、过滤乃至限制需求侧,以便保障货币发行规模与实体经济的基本匹配。票证经济的产生是特定历史背景乃至不可抗力的作用使然,客观上是以抑制人的欲望和需求为条件,强行“配平”经济增长的“方程式”。这种举措有其现实针对性,也会随着形势变化而显现出局限性。

二、货币功能的局限决定了货币观念的半封闭性

票证是一种被计划的额度,而购买力的生成有赖于以货币形式计量的工资。货币没有被放置于一个交换活动十分充分的场域之中,因而其功能并不完整。倘若取消货币,面对实际存在的商品需求,既无法量度,又很难获得一种相对公平公正的价值尺度。更何况,即便社会主义改造完成后,仍然存在公有制企业内部的异质性及其在资源配置过程中的货币需求,国有企业与集体企业、集体企业与集体企业之间并非都能够简单采取划拨方式,而是必须通过货币结算的方式交换资源。这实际意味着社会主义仍然需要货币,与此同时,货币不是万能的,但没有货币则是万万不能的。

三、商品交换规模的有限性决定了货币观念的单一性

货币的发展史也是人的社会交往范围和商品交换规模不断外扩的历史。计划经济时期“货币 + 票证”的方式对消费需求所做的人为限缩必然限制了潜在的商品交换规模。没有大规模商品交换的生活实践,在票证经济的严苛门槛限制下,人们对货币符号的记忆和货币功能的开发使用只能停留在较为淡薄和单一的状态。正因如此,创作于 1963 年的脍炙人口的儿歌《一分钱》,描绘的固然是拾金不昧的时代风貌,然而歌词背后也折射出票证经济时代人们对货币的普遍“无感”。

第二节 1978 — 1992 年:思想的解放带来了货币观念的放大

1978 年到 1992 年是改革开放 40 年间至为关键的起步阶段。看似务虚的讨论、理念的碰撞,实则是决定性的思想准备。“计划经济不等于社会主义,资本主义也有计划;市场经济不等于资本主义,社会主义也有市场。计划和市场都是经济手段。”①有了市场,货币功能才得以发育得更为健全,在市场体系中流通运转的货币才不再只是一个计量单位和符号,真正成为完整意义的货币。“社会主义也有市场”的宣示本身也打开了货币功能进一步完善和延展的广阔空间,为其后资本市场的发育

① 《邓小平文选》第 3 卷,人民出版社 1993 年版,第 373 页。

奠基。

一、从"不要货币的货币"到"价格双轨制"

马克思、恩格斯在《共产党宣言》中基于对空想社会主义的批判，提出了"无产阶级将利用自己的政治统治，一步一步地夺取资产阶级的全部资本，把一切生产工具集中在国家即组织成为统治阶级的无产阶级手里"这样一种构想。[①] 列宁晚年也曾就发展商品货币关系做了若干重要阐发。他一再告诫，那种"完整的、完善的、真正的计划，目前对我们来说等于'官僚主义的空想'。不要追求这种空想"[②]。在社会主义的欠发达阶段，必须充分利用商品市场，发展货币经济，"退一步，进两步"地迂回式前进。我国的计划经济体制经过三十多年的运行，到 20 世纪 80 年代初已累积了大量与经济社会发展不相适应的矛盾。票证尽管并不被视为具有法定货币的正当性，但票证经济的大行其道已在事实上制造了一个巨大的"准货币体外循环系统"。凭借票证获得购买商品的计划价格与实际已经放开的市场价格之间呈现尖锐对立，存在巨大套利空间。各类配置资源的要素"黑市"催生了"价格双轨制"这一"成败萧何"的特殊时代现象。市场的浪潮惊涛拍岸，货币的渗透力量惊人，这一历史进程在涤荡旧有经济体系的同时，也重估和改写了人们的价值观念。

---

① 《马克思恩格斯选集》第 1 卷，人民出版社 1995 年第 2 版，第 293—294 页。

② 《列宁全集》第 50 卷，人民出版社 1988 年第 2 版，第 473 页。

二、工资增长：从冻结到解冻，货币激发了劳动者的积极性

改革开放初期经济社会领域的深刻变革使人们看待货币的视角由静止转向运动，由窖藏、储蓄转向使用、投资。“什么是社会主义，怎样建设社会主义”，这是孕育于这一阶段的邓小平理论贯穿始终的自觉追问。相应地，人们也自觉进入对货币观念的意识与反思状态。社会主义初级阶段理论的提出，从根本上界定了社会发展阶段的不成熟、不完善，也因此拒斥了那种急于消灭货币的激进主张。货币观念的觉醒与变革绝非孤立现象，其背后有着制度变迁的深厚基础。以“扩大企业自主权”为特征的城市经济体制改革的主要内容有二：一是简化计划指标，放松计划控制；二是扩大奖金数额，强化对企业和职工的物质刺激。企业工资管理体制的改革为工资与国民经济按比例协调增长提供了制度保证。几十年固定不变的“铁工资”逐渐松动，人均现金储蓄和银行储蓄快速增长；农业改革使作物增产，农民增收，跳出“生存工资”陷阱。发展经济学意义上一种良性的工资上升、工资和利润共同推动储蓄增长的新机制开始形成。[①] “万元户”成为 20 世纪 80 年代炙手可热的流行语；“个税起征点”概念的出现及其指标数据的提升则是民众收入增长、财富增加和当代中国货币现象时移事迁的生动写照。

① 胡景北：《农业土地制度和经济发展体系：对二十世纪中国经济史的一种理解》，《经济学（季刊）》2002 年第 1 期。

三、票证退场：从“屏障”到“摆设”，货币在一定程度上冲破了计划的约束

改革开放后，票证经济及其配套的一系列支撑性制度结构渐趋解构。城乡居民收入增加，生活改善，吃“商品粮”的城市居民粮食消费减少，粮票结余，离土离乡进城务工的农民则从“自给自足”转变为“吃商品粮”，这样产生了供求之间的默契。同时，双轨制下平价粮和议价粮价差的存在使得粮票持有者除拥有购买的资格凭证外，还可凭票以相比市场价格更低的统销价格买到粮食，粮票交易确有套利空间。货币这把锋利的“尖刀”将计划内与计划外的资源配置幕布划开了一道口子。1993 年底，粮价全面放开，粮票交易行为与粮票本身一起退出历史舞台，宣告了票证经济的彻底结束。从票证经济向货币经济的跃迁意味着计划经济体制下以票证作为屏障加以拱卫的、功能残缺的货币开始甩开“拐杖”，独立“行走”。有钱也未必能买到东西、依靠权力配置资源的时代结束了。作为一种准货币制度，票证经济的衰亡与货币经济的崛起是一枚硬币的两面。与此相适应的是，从 1984 年元旦起，中国人民银行不再直接吸收储户存款，开始专门行使中央银行职能，一个稳定的货币管理当局和货币政策基本框架在摸索中初步建立。

货币在经济实践中日渐发挥重要作用，必然引发货币观念的深刻改变。根据神经经济学的研究，当我们看到货币被用来购买物品时，大脑中的一些神经元会产生冲动，假以时日，就建立起货币与商品之间的符号关联。正所谓赚钱的念头比钱本身更具刺激性，“那些投资取得收益

的人的神经活动与那些靠可卡因和吗啡达到迷幻状态的人的神经活动并没有明显区别”[①]。在改革开放初期票证经济与货币经济双轨并存的状态下，人们在思想观念上逐渐生成对货币的客观化、数量化认识：“时间就是金钱、效率就是生命。”货币观念的觉醒已势不可挡，它进一步预示着货币本身已翻转为目的，对货币的追求也必将成为绝对律令。

第三节　1992—2012年：从高涨的货币经济到多向度的货币观念

从1992年十四大正式确立社会主义市场经济的目标，到2012年十八大描绘全面建成小康社会的蓝图，20年间，社会主义与市场经济深度融合。这20年的发展速度之快、效益之好、处境之险、过程之艰难都令人叹为观止。这一历史时期既是改革一路爬坡过坎、势如破竹的攻坚期、加速期，也是一些深层次问题逐渐累积的潜伏期。货币功能的酸蚀效应诱致货币观念新的变化，“货币万能论”有所抬头。

一、货币化生活世界的降临

货币化即“通过货币进行（以货币作为价值尺度和交易媒介）的经济活动的比例不断增加”[②]。今日中国蔚为大观的货币化图景的关键成长

① ［美］卡比尔·塞加尔著，栾力夫译：《货币简史》，中信出版社2016年版，第60页。
② 易纲：《中国的货币化进程》，商务印书馆2003年版，第61页。

阶段始于 1992 年。这一货币化进程中，至少有如下事件值得记录：

第一，夹杂了货币因素的宏观经济周期性波动，让国人对货币的力量有了最为直观的认识。在完全废除票证“防火墙”的状态下，1994 年的居民消费价格指数（CPI）攀升到 24.1%的历史高位，又在随后的亚洲金融危机中跌落到 1999 年的负增长状态（-1.4%），单位产出的货币数量即广义货币供应量/国内生产总值在 1995 年突破 1，2015 年突破 2，并还在持续上升。这种大起大落的经济生活体验所反映的货币力量的操控与失控是最生动的教材。

第二，中央银行的真正独立和货币政策工具的充实完善让国人越发认真理解和看待政府与市场这对根本性关系在货币领域的体现。1995 年《中华人民共和国中国人民银行法》的颁行正式确立了央行的法定地位。此后，央行运用以公开市场操作为代表的一系列货币政策手段，更加深入地对宏观经济产生影响。存款利率、国债收益率等数据指标的涨落浮沉成为人们观察日常经济生活、做出财务决策的重要参考变量。人们对央行创造货币时的酣畅淋漓和回笼货币时的雷霆霹雳有了更为直接的体验。

第三，从大宗产品价格到生产要素价格的全面市场化改革，把原计划经济体制下的“沉睡物”逐一唤醒，真正将人们带入一个货币化的生存世界。土地长期以来是无价的，并非价值连城，而是无偿划拨和转让。但城市的快速开发使土地稀缺性急剧上升，其作为最根本生产要素的价值与价格被重新确定，以至于成长为支撑地方政府的第二财政。1998 年推开的住房货币化改革把一个更为广阔的空间拖拽进货币的“牢笼”；此外，还有权力的货币化（腐败）、生命的货币化（矿难死亡赔偿）、失业的货币化(买断工龄)等。衣食住行、生老病死,市场以货币为尺度,重估既存世界中的一切价值。在货币化的巨大压力下,凯恩斯主义的经典状态如期而至:边际储蓄倾向增加,边际消费倾向减少。每个人都倾向于有备无患、狡兔三窟,其意外后果则是消费疲软、经济低迷与货币紧缩。

二、"第一个平等主义者":货币对人性的解放

货币的存在激发了人类创造和获得财富的欲望,推动了社会形态的更替和人类历史的演进。货币作为经济活动中的"润滑剂"和财富的象征,促进了现代市民社会的发育。它既促进自由劳动者的形成,也促进人与人之间的普遍联系和相互依赖。货币将分割在不同时空的陌生个体基于各自利益黏合于同一经济链条。吉登斯把货币"翻转时空"的这种伟力称为"脱域":货币是"现代社会生活的一个内在组成部分,是象征标志的一种特殊类型,它对从总体上现代经济活动之脱域是极其关键的"①。劳动力作为一种生产要素,并不能自由流动,因为存在大江大海的自然地理约束和移民法案的人为立法限制;劳动者所创造的、凝结了"无差别人类劳动"的商品却可以货币为纽带、"借船出海",融入全球性的大规模商贸活动。经济学家认为,衡量经济市场化的最重要指标就是提高经济活动的货币化程度。② 货币对资源的配置和对价值世界"祛魅"拓展了人的行动空间和行动能力,解放了人性。正因此故,封建统治者

① [英]吉登斯著,田禾译:《现代性的后果》,译林出版社 2000 年版,第 23 页。

② 张军:《货币哲学与中国经济发展》,张雄、鲁品越主编《中国经济哲学评论》,社会科学文献出版社 2005 年版,第 15 页。

为维护既定的政治秩序与伦理规范，总是更倾向于“重农抑商”，尽量限制货币的使用范围。① 在这个意义上，货币的确是第一个平等主义者，用货币取代了旧的特权。

三、“交易型人格”：货币对人的侵蚀

早在现代世界兴起之时，思想者们就对货币价值通约功能的无限扩张表露出深刻的忧患意识。卢梭在《论人类不平等的起源和基础》中说：“使人文明起来，而使人类没落下去的东西，在诗人看来是金和银，而在哲学家看来是铁和谷物。”②从“我在马路边，捡到一分钱”到如今的“爱情买卖”，流行歌词的变化明确提示我们，对货币无感化的年代已成过往，货币交易普遍化的时代已经到来。经济体制借由货币经济进入巨大历史转型的轨道后，相应也会使人的精神心理和思想文化产生巨大的波动。改革之初，从货币之谜到人生之问，从争辩“张华救老农”值与不值，到讨论“人生的路呵，为何越走越窄”，还有路遥笔下的“高加林”们为城乡、地域、职业的选择而纠结。整个社会充溢着对人生观、价值观的深刻思索和痛苦追问，而几乎每一个社会思潮背后都游荡着货币的幽灵。自我意识觉醒、个体化趋势凸显、个人价值受到空前关注。当人们试图用货币来衡量，甚至用货币来等价交换人生价值的时候，“金钱乃身外之物”的训谕便被抛诸脑后了。

---

① 鲁品越：《货币化与价值世界的祛魅》，《江海学刊》2005 年第 1 期。

② ［法］卢梭著，李常山译：《论人类不平等的起源和基础》，商务印书馆 1982 年版，第 121 页。

第一，货币经济重构了人与人之间的交往方式和社会关系，也对人的精神和心理造成一定扭曲，这是心理学家弗洛姆所说的“交易型人格”。货币深深嵌入市场社会，一切化为赤裸裸的交易行为，一切行为以赤裸裸的利益交换来解读。“不花钱就办不了事”“能用钱摆平的问题就不是问题”，一切市侩、低俗、颓废、犬儒的小布尔乔亚风范大肆流行。货币经济支配着都市生活，造成都市人的冷漠和倦怠。当所有事物的价值个性被“货币”量化，货币也就遮蔽了生存的本真意义。最终，人们只能陷入叔本华式的钟摆困境：要么痛苦，要么倦怠。

第二，货币的正能量是推进平等，货币的副作用则在异化人心。货币客观上打破了等级特权，抛弃消费品按照地位分配的规则，确立了货币面前人人平等的新规。“正如商品的一切质的差别在货币上消灭一样，货币作为激进的平均主义者把一切差别都消灭了。”[①]货币在一定程度上推动了人类社会的进步，促进了人的平等和自由。但是，货币也把人的主体性从其丰富的需要与规定中抛离，将多彩异质的理想图景与生活目标裁剪得了无生气，最终落脚到对货币数量的无限向往和追求。这是货币的异化，也是人的异化。[②] 对金钱的狂热甚于对终极关怀的追求，丧失了主体性地位的人沦为货币的奴隶。

第三，建立在货币价值通约功能上的“等价交换”遮蔽了物相对于个体的独特意义。赋予一个特定物超凡价值的源泉在于极其个性化的特殊体验：既超越了前现代时期生产与交换均为充分社会化的自给自足状态，也超越了现代工业经济场景下市场尚未出清、供求力量尚在胶着博

① 《马克思恩格斯文集》第5卷，人民出版社2009年版，第155页。

② 曹东勃：《通向犬儒之路：人类价值系统的现代嬗变》，《现代哲学》2012年第4期。

弈的状态。它实际上反映了具有某种后现代特点的、市场充分出清后的“私人定制”产品的价值决定过程，其价格的最终决定尺度不仅在于其使用价值、交换价值，更在于其作为意义的交换或意义的均衡基础上所确定的价值。[①] 显然，它大大超越了该商品所包含的社会必要劳动时间。意义的主观赋予价值背离现象一个表面合理的解释。货币化的历史进程也是人的主观价值客观化的过程。它成功地在割裂人与世界原本深永的内在关联、“掏空”人格的丰富内核后，植入货币自身。从此，货币化了的社会交往沐猴而冠地外化和具象化为某种人格化特征。

第四节　自2012年党的十八大以来：新时代货币经济深度发展带来货币观念的理性化矫正

自党的十八大以来，中国特色社会主义进入了新时代。就货币经济与货币观念而言，这一时期有一些新变化：一方面是对内更加聚焦于服务民众对美好生活的追求，体现在货币功能应互联网时代所做的一系列数字化转型；另一方面是对外日益崛起为一种主权国家的重要标志，成为一种主权货币和世界货币基金组织框架下具有特别提款权的国际通用货币。在经济开放的新格局中，货币在现代经济体系中的功能与定位被重新审视。党中央基于改革开放的经济实践和 1998 年、2008 年两次金融危机的经验教训，洞悉货币的深层本质，下决心通过加强制度建设

① 姜奇平：《后现代经济：网络时代的个性化和多元化》，中信出版社 2009 年版，第 48—49 页。

与金融监管，终结那种呼风唤雨、一夜暴富的资本奇迹、货币神话，给货币戴上“紧箍”，把货币的疯狂与魔鬼化的一面重新关入“潘多拉魔盒”。

一、货币经济深度发展

自十八大以来经济实践的深度推进既充分激活了国人对货币撬动经济社会运转的磅礴伟力的无限想象，也让众人见证了货币由一种局限于本国时空范围内的地方性货币，经由渐进开放汇入全球货币浪潮的宏大进程。在人民币国际化的进程中，以货币经济为基础的大国经济显示出强有力的资本实力。在不断深入的技术革命与日益激烈的国际货币战争、资本竞争中捍卫本国的货币财富与币值稳定成为新时代货币经济深度发展的重要课题。这主要体现在如下五个方面：

一是货币的开放性。货币只有在流通中才能实现其价值，因而简单限制货币的流通速度和范围并非明智之举。哈耶克在20世纪70年代即已提出的“货币的非国家化”设想，在大数据时代转换为各类主张货币“去中心化”的实践。基于区块链技术的比特币的实质，是将货币流通所支撑的社会经济运转体系的信用基础和信息中心，由代表国家权威的央行体系解构为一种相互确证的交易信息与个人信用担保的网状体系，以此支撑商品交易的运行和货币币值的稳定。比特币现象及其在全球引发的关注与争论提示人们不断正视和注意应对货币的开放性趋势。

二是货币的安全性。货币固然需要流通，但在现实中又的确具有强烈的民族国家属性，并不能无远弗届、畅通无阻。以国家视角来看货币观念，中国人已在激烈的国际竞争中积累了比较丰富的经验，深刻意识到当今世界货币战争风险的现实可能。关注货币的安全性问题是金融危机后如惊弓之鸟的各国货币当局的头等大事。

三是货币的虚拟化。以互联网技术为代表的新一轮科技革命浪潮正在赋予货币本质新的内涵。虚拟货币、移动支付、互联网金融等层出不穷的货币形式创新不断挑战人们的传统货币观念。当人们无须接触纸币的实体，只在短信提醒、存款余额等数字化的意义上建立起货币与自身的关联时，这实际上意味着货币把商品交换抽象化后，其自身也被进一步抽象化，这种二重抽象最终抽离任何实体，定格为数字本身。人的存在在这个意义上真正成为一种“数字化生存”。货币发展到虚拟货币、虚拟经济阶段，超发货币和通货膨胀的阴影却始终如影随形。大数据时代、“无现金社会”中，全球资本金融体系穿过技术的隧道，抽象性、脱域性更强。资本的主体定位异质多元，运作方式虚拟迷幻。在这个问题上，马克思的预见性的确惊人：“在发达的货币制度下，生产只是为了交换，或者生产只是由于交换。因此，如果取消货币，那么人们或者会倒退到生产的较低的阶段，或者前进到更高的阶段。”①

四是货币的社区性。货币在本质上是与交换、交易相关，而且是从物物交换中抽象升级的结果。可是，近年来全球多个区域多种替代性票证的出现、存在和壮大，其实是对现存传统货币制度的一种反动和挑战。这些挑战者有一种雄心，希望借助于重建货币的“地方性”来重建社区共同体。“每当非互利的货币交换取代了赠品交换时，社区就要衰败。”②这些社区性、地方性的货币已不简单是一种价值计量的单位，也是一种可

---

① 《马克思恩格斯全集》第30卷，人民出版社1995年第2版，第167页。

② ［美］贝尔纳德·列特尔著，林罡译：《货币的未来》，新华出版社2003年版，第218页。

兑换为劳动时间的单位。时间银行、航空里程、通话时间、数据流量……凡此种种，本质上都是专项专用的替代性货币。当然，这些带有货币性质的可兑换单位，如果没有得到兑换而永久沉淀下来，也就形成一个巨大的“价值黑洞”。货币的地方性或社区性提醒人们反思和追问货币的本质和初心，将冷冰冰的货币重新拉回与人们密切相关的地方性社会交往中，让货币创造、财富创造与劳动时间重新建立关联。

五是货币的道德性。以欲望膨胀、奢侈、炫耀为特征的消费社会降临后，货币符号反映的人们对货币占有的差异以及这种差异所折射的社会分化状况开始引发全社会对于货币本质的一系列道德追问，在追求美好生活、实现“高质量发展”的过程中，重新激活货币的道德属性。

二、扶正祛邪：新时代货币观念向“人的社会本质”复归

消解货币拜物教，实现人的社会本质的复归是马克思念兹在兹的重大关切。青年马克思在《论犹太人问题》中提供了一个对今人理解货币观念极富有启发的参考路径。他在充分肯定现代国家政教分离的制度原则相对于“落后的德国”具有毫无疑问的进步性后，更深刻地指出，资本主义和市民社会非但不能一劳永逸地解决货币带来的精神困窘，反而会成为解决这一问题的根本障碍。马克思从世俗化角度一针见血地指出犹太人问题的根由：“犹太教的世俗基础是什么呢？实际需要，自私自利。犹太人的世俗礼拜是什么呢？做生意。他们世俗的神是什么呢？

金钱。”[①]市民社会的基本原则是利己主义。世俗化的市民社会中，逐利的现代人貌似自由，实则匮乏，他们只能以货币数量的堆积来巩固自我认同和安全感。犹太人问题之所以具有市民社会的普遍性，是因为犹太教的世俗基础也正是市民社会的基本原则。一如马克思在《黑格尔法哲学批判导言》中的洞见：“对天国的批判就变成对尘世的批判，对宗教的批判就变成对法的批判，对神学的批判就变成对政治的批判。”[②]问题并不在宗教，而在市民社会。市民社会的异化土壤让沉湎于资本神话与增长奇迹的人们由商品拜物教、货币拜物教而转至资本拜物教。犹太人问题的奥秘就是拜物教的奥秘，而拜物教的奥秘也就是市民社会的奥秘。所以，尽管德国是欠发达的，但欠发达的德国却是这个世界的同时代人。德国问题就是世界问题，解决犹太教问题也就是在解决市民社会问题，而这只能通过全人类解放，使原子化的个人在人类生活中重塑集体认同，构建自由人的联合体。在这个意义上，犹太人的解放意味着市民社会成员的解放，“社会从犹太人中获得解放”[③]，从而实现人的本质的复归。

十九大报告强调，必须坚持以人民为中心，坚持人民主体地位，把人民对美好生活的向往作为奋斗目标。[④] 社会主要矛盾的时代之变意味着：单纯依靠“以经济建设为中心”不可能满足人们日益增长的美好生活需要；单纯寄希望于市民社会和资本逻辑也不可能根本解决现代社会货

---

① 《马克思恩格斯全集》第3卷，人民出版社2002年版，第191页。

② 《马克思恩格斯选集》第1卷，人民出版社2012年第3版，第2页。

③ 《马克思恩格斯全集》第3卷，人民出版社2002年版，第198页。

④ 习近平：《决胜全面建成小康社会 夺取新时代中国特色社会主义伟大胜利——在中国共产党第十九次全国代表大会上的报告》，人民出版社2017年版，第21页。

币化生活世界的精神思想与文化心理问题。所以要持之以恒地培育和践行社会主义核心价值观，加强思想道德建设，因为“人民有信仰，国家有力量，民族有希望”[①]。新时代更加需要对发育至今的现代性货币观念进行扬弃，弘扬正气，坚定正念，扶正祛邪：一是继续加强精神文明建设，以正确的世界观、人生观、价值观塑造正确的义利观、成功观、金钱观，反对庸俗的拜金主义、享乐主义、奢靡之风。二是继续加强制度建设、法治建设和作风建设，全面从严治党，对货币经济条件下的腐败现象严厉惩治，对基于货币观念的异化而形成的诸多庸俗甚至错误的价值取向防微杜渐、教育引导。三是在利用与激活金融市场创造活力的同时，加强金融监管，整顿规范秩序。重温马克思市民社会批判和货币拜物教批判的深刻洞见，以哲学视角反思社会历史的宏大变革，促进“人的社会本质”的复归。

本文围绕货币功能与货币观念之间复杂的历史勾连与相互作用，对改革开放及其铺垫阶段的历史加以回溯和解读。尚有两点未及展开，作为余论提出：

第一，货币这种阶段性的发展，是历史的，也是逻辑的，不能随意跨越。从人类普遍发展的历史脉络来看，货币的本质是一种特殊的商品；而从我国货币发展的轨迹来看，货币的本质更像是一种特殊的票证。作为国家发行的票证，它还承载着更多的政治内涵：初期是产品本位而非金银本位，根据产品储备规模决定票证发行规模，这与计划经济相匹配。自改革开放以来，国家逐渐深度参与并融入国际大循环，遂出现票证本

① 习近平：《习近平谈治国理政》第 2 卷，人民出版社 2017 年版，第 323 页。

位与美元体系的对话。今天，我们更加强调货币作为国家和执政党信用的载体。那仍然是一种票证，不过是从对应于具体产品的票证转换到对应于普遍产品或服务的票证。这是转向以消费内需和房地产开发为主导的时代的特征。货币的这种本质特征是否为人们所感知，或者说有没有进入货币观念中？这是值得思考的。

第二，在后现代状况下实现人的解放和“人的社会本质的复归”需要更加宽阔的视野。货币观念变迁既与货币功能嬗变相关，也与同步展开的很多过程相关，而这些过程并非都能被还原为货币化过程。比如，工业化、城镇化、全球化当然都与市场化关系密切，但这还只是社会转型的第一波浪潮。当下风险社会、信息化、个体化等新趋势仍与市场化高度相连，却也有了更大距离。货币曾经在历史进步过程中发挥了重要作用，但今时今日，我们可以在多大程度上将人的观念的构造认定为市场化、货币化的单一结果？货币对传统社会的瓦解甚至“暴力拆解”造成了市民社会诸多病症，也受到包括马克思在内的思想家们的诸多批判。人们普遍相信通过社会的整体改造，就可以改变人的处境。在现代化过程中实现“人的解放”，所要回归的“人的社会本质”的社会是相对于市场而言的，而在后现代状况中实现“人的解放”所要回归的“人的社会本质”的社会也许更应该是相对于个体的孤独而言的。今天的个体所受的压迫是弥散性的，在强调回归“人的社会本质”的社会性方案的同时，需要更加注重后现代社会中个体的存在状态及其精神困境。

第三章 欲望观念

本章内容提示：中国40年来的经济发展是一个理性改革不断推进的过程，也是一个非理性欲望不断充盈的过程，并呈现二律背反的效应：一方面，欲望带来了改革的巨大需求，提供了激情与意志力，从而驱动着改革不断演进；另一方面，欲望的非理性冲动由于缺少规范而泛化为改革的破坏力量。任何单向度的评价都不足以透析欲望与改革的内在关系，科学认识欲望的非理性本质及其二律背反效应是欲望观念变迁的正确路径，其对于培养成熟的市场、增强改革内驱力以及提高人们的幸福感具有重要意义。

本章关键词：改革；欲望变迁；二律背反；哲学反思

欲望是国家、个体追求发展的重要内驱力。“一国的兴起是出于人们的需要，没有人可以自给自足，但我们中所有的人都有许多欲望。”[①]欲

① ［英］埃德蒙·惠特克著，徐宗士译：《经济思想流派》，上海人民出版社1975年版，第4—5页。

望是经济学一切假定的最根本的前提，经济学需要“从对各种人类欲望的简短研究开始，从它们与人类努力和活动的关系来考虑”[①]。改革开放40年中国发生了翻天覆地的变化，人们从多个视角对其原因与机理做了理性分析，但是对有关欲望因素的探讨尚不多见。科学认识改革中欲望的本质、逻辑及其控制手段，将非理性欲望纳入理性规制，对于增强改革内驱力、全面深化改革、培养成熟的市场以及促进国家与个人发展具有重要意义。

第一节　非理性：欲望概念内涵的多维度诠释

欲望是所有动物最原始、最基本的一种本能。现代汉语中“欲望”的释义为“想得到某种东西或达到某种目的的要求”，又称“欲念”。在西方，欲望（desire）一词源于古希腊神话中的“ Eros”，英文释义为一种想拥有某个东西或者采取某种行为的强烈愿望或渴望。欲望在经济学中是一个非常重要的概念，“在杰文斯、瓦尔拉斯、门格尔等人开始形成消费者需求理论之前，经济学家们经常讨论什么是决定欲望的基本因素”[②]。一定时期的资源是相对有限的，而人的欲望是无限的，这就形成了资源的稀缺性。在无穷尽的欲望和有穷尽的资源间寻求平衡点成了经济学永恒的主题。因而，卡尔・门格尔认为首要的经济问题就是要知道“事

---

① ［美］马歇尔著，朱志泰译：《经济学原理》（上），商务印书馆1991年版，第105页。

② ［美］加里・S. 贝克尔著，王业宇、陈琪译：《人类行为的经济分析》，格致出版社、上海人民出版社1996年版，第300页。

物与人类欲望满足之间的因果关系"①。

马斯洛从心理学层面对欲望进行了深入研究，他认为人类行为的内驱力不是性本能，而是人的需要，他将其分为两大类、七个层次。第一类需要属于缺失需要，可产生匮乏性动机。第二类需要属于生长需要，可产生成长性动机。需要的七个层次分别是生理需要、安全需要、归属和爱的需要、尊重需要、认识需要、审美需要以及自我实现需要。马斯洛进一步指出了欲望的特点：其一，欲望发展是一个从低层次向高层次不断递进的过程；其二，欲望是无限的，"人几乎总是在欲望着什么，这是贯穿他整个一生的特点"；其三，欲望具有驱动作用，能激发主体采取行动。②

从现代性视域来看，欲望发育首先是一个从天论到神论再到人论的过程。早期希腊哲学中的天论观认为天是自然万物的本源，人是自然的一部分。米利都学派肯定了人有认识作为万物本源和法则的"天"的能力。柏拉图和亚里士多德确立了以"人"为主体、注重"天人相分"的哲学传统。中世纪神学认为，神创造了人，人的存在归因于上帝的存在，人要压抑自己的感性欲望以获得上帝的救赎。可以说，中世纪的神学是对古希腊哲学肯定人性的否定，也是对欲望的否定。文艺复兴突破了中世纪的神学观念，认为人是现实生活的创造者和主人，实现了世俗主义对禁欲主义的解放。可以说，从天论到神论再到人论的发展历程就是欲望的觉醒、发现、反思的过程。其次，现代性发展的原动力就是从欲望这里来

---

① ［奥地利］卡尔·门格尔著，刘絜敖译：《国民经济学原理》，上海人民出版社 2001 年版，第 271 页。

② ［美］A. H. 马斯洛著，许金声等译：《动机与人格》，华夏出版社 1987 年版，第 43、63、40 页。

的。康德把人性中的利己性称为“恶”，正是人性的这种“恶”推动着历史的发展。“大自然的历史是由善而开始，因为它是上帝的创作；自由的历史由恶而开始，因为它是人的创作。”①黑格尔把自私、恶劣的欲望看成历史发展的直接动力。恩格斯解释说：“自从阶级对立产生以来，正是人的恶劣的情欲——贪欲和权势欲成了历史发展的杠杆。”②再次，欲望离不开市场，只有把它纳入一个自觉的生产体系才是属人的欲望。“人的欲望仍是市场（市场经济）中一个重要的内生因素，没有欲望，便没有人的经济活动，便没有市场行为，更没有市场的交换机制。”③

马克思是通过对资本欲望的剖析来解析社会的。这里有两个向度：一个是资本本身的欲望，另一个是资本持有者的欲望，即人格化的资本与资本的人格化。马克思认为，资本的欲望就是无止境地追逐剩余价值，“货币不仅是致富的欲望的一个对象，而且是致富欲望的唯一对象。这种欲望本质上就是万恶的求金欲”④。这种欲望的实现从本质上说是建立在私有制的基础上，是建立在其对劳动者本身的占有、使用的基础上，最终导致劳动的异化以及劳动者的绝对贫困。显然，欲望不是一个理性范畴，非理性是其根本特质，这种非理性特质对人与社会发展具有正反双重效应。

---

① ［德］康德著，何兆武译：《历史理性批判文集》，商务印书馆 2005 年版，第 71 页。

② 《马克思恩格斯文集》第 4 卷，人民出版社 2009 年版，第 291 页。

③ 张雄：《欲望与市场：关于市场非理性因素的经济哲学思考》，《复旦学报》1996 年第 5 期。

④ 《马克思恩格斯全集》第 30 卷，人民出版社 1995 年版，第 174 页。

第二节 1949年以来中国人欲望观念的变迁

欲望虽然指向未来，但不能脱离当下。时代是欲望发展的现实基础，时代发生变化，欲望必然发生变化。自中华人民共和国成立以来，伴随着政治经济社会的发展，中国人的欲望观念演进大致经历了四个阶段。

一、第一个阶段：1949年到1978年之被计划的欲望——克制的欲望、有计划的欲望、相对静止的欲望

1949年，近百年被动乱与战争压抑的欲望在现代化建设中得以开启，但是，由于物质条件的匮乏，尤其是计划经济的实行，党的十一届三中全会前，中国人的欲望没有获得真正的全面释放，这一阶段人们的欲望是被计划的，是“生存的欲望、克制的欲望、被计划的欲望、相对静止的欲望”。其一，求生存的欲望。由于20世纪50年代末和60年代初经济工作的失误，加上拔苗助长的工业化进程，国民经济发展缓慢。1957年到1977年，农民人均纯收入平均每年只增长2.0%，人均生活消费支出每年增长1.9%，吃饱穿暖成为老百姓的首要欲望。为了解决粮食短缺，1953年全国实行粮食计划供应，采取凭证定量售粮办法，粮票成了欲望的对象。其二，克制的欲望。概言之，一是受制于物质条件的限制，尤其是生活资料的不足，让人不得不克制自己的欲望。二是受制于传统节欲

思想的影响，节制与节俭内在地约束了人们的欲望流动。三是个体对集体的服从。个人服从集体，集体服从国家，欲望的集体化约束了欲望的多样性发展。其三，被计划的欲望。计划经济体制不仅体现在生产领域，社会生活乃至人的精神生活也被纳入计划中。个人希望通过劳动改变生活的欲望只有通过政府才能实现。个人的消费欲望也是在计划中，生活必需品不是根据自己的欲望来衡量的，而是由政府统一安排的。其四，相对静止的欲望。欲望没有被放在一个流动的市场上，欲望产生、实现、发育的途径被割断了，欲望无法更新。而尤为严重的是，当欲望在一次次被终止后，产生欲望的意识也会在人的头脑中逐渐弱化。

综上观之，这一时期中国人的欲望体现了计划经济的特点与那个时代的整体战略。质言之，显然是为了保证全社会的人都能得到欲望的满足。1949 年后的中国首先要解决的是国家强盛以抵御外敌的问题，其次才是满足人们需求的问题。极度匮乏的物质资源只能解决人们最基本的生存欲望。解决生存欲望的最好办法就是计划体制。这一时期，计划的欲望是对欲望的一种方向指引。这种欲望不是朝着膨胀的利己主义方向发展，而是走向利他主义和集体主义。计划的欲望不是否定个人的欲望，不是灭人欲，符合集体主义的欲望是可以扩张的。概言之，计划的欲望就是大家按照统一标准对欲望的认定及满足。计划的欲望不是不想满足与激活人的欲望，但是在当时，满足人的欲望的最佳途径不是放任欲望发展，而只能是采取统一的标准以满足全社会的最低欲望。这是对欲望的肯定，是符合当时实际的，只不过肯定的不是个性，而是统一性。

二、第二阶段：1978 年到 1992 年之致富欲望的激活与发育——从温饱到万元户再到百万富翁

1978 年是中国人欲望发育的一个重要节点，如果说此前是被计划的欲望，那么改革开放就是欲望解禁与发育的真正起点。为了生存，安徽凤阳农民突破计划的约束，实行承包制，并取得了重大成功。家庭联产承包责任制的推广一下激活了农民压抑已久的欲望，极大地调动了其生产积极性，经济快速发展。

低层次欲望的满足必然带来更高层次的欲望需求。20 世纪 80 年代初解决了温饱问题的人们开始谋求更高的欲望——富裕。邓小平提出要允许一部分人先富起来。然而，这条富裕之路并不顺畅。包产到户可以通过发挥主体潜力让农民解决温饱，并略有盈余。但是要想实现富裕，尤其对于城市居民来说，则需要通过商品交换才能实现，而商品的自由交换却一度被认为是资本主义的“毒瘤”。在一段时间内，致富欲望的实现因为涉及“姓资姓社”的重大立场问题而受阻。此后，改革的推进一方面得益于人们普遍而强烈的致富欲望的内在驱动，另一方面得益于中央提出的大政方针。《中共中央关于经济体制改革的决定》的颁发，不仅为实现人们的致富欲望开拓了空间，更为重要的是为我们找到了一条发展经济的正确道路。1990 年证券市场建立后，炒股的热潮预示着中国人的致富欲望从少数人的内心冲动发展到了全民行动阶段。20 世纪 90 年代中期，随着各类票证的终结，中国人的欲望真正从计划的控制中完全解放出来。

三、第三阶段：1993年到2012年之欲望的涌流——从发育到突进再到异化

市场经济体制的确立从国家层面正式确定了欲望发育的合法性。首先，欲望在市场经济中获得了合理合法的诠释。随着收入不断增加，人们的财富欲望在不断实现中逐渐扩张，主体参与经济活动的欲望不断增强，对生产经营自由度的要求不断提高，人们寄希望于更加开放与公平的经济环境。《中共中央关于建立社会主义市场经济体制若干问题的决定》给人们欲望的自由实现带来了机遇，这是用市场的方法来解决人的欲望满足问题，市场让人的欲望获得了自由生长的空间。只有在市场经济体制中，欲望的涌流才可能得以实现。其次，无限延伸的市场让企业家的欲望迅速放大。随着经济的持续增长，人们的欲望向着多样化快速拓展，欲望的多样化进一步促进了“为多样化而多样化”的市场发展，几乎所有行业都呈现兴旺蓬勃的景象。企业的高速成长使得企业家们的信心爆棚，催生了中国企业发展史上的一个新浪潮，涌现了一批又一批企业家群体。再次，从追求个体经济利益到个体经济利益与社会利益并重。2000年，中国实施西部大开发，为企业的发展开拓了新空间。2001年，中国加入世界贸易组织，进一步拓宽了国际空间。伴随财富欲望的满足，获得社会的尊重和体现自己的价值逐渐成为人们的又一种追求。在这种欲望的支配下，人们开始关注社会公益，通过创新、服务和捐款等来实现个体经济利益与社会整体利益的“双赢”。同时，我们也看到，很多人的欲望在不断的实现中走向异化。而欲望一旦缺少控制，尤

其当它与资本逻辑融合，极易被资本逻辑架构，进而走向另一个极端。简言之，首先是欲望的物化。欲望渐渐丢失了精神的追求，选择了物欲作为唯一的目标与衡量标准，成就了欲望的单向度。其次是失去了欲望的合理性。过度的欲望带来了资源的过度消耗。再次是作为欲望的主体从主体自由走向自我奴役。欲望在资本的统摄下，被纳入资本增值机制中，人渐渐迷失了主体性，被自己的欲望所奴役。由此带来的是伦理道德观念深刻的裂变。由于没有约束，欲望逐渐谋求非法途径，这将扰乱市场与社会的正常秩序，给社会带来混乱。

四、第四阶段：2013 年以后之被文化定义的欲望——从财富到文化

欲望涌流给个人与社会带来的问题逐渐受到了人们的重视，引起了人们的反思。

第一，对过于疯狂的欲望本质的认识。人们慢慢发现，欲望并没有在精神与物质这两个维度中均衡发展，而是单向度地物化为对财富的永无止境的追求。这种被财富定义的欲望实际上已经升级演化为贪欲，表现出贪得无厌、过分及排他性等多个特征，它已经越来越偏离人的本性需求，走向了异化。

第二，对美好生活的追求：一种被文化所定义的欲望。概言之，一是从单向度的物质追求转向对物质与文化的多样化追求。将欲望定义为物质欲望是将欲望的内涵狭义化、构成简单化了，把人动物化了。人的欲望本身就包含物质与精神两个方面，精神欲望是欲望的一个重要组成

部分，尤其是当人们的物质财富积累到一定程度后，精神方面的追求会逐渐成为欲望的较高层次对象。改革开放40年来，我们解决了温饱问题，总体上实现了小康。在此基础上，人民群众对日常生活提出了更高的要求，欲望呈现多样化、多层次、多方面的特点。二是通过用文化对欲望的形塑来实现欲望的主体性回归。文化对欲望的调解机制表现在两个方面：激活与控制。改革开放激活了中国人的欲望，但是，由于缺少引导，欲望涌流后的精神破碎、价值虚无、道德滑坡、礼仪缺失、自我迷失同时在不断弥漫。显然，进入21世纪后，一种被忽视的文化的控制机能需要以全新的面貌出场才能管束肆意横流的欲望。近年来，国家一方面从生产形式上、经济形式上不断加强对文化的投入，用文化实现对欲望的形塑；另一方面，在将中国传统优秀文化与马克思主义理论相结合的基础上，构建了社会主义核心价值体系，实现了对欲望逻辑的超越，引领人民的欲望走向对美好生活的追求。

第三，共同富裕：追求更加平衡、更加充分的集体富裕。发展社会主义市场经济，如果走入资本化欲望之路，就很可能出现那种富人更富、穷人更穷的现象。欲望的满足不能依照资本的逻辑发展，应该强调一个共享文化理念。《中共中央关于制定国民经济和社会发展第十三个五年规划的建议》指出："共享是中国特色社会主义的本质要求。必须坚持发展为了人民、发展依靠人民、发展成果由人民共享，做出更有效的制度安排，使全体人民在共建共享发展中有更多获得感，增强发展动力，增进人民团结，朝着共同富裕方向稳步前进。"要消除人与人之间的隔阂与紧张，最有效的方式就是以共享理念引导公共生活、在社会成员之间形成利益共享机制，实现共同富裕。

第三节　反思与展望:全面深化改革阶段面临的问题

近40年欲望观念的变迁路径不仅清晰展示了欲望在改革与经济发展中的积极意义,也让人们彻底洞悉了欲望发展所伴随的负面效应。党的十八大以来的中国正步入全面深化改革的关键时期,如何在理性与非理性中实现欲望的健康发展仍然是改革面临的重大理论与实践问题。

改革开放40年来,我们可以细致地描绘政治、经济变革的每一个细节,可以记录生产力取得的每一个进步,但我们却不太清楚欲望观念变迁的脉络及其与改革的关系。反思近40年中国发展与进步的历程,可以说,欲望观念变革与改革之间存在一种或隐或现的逻辑关联。首先,欲望与改革目标的一致性。习近平在2014年新年贺词中指出:“我们推进改革的根本目的,是要让国家变得更加富强、让社会变得更加公平正义、让人民生活得更加美好。”目标一致性使欲望发展与改革拥有了共同指向,形成了合力,从而推动改革快速发展。其次,欲望的激活就是主体摆脱约束、获得活力的过程,活力的激活既是改革的一项重要内容,也是改革主体力量的来源。再次,主体欲望发育所激发的创造力促使个人不断通过创新谋求发展,有助于提高改革效率。总之,欲望基于个体需求能够产生强大的动力与支撑力,让主体以坚强的毅力面对困难,知难而上,这正是改革攻坚所必需的。同时,我们看到,欲望对于市场经济的影响主要体现为欲望通过需要调节供求关系,且欲望的多样化加速分工的实现。欲望的多样性形成多样化需求,多样化需求引发多样化商品生产，进而促进社会分工、扩张市场空间。

此外，欲望是在市场经济中更好发挥政府作用的重要着力点。欲望发育会产生一种巨大的力量并自下而上敦促政府做出调整，包括对欲望态度的变化、对资源的配置，甚至是对制度的调整。政府对欲望若采取压抑策略，则欲望只能是意识活动，不会对经济社会产生影响。若政府对欲望采取培育策略，欲望则能得以激活并转变为行动。鉴于欲望在市场经济中的作用，政府要想在市场资源配置中更好发挥作用，须充分利用欲望这个手段。判断欲望观念的利弊要从实际出发，同时要对欲望的负面影响进行有效规制。人的欲望一旦陷入盲目驱动或超出了合理的“度”，就会导致市场行为者抉择失误，或给经济造成损失，或出现市场败德行为，或误入“见利忘义”“以利制义”“物欲熏心”“贪赃枉法”的迷途。欲望的问题无法自我修复，这就需要政府的引导与管控，从而实现欲望与市场的良性互动、精神与物质的平衡发展。

进入全面深化改革时期，总体来看，中国人的欲望将逐渐从“物质文化需要”转向“美好生活需要”。概言之，一是从追求生存的本能欲望向追求更高生活质量的欲望发展；二是从物质欲望到精神欲望的深化，对民主、法治、公平、正义等方面的要求将日益增长；三是关注重心从个人转向社会，城市、国家甚至全球也同时进入人们的视野；四是从私有到共享，人们更加渴望在欲望的实现中收获共享。

未来一段时期，进一步激活和满足人民群众健康向上的欲望也面临着以下一些问题：一是追求美好生活的欲望与发展不平衡、不充分的矛盾。一个是发展不充分的问题，社会生产力的发展不能满足 13 亿人民对不同产品和质量的需求，不能满足人民对各种服务，对公平、民主、正义和环境等的需求。另一个是发展不平衡的问题:经济政治文化不平衡、东中西不平衡、城市与农村不平衡,不同社会群体在共享发展成果方面有差距等。二是追求科技创新的欲望与人类伦理道德底线的矛盾。科学技术的发展使人类有了更为广阔的欲望想象空间,如何把想象空间转化为现实的实现,这里有一个伦理和规制问题。人们的一些欲望如果不加以社会规制,将会给人类带来很大的负面影响,甚至是灾难性的后果。三是欲望的进一步异化与人的全面发展的矛盾。未来 30 年,中国将进入更为完善的市场经济时代,资本、消费与新技术将成为时代的重要内容,这些因素在共同推进欲望的生成与发育的同时,也必将带来欲望的进一步异化。首先,人的欲望异化为资本的欲望,变成资本追求利润的工具,而不是为了主体自由与全面发展。其次,欲望满足后的幸福感异化为焦虑与恐惧。欲望的进一步物化容易使人将外在的目的作为人的内在目的,从而把有限的生命用于无限的物质追求,用有限去追求无限,最终只能陷入欲望无法实现的失望中。

21 世纪的中国仍然处在现代性发育过程中,市场经济下的欲望培育无法避免资本欲望的奴役与欲望涌流的异化,这就需要对欲望进行规制,让它朝着合理的方向发展。

马克思主义提出的社会主义最终目标是把人类从经济束缚中解放出来,远离剥削,远离“经济王国”的支配,使人重新成为经济生活的最高目的。因此,我们要始终保持清醒的认识,才能克服欲望的异化。

第四章　财富观念

本章内容提示：改革开放40年是中国人传统财富观念向现代财富观念嬗变的关键期，财富创造模式从最初的积累过去转向激活未来，财富的保存主要经历了“藏”“存”“投”等形式，财富积累模式从物质财富积累转向货币财富积累，财富衡量尺度从物质财富、货币财富逐步转向以数据显示的财富。财富观念的嬗变不仅体现着中国现代性发育的轨迹，更是中国特色社会主义优越性的显现。自党的十八大以来，党和国家的一系列政策体现了财富的人民性和共享性，预示着人民财富论的谱写和财富共享时代的来临。

本章关键词：改革开放40年；现代性；财富观念；人民性；财富共享

财富概念不只是经济学研究的对象，也是唯物史观应当关注的重要问题。财富作为“一切人相互依赖的全面交织中所含有的必然性”①受到现代人普遍而持久的关注与青睐。然而，究竟什么是财富？现代性视域

① ［德］黑格尔著，范扬、张企泰译：《法哲学原理》，商务印书馆2009年版，第240页。

中的财富概念具有什么样的时代内涵？传统财富观念与现代财富观念有哪些不同表现？尤其是中国改革开放40年来，财富的积累、认定与分配等问题伴随着快速的经济发展而演绎成触碰边界的问题，越来越成为个人、组织甚至国家在分配领域的一大难题。在现代性视域中用哲学反思与批判的方法审查并把握财富观念在中国改革开放40年来的嬗变能为消解财富对人们的困扰、树立良好的财富观念提供有益的启示。

第一节 财富概念的经济哲学诠释

财富作为阶级社会的产物，至少具有两大要素：剩余、占有。

财富起源于剩余，财富的第一个要素是启动了“私向”概念的“剩余”。对于“剩余”的追问可以回溯到原始社会，毫无疑问，原始社会已经有了剩余，包括剩余产品、剩余时间等，但是那时候并没有财富，当然也没有财富观念。原始社会也有剩余产品的交换，但都是集体无意识的交换，不像今天拥有货币，拥有特定的可供交换的市场，以及确保市场交换的制度。人们为获取越来越多的劳动产品而在劳动过程中结成各种社会关系。劳动产品本身“作为外在性的物没有自身目的”①，它从人的私向化的“意志中获得它的规定和灵魂”。私向化不外是在人的精神层面被激活了的人的欲望。人类早期的交换是自发的、偶然的、盲目的、不自觉的，这样的交换只是一个剩余产品的概念，尚未出现财富的要素。进

① [德]黑格尔著，范扬、张企泰译：《法哲学原理》，商务印书馆2009年版，第60—61页。

入现代社会，由于人的欲望的激活、需要体系的逐渐生成，剩余变成了人们需要体系中所诉求的目标，于是，人们采取各种可能的手段来获取剩余，一方面是通过自己的劳动获取，另一方面是通过盗窃、暴力、强占甚至战争来获取他人的剩余。但是无论如何，财富概念的第一个要素，或者说是前提条件理所当然是剩余的出现，而且是极大量剩余的出现。

财富的获取方式把我们引向财富的第二个要素：占有。财富首先是对剩余产品的自觉占有，其占有就是私有、私有化。占有是对“私”的确认，是“私”的物化形式。“占有的这些方式包含着由单一性的规定到普遍性的规定的进展。”[①]也就是说，当占有达到一种普遍的规定时，这种占有就需要上升为一种固定的制度形式，即普遍占有，也就是上升为一种普遍占有的形式固定下来：“直接把握某物而加以利用，这本身就是对单一物的占有。但是，如果其利用系出于持续的需要，而且是对不断再生的产品的反复利用，又为保持其再生而限制其利用，那么这些和其他情况，使上述对单一物的直接把握成为一种标志，表明这种把握应具有普遍占有的意义，从而应具有对这种产品自然的或有机的基础或其他条件加以占有的意义。”[②]黑格尔对普遍占有的论述给我们理解财富非常重要的启发，这种占有形式需要通过一定的、普遍性的权力加以规定，那就是国家权力的诉求。国家权力是理解财富的一个极其重要的向度，它是财富从特殊性上升到普遍性的关键。私有和私有化在一定意义上需要上升到国家的普遍性层面加以确认和保障，也就是需要得到国家权力的确认。随着历史进程的推进，不同的国家形成了特定的国家权力，不同的

① ［德］黑格尔著，范扬、张企泰译：《法哲学原理》，商务印书馆 2009 年版，第 70 页。
② 同上书，第 77 页。

国家机器行使不同的权力，不同的国家权力反过来决定着不同的国家机器，从而形成了具有现代意义的经济共同体，也即黑格尔、马克思等人所研究的重要对象——市民社会，与此相对应的就是现代国家的发育、发展与完善。

传统的财富意味着身份、地位、对未来安全感的心理慰藉，而现代财富是投资与风险相统一的一种自觉，主要表现在以下三个方面：一是接受投资风险的经历；二是财富流变的日常状态；三是财富对个人权力的确认。黑格尔在《法哲学原理》中把个人概念过渡到产权，并说明财富是对个人概念的确认和证明，在哲学意义上，个人概念的确认也就是所有权的确认，真正的财富必须通过国家权力进行产权的鉴定、确认。财富的出现让我们认识到私有制的出现是一种文明，因为在原始的公有制社会无财富意识，只有剩余产品的概念，所以私有制本身是一种超越、一种历史的内在否定。作为现代性视域中的财富观念，必然是财富与个人的对应，财富与个人权力的确认和实现有着密切的关系，这是财富观念不可否认的一个向度。财富就其本质而言还有另一个向度，那就是在阶级社会里，财富的本质在于不平等。财富的两个要素揭示了两个方面的现实：一是人的异质性的生成与显现，二是社会不平等的萌芽与出场。“平等只能是抽象的人本身的平等……关于占有的一切——它是这种不平等的基地——是属于抽象的人的平等之外的。”①抽象的人的平等即启蒙思想鼓吹的平等，这一思想直接简单地搬到财富占有领域自然预示着财富占有的不平等。财富的起源本身就意味着社会的不公正、不公平的出

① [德]黑格尔著，范扬、张企泰译：《法哲学原理》，商务印书馆2009年版，第66页。

现，因为“自然就是不平等的始基”。黑格尔从存在论的层面赋予财富不平等的本质，因此，如何正确面对财富不平等的本质属性并有效遏制其负面影响就成为当前我们在财富的认定、分配与发展过程中需要解决的重大问题。

从历史的角度理解财富概念，毫无疑问，黑格尔对财富的分析给了我们重要的启示。然而，上升到更高历史进步程式的认识才是我们的最终目的，比如社会主义社会，特别是中国特色社会主义这样一个特定的社会时期，财富的本质会发生什么样的改变？所以，我们更需要厘清马克思财富观的历史进步程式。马克思一生致力于对资本的研究，他发现资本最伟大的历史进步方面就是通过创造剩余劳动满足无止境的致富欲望，实现这种欲望的条件不断地驱使劳动生产力向前发展。在他看来，“财富只是作为社会过程而存在，这个社会过程表现为生产和流通的错综交织。”①“财富的本质就在于财富的主体存在。”②“真正的财富就是所有个人的发达的生产力。”③在现代性视域中，如果说生产表现为人的目的，那么财富就表现为生产的目的，它是在普遍交换中产生的个人的需要、才能、享用、生产力等的普遍性，是人的创造天赋的绝对发挥，“在这里，人不是在某一种规定性上再生产自己，而是生产出他的全面性；不是力求停留在某种已经变成的东西上，而是处在变化的绝对运动之中”④。如此，在普遍的社会物质变换、全面的关系、多方面的需要以及全面的能力体系的第二阶段条件下，第三个阶段的条件逐渐被创造，个人

① 《马克思恩格斯文集》第7卷，人民出版社2009年版，第650页。
② 《马克思恩格斯文集》第1卷，人民出版社2009年版，第181页。
③ 《马克思恩格斯全集》第46卷下册，人民出版社1980年版，第222页。
④ 《马克思恩格斯文集》第8卷，人民出版社2009年版，第137页。

的全面发展和他们共同的、社会的生产能力成为从属于他们的社会财富，在此基础上，人的自由个性才得以发展。马克思对财富的认识对于今天的社会至少预设着三个要点：一是他把劳动与财富密切地契合起来，强调如何从不平等的财富观念走向平等的财富观念；二是他把社会制度与财富契合起来进行思考，强调社会制度如何为财富的平等提供保证；三是他把个人的权力与财富结合起来思考，充分保护私有财产，个人的私有财产从法权意义上去维护和实现。从根本上说，就是财富的创造、财富的生产、财富的积累都要以人民为主体，要贯彻人民是创造历史的动力、是一切财富的创造者，以此为根本把财富还原给人民，建立一个合理的财富体系。

第二节　1949—1978年：注重计划配置、集体积累的财富观念

自20世纪前半叶的世界性战争以来，全球化以其“不以人的意志为转移”的强劲势头迅速蔓延，人类历史越来越成为资本的历史。马克思意义上的世界历史作为一种历史高度、历史趋势迅速铺开。中国也通过改革开放主动融入世界历史，开启了现代性的历程。就财富观念而言，虽然中国人自古注重财富，但是作为现代性视域中的现代财富观念在中国以前尚未形成，这主要是由近代中国很长时间处于“挨打”的状态决定的。1949年中华人民共和国成立，才使得劳苦大众有了积累财富的可能性。从现代性的视角考察，改革开放之前的中国社会处于刚刚完成革命与改造的状态。1958年，人民公社成立，党中央正式提出社会主义建设

总路线。这一时期在财富创造、积累与分配领域主要体现出三个方面的特征：第一，集体劳动。人民公社是由高级农业合作社转变而来的工农商学兵相结合的、政社合一的大规模社会组织形式，这种组织形式决定了当时创造财富的劳动形式为集体劳动。第二，中华人民共和国成立时期注重财富的集体积累。人民公社废除了一切私有财产，实行生产资料公有制，在全公社范围内不仅实行集体劳动，而且劳动成果统一核算、集体所有，这是典型的强调财富的集体积累形式。集体积累就意味着大锅里有，小锅里才有，碗里才有，财富更多地体现为集体主义原则下的共同财富。第三，当时的计划经济决定了财富分配上的平均主义、被计划了的生产决定和需要，个人财富的多寡并不被看重，个人的积累与个人欲望的大小没什么关系，也不具备个人创造财富的制度条件。总之，这一时期的计划经济体制在有限度的空间里规制着财富，经济的计划性决定了个人之间的财富几乎没什么差别。这一时期财富形式的合理性表现在没有贫富差距，也没有财富过多导致的异化；不足之处在于缺乏微观领域的竞争，个人的欲望没有被激活。从现代性的角度看，改革开放前，中国人的财富无论是总量还是创造模式都显示出简单、贫弱的特点。

财富保存形式从“炕”[①]向“存”转化。中华人民共和国成立前连年战争的国情决定了老百姓几乎没有什么财富，即便有，也只是传统社会那一点以实物形态存在的财宝，也就是富贵之家积累的金银铜铁锻造的铸币，抑或直接就是金银，那时的财富保存形式就是一个“炕”的概念，也就是把仅有的一点金银财宝想办法“藏”起来。中华人民共和国成立以

① 在这里特指一种财富保存方式，就是把财富，特别是金银货币等藏起来，过去一般认为藏在炕里或炕的周围会比较安全。

后，有了稳定的社会环境和公平公正的社会制度，统一发行的货币代替了传统的铸币，金银只作为本位货币存放于银行，这时通过货币积累的财富为了保值，可以存入人民银行，财富的保存形式逐步转向“存”的概念。财富衡量尺度主要是物质财富。“劳动不是一切财富的源泉。自然界同劳动一样也是使用价值（而物质财富就是由使用价值构成的！）的源泉，劳动本身不过是一种自然力即人的劳动力的表现。”①马克思关于劳动与财富的论断充分说明了财富的创造不能离开物，只不过物在财富创造过程中无论多么重要，都只是一个被动的对象，人类文明的进步、财富的增加必须依靠人们的劳动、改造而获得。财富的衡量尺度随着生产力与生产关系的历史变化而变化，它并不以人的意志为转移。在改革开放前，创造财富依靠本能化的劳动，即直接形式的劳动，社会生产主要以使用价值生产为基础，财富也相应地表现为具体的、可见的物的形式。“以劳动时间作为财富的尺度，这表明财富本身是建立在贫困的基础上的。”②受传统社会生产力条件与社会制度的制约，这一阶段的财富衡量尺度必须依托本能劳动的时间，换句话说，就是以物质财富为衡量标准。

财富创造模式主要是积累过去，财富积累模式主要是物质财富的积累，而且强调集体积累。改革开放前，本能劳动的时间与空间都具有确定性和有限性，所以财富创造模式与财富积累模式也必然是确定的、有限的，用马克思《资本论》的话语表达，就是“死劳动”的剩余与单纯积累。这种财富创造模式与积累模式的存在取决于三方面的决定因素：第一，商品与货币的交换条件并不便利，抑或是劳动产品还没有转化为商品，

① 《马克思恩格斯文集》第 3 卷，人民出版社 2009 年版，第 428 页。

② 《马克思恩格斯文集》第 8 卷，人民出版社 2009 年版，第 200 页。

也就是商品概念还没有形成;第二,没有完善的货币流通体系,也就是交换体系没有形成,劳动产品不能够转化为货币;第三,劳动产品只是满足自给自足的功能。这三方面的因素也正是当时中国现代性发育的客观表现,说到底,人们的心智还处于淳朴的、充满习俗的状态,财富无论是创造还是积累都还处在现代性的原初状态,财富的总量还相当匮乏。邓小平曾指出,"中国社会从一九五八年到一九七八年二十年时间,实际上处于停滞和徘徊的状态,国家的经济和人民的生活没有得到多大的发展和提高。"①十一届三中全会的召开可谓是中国现代性发育的开端,改革开放的大幕也就此拉开。改革开放作为一种认知形式是对陈旧的实践活动方式做出自觉的精神反思与整合。"哲学家们都在解释世界,而问题在于改变世界。"②改革开放的哲学本质在于实践主体自觉地、创造性地推进历史变革从而实现"改变世界"的实践目标。就财富的创造而言,改革开放的推进过程正是创造财富与积累财富的过程,人们开始逐步告别传统重义轻利的"义利观",告别"大锅饭"意识。"让一部分人先富起来"的理论从现代性发育的角度看,是差别与等级的出现、是欲望激活的条件。在今天,从哲学的视角看,正是现代性发育的开始孕育着现代财富观念的启蒙。改革开放这种自觉把握历史进程的实践从本质上反映了邓小平当时的顶层设计是自觉推进社会进步,能动地架构社会变革。

---

① 《邓小平文选》第3卷,人民出版社1993年版,第237页。

② 《马克思恩格斯文集》第1卷,人民出版社2009年版,第506页。

第三节　1978 — 1992 年：对两个重大问题的反思引发现代财富观念的启蒙

从 1978 年改革开放到 1992 年党的十四大召开的 15 年是中国人现代财富观念启蒙的 15 年，这是一个追求财富、向往富裕的时代，个人的欲望不仅被大大激活，而且呈现出前所未有的膨胀。从总体上看，这一时期的中国人最大限度地完成了财富观念的启蒙。邓小平领导的拨乱反正是 20 世纪 70 年代末至关重要的历史事件，拨乱反正关乎对两个重大问题的反思：第一，历史的前提什么？是现实的人还是抽象的政治观念？邓小平提出“一切从实际出发”，这个“实际”事实上就是从“现实的人”出发，随着对人的主体性的关注，导入了对人性、人的欲望的关注，对人的反思导致了对欲望的注重，原来被计划了的欲望的闸门被打开，财富的自由选择、自由创造也因此成为可能。第二，对穷与富的反思，包括三个方面：社会主义就应该穷吗？富就必然是资本主义吗？社会主义就不可以搞市场经济吗？十年“文革”以及由此引发的政治上的上纲上线使得中国人对财富观念的认识比较模糊，有人提出“宁可要社会主义的草，也不要资本主义的苗”，认为富在社会主义国家是不可取的，把富看成意识形态领域的价值判断。在 1981 年上映的电影《月亮湾的笑声》中，主人公江冒富时而被作为县里的先进典型加以宣传，时而又被批成“资本主义道路的尖子”，他几起几落的经历正是拨乱反正时期的典型代表，说明当时思想上的争论是复杂的、反复的。邓小平“贫穷不是社会主义”

的时代最强音把一个沉睡中的民族从“不敢富”“怕富”引向“思富”“想富”的状态，这次拨乱反正对两个重大问题的反思最终实现了思想上的解放，迎来了财富观念的新气象。社会主义只有以经济建设为中心，通过发展生产力才能由穷变富。1979 年邓小平提出“社会主义也可以搞市场经济”，允许一部分人先富起来，至此，以“崇富”“致富光荣”为主导的财富观念逐渐被唤醒。2016 年胡润百富榜排名第三十位的四川首富刘永好就是先富起来的典范，他们家族的财富奇迹正是从 1980 年春节摆摊开始的，是当时及时响应党的号召的结果。这种“让一部分人先富起来”的制度基础来源于一系列具有历史转折意义的政策，主要体现在党的十二大（1982 年）“全面开创社会主义现代化建设新局面”和十二届三中全会（1984 年）制定的《中共中央关于经济体制改革的决定》等。从那时起，发财致富不再与人们的政治态度、思想观念直接画等号，而成为众人所向往的事。

改革开放进程中财富的积累模式主要是货币财富积累。改革开放初期，广大农村的政策更为灵活：推行联产承包责任制，鼓励家庭副业，恢复乡村集市，允许农副产品买卖，号召人们响应先富起来的政策。一些敢闯敢干、精于经营的人通过勤劳致富脱颖而出，实现了超过万元的家庭收入，成为率先富起来的一代，一时间“万元户”成了先富起来家庭的代名词，被作为追求财富的目标广为传颂。随着财富创造与积累的加速，财富的保存形式逐步转向“存”的概念，也就是把代表财富凭证的纸币存入银行。财富保存形式从“炕”向“存”的转化至少有三个方面的预设：一是社会物质财富从匮乏阶段进入比较丰裕的阶段，也就是社会产出了越来越多的剩余，尽管温饱问题不一定解决，而且还出现了“大锅饭”时期没有的贫富差距；二是人们从传统的以血缘、地缘为纽带的共同体逐步转向世俗的以欲望、利益为导向的独立个人，尽管血缘、地缘关系仍然占有重要地位；三是财富从过去的绝对静止逐渐转向相对流动，尽管这个流动只是局部的、有限的。财富保存形式的转换同时带来财富衡量尺度的变化。

财富衡量尺度主要是货币财富。货币作为一种价值形式首先是在人与人之间的市场交换中提取出来的一种权力，当货币作为储存手段逐渐积累起来时，货币就逐渐转化为货币财富。改革开放的进程推动并加快了现代性的迅速发育，原有的财富衡量尺度从物质财富转向货币财富，与此同时，财富的价值问题也变得复杂了。财富从物质财富反转为货币财富的同时，可流动性就成了财富的一大主要特征，而且这种流动带有一个内生性的附属品，那就是利息。利息所具有的货币自我增值能力是自货币进入人们研究视野以来一直被关注的研究对象，也是货币财富作为财富衡量尺度的一个让人充满想象力的因素，因此也成为关于财富研究的核心和争论的焦点所在。货币作为流通手段时只是作为一种方便交易的媒介而被人们所熟知和使用，然而其储存手段的存在又使它从一种媒介转化为一种“实体性”的财富。这里所说的“实体性”财富并不是指货币本身是实体性财富，而是指货币是实体性财富的一种高度抽象，它可以兑换实体性财富，也正因为这一点才使得货币拥有了可以获取剩余的能力。财富由货币衡量时，财富量的计算也就依托货币量的多寡而进行，以至于最后人们所指的财富都脱离了物质财富的使用价值而变成了货币本身，这为财富幻象的产生埋下了伏笔，因为货币在缩减人类经济社会运行的成本、紧密人与人之间的经济联系时不断改变自身的社会地位，从而使得实体性财富一步一步地归隐到货币财富的背后。

第四节 1992—2012年：社会主义市场经济体制建构提供了财富涌流的空间

1992年，江泽民在党的十四大报告中指出，我们要加快改革开放，集中精力把经济建设搞上去。这一阶段是社会主义市场经济建设的探索期和创新期，从中央到地方统一意识到要搞社会主义市场经济。1993年党的十四届三中全会印发了《中共中央关于建立社会主义市场经济体制若干问题的决定》，社会主义市场经济体制得以正式确立，这在某种程度上可以说是人类社会历史的一个里程碑。党的十五大报告指出："把社会主义同市场经济结合起来，是一个伟大的创举。"到2012年党的十八大召开前夕，社会主义市场经济基本建成。就财富观念而言，只有在市场经济条件下，才可能有现代财富观念，也就是说，现代财富观念在这里才真正出现。中国现代财富观念的出现依据三个方面的条件：一是社会主义生产力的快速发展，二是社会主义国家的财富得到很大积累，三是社会主义市场经济给广大人民群众带来了财富积累的机会。这一时期真正实现了从传统农业社会财富观念向现代市场经济财富观念的嬗变，具体表现在以下几个方面：第一，"下海"作为劳动力输出的典型现象带来了快速的财富积累效应；第二，土地与财富的关联，尤其表现在"房地产热"，让土地从僵死的状态变为鲜活的资本，通过买房卖房提高土地价格，实现从生产要素向财富的直接转化；第三，把金融手段的运用与财富的获取联系起来，寻求财富增量的机会，不再把钱存在银行里，而是通过金融产品及其衍生产品的投资来获得财富的增量和财富的保值，此时的中国人已经敢于参加资本投资、证券投资这些带有极高风险性和回报率的金融活动；第四，国家开始注重财富的保护，私有财产的保护在有关法律上开始明确；第五，通过一系列的改革探索，股份制、股权制，还有国有企业的改造，实现国有财富的激活和保值、增值。总之，这一时期进一步激活了劳动人民创造财富的积极性，现代财富观念得到了极大的拓展。

财富创造模式主要是在社会主义市场经济体系中激活未来。1992年党的十四大以后，全面深化改革得到推进与落实，社会主义市场经济得到进一步发展，就财富而言，这一时期是财富迅速转化为资本的重要时期。证券市场、期货市场、债券市场等在这一时期得到了快速发展，各种金融产品通过财富的转换给人们以未来的预期，也就是通过激活未来而博取资产性收入，一时间资产性收入不仅成为一部分人的主要收入来源，而且迅速拉大了贫富差距。财富不是资本，但财富可以转化为资本，财富一旦转化为资本，财富的创造模式就随之发生变化。《21世纪资本论》中最具有鲜明时代特征的地方便是作者提出了“财富等同于资本”的重要论断，这是对金融化背景下财富概念的准确把握，因为财富一旦转化为资本，就可以支配他人的劳动，而且在金融全球化背景下，财富的所有权已经成为资本最大化扩张的基础。所以，无论什么样的时代背景，财富的创造都离不开人的劳动，而财富的创造模式却因生产方式的变化而变化，当财富作为所有权的凭证投入生产时，财富的创造模式也随之从兑换现存转向博取未来。财富转化为资本的动力就是获取剩余，所以哪里有剩余，财富就会在哪里转化为资本。当财富转化为资本后，财富的所有者可以不通过劳动而直接获取剩余。换句话说，财富通过转化为资本而激活未来，或者说，人们通过自我意识运动激活未来从而使财富转化为资本，抑或是两者互为前提、互为条件，形成正反馈。金融化如同全球化一样，不是我们要不要的问题，而是如何迎接它的问题，因为资本金融的前进势头不以人的意志为转移，这一时期，在社会主义市场经济条件下，充分发挥了个人、集体、国家的积极作用，中国不仅积极地迎接资本金融的强力推进，而且不断克服资本的弊端，使它朝着社会主义的方向前进，在此基础上，以不断激活未来的方式不断解放生产力、发展生产力。

财富保存形式转向"投"。大量财富通过投资流动起来，流速呈几何级数暴增。市场经济体制作为资本运行的良好环境，为财富转化为资本提供了有效的制度基础，纵观改革开放历程，资本金融在这一时期得到了迅猛发展。资本金融的时空已告别过去的绝对时空而成为一个相对时空，即包括过去、现在、未来的实体空间与非实体空间的时空。与此同时，财富也已经告别绝对时空而进入相对时空，财富的保存形式转向了"投"，即投资的概念，通过各大金融机构，不仅过去所有的财富通过投资实现了可流动，而且连未来可能的财富也流动起来，更重要的是这种人为创造的流动性相比过去不仅流量的绝对值得到了巨大增加，而且流速发生了几何级数的暴增。作为新的投资动力机制，资本金融"使人类的一切能力日益发达"①，因为它能够支配劳动，鼓起勇气，激发远见。对财富的追求转向对金融产品的投资，原来"存"的概念以及由"存"获得的利

① 张雄：《市场经济中的非理性世界》，立信出版社 1995 年版，第 103 页。

息远远不能满足人们不断增长的财富追求欲望，于是投资也不再是单倍数的投资，而是不断放大杠杆率的投资。当整个社会生产的大量财富以货币财富的形式集聚在金融领域时，贫富差距也由此迅速拉大，尤其是东西部地区之间的差距和城乡之间的差距，因为创造财富的行业主要以相对欠发达地区为依托，而财富却主要集中在发达地区，尤其是东部的大型城市。从国家的角度看，大量积累的货币财富反过来又可以兑换大量的物质财富，所以，货币财富的大量积累同时又是综合国力增强的重要体现。

财富衡量尺度转向数据财富（以数据显现的财富）。自 1992 年以来，虽然国内经济发展的前提和社会主要矛盾依然没有变，但是在全球范围内物质财富逐渐丰裕并集聚的背景下，以价值分割为基础的财富创造模式逐步压倒工业化时代以价值生产为基础的财富创造模式而居于主导地位。剩余劳动时间的不断积累“越来越使剩余劳动时间成为必要劳动时间的条件”[①]，一方面，金融不断地激活未来，吮吸自然界的自然力——自然资源、社会劳动的自然力——越来越尖端的科学信息技术、人的自然力——依托智能化的人的劳动，创造比过去大得多的财富；另一方面，金融又不断地生产空间，让财富处于流动状态，以便实现再分配，财富的创造似乎与人的发展无涉，而只是财富再分配的必要条件。财富也逐步表现为以票据流通为基础，甚至是以数据变化为基础的数据形式，即金融的头寸形式。一个民族的传统文化基因对这个民族的财富观念具有深远的影响，但最终起决定作用的还是生产方式。改革开放前 30 年，由

① 《马克思恩格斯文集》第 8 卷，人民出版社 2009 年版，第 197 页。

于生产方式的变化，中国人的财富观念发生了重大变化，这一变化从根本上可以归结为中国人如何启动了资本并且让资本在社会主义制度条件下最大化运行。中国人在解决了温饱问题后又逐步转向对小康社会的实现，事实上，在短短的30年里，中国创造的生产力比过去一切时代还要多、还要大，完成了西方资本主义社会用三百多年才完成的生产力发展与社会进步，这不仅完成了一场财富观念的革命，而且为财富共享时代的来临和中国梦的实现奠定了丰厚的物质基础。

第五节　2012—2018年：财富共享与人民财富论新时代的开启

党的十八大以来，以习近平同志为核心的党中央把中国人的财富观念与中国梦相契合，把财富共享理念上升到社会制度本质的战略高度加以思考，中国梦在某种程度上就是讲新型社会主义国家的本质是什么。习近平指出："让广大人民群众共享改革发展成果，是社会主义的本质要求。"[①]实现中国梦说到底就是对财富共享理念的追求与落实，习近平强调必须让人民群众共享发展成果。他指出："我们必须坚持发展为了人民、发展依靠人民、发展成果由人民共享，做出更有效的制度安排，使全体人民朝着共同富裕方向稳步前进，绝不能出现'富者累巨万，而贫者食糟糠'的现象。"[②]在他看来，改革发展搞得成功不成功，最终的判断标准

① 习近平：《习近平谈治国理政》第2卷，外文出版社2017年版，第199页。

② 习近平：《习近平谈治国理政》第2卷，外文出版社2017年版，第200页。

是人民是不是共同享受到了改革发展成果。从经济哲学角度看,就是提倡人民财富论,构建一个国强民富的社会主义国家。财富共享在价值层面则表现为社会主义核心价值观中的第一个概念——富强,这一概念体现着中国人新的财富认知哲学,蕴含着一种健康的、理性的、文明的财富观念,那就是把国家的本质与人民性相契合,把国家的强大与人民的幸福联系起来,实现财富共享,这是党中央新的顶层设计的实质性提升,是"以人民为中心"思想的重要体现。其实,财富共享概念的提出从本质上就是强调财富的人民性问题。习近平强调:"中国梦归根到底是人民的梦,必须紧紧依靠人民来实现,必须不断为人民造福。"①事实上,中国梦归结到经济哲学层面就是如何创造并认识财富、如何实现分配正义的问题,换句话说,也就是如何谱写人民财富论的问题。

改革开放 40 年来,我们在财富的问题上既有积极的、进步的一面,也有一些负面的问题。党的十八大前,强大的财富力量、无止境的财富欲望、全民性的财富崇拜交织成巨大的财富幻象,世俗化的牢不可破的财富神话逐渐形成,而且一个又一个神话般的财富故事充斥着每个角落。就整体而言,强势金融化的国际环境和严重分配不公的国内环境给中国带来了双重考验:一方面,国际形势推动我们不得不进一步适应全球化、金融化的浪潮,这必然带来财富的两极分化;另一方面,国内的分配不公问题又刻不容缓地要求我们对全球化、金融化进行反思、批判、收敛,于是,中国的财富分配问题以及相应的财富观念逐步从自由发展转向法制规制。财富共享理念的提出从目前看至少预设着人民财富论两

① 习近平:《习近平谈治国理政》,外文出版社 2014 年版,第 40 页。

个方面的政策指向:一是将国家积累的财富还原于人民,二是遏制不正当获取财富的途径。一方面,党和国家提出精准扶贫实际上就是包含国家的财富怎样还原为人民的财富,也就是国家的财富如何服务于广大人民群众,如何兑换为为人民群众服务的公共产品。与改革开放初期"一部分人先富起来"不同的是,这时候提倡让多数人富起来。这个多数人大多在农村,把财富以更多的形式投入农村,让农民在创造现代财富方面有更多的机会。而且,这时的财富观念还体现着重要的绿色生态思想,"绿水青山就是金山银山"①的重要论断说明中国人的财富观念从过去对自然资源的获取转换为一个"美丽中国"的概念,财富的中国首先是生态的中国、美丽的中国。另一方面,党和国家在遏制不正当获取财富方面进行铁腕执政,体现为强制反腐,其实,反腐问题从另一个侧面反映了新时代中国人的财富观念,体现出新一代党中央确立新财富观的信心和决心。

总之,自党的十八大以来,中国人的财富观念在四个方面实现了重大提升:第一,真正地沟通了国富与民富之间的道路,体现了国富是为了民富,民富也是为了国富的辩证关系。第二,人人富,而不是极少数人富,不是某一个特殊阶层富,这种人民财富论就是要给每一个人创造财富、积累财富和出彩的机会。第三,给人民群众提供创造财富的社会制度环境,彻底反腐,打击各种不正当的、非法获取财富的现象,尤其是党内的腐败现象。第四,社会主义财富观一定要与社会主义国家属性的人民性相契合,也就是广大人民群众能够共享改革发展的成果。自党的十

① 习近平:《习近平谈治国理政》,外文出版社 2014 年版,第 83 页。

八大以来有关财富的一系列改革开放政策的落实，在一定程度上预示着人民财富论的谱写和财富共享时代的来临。

第六节 中国人财富观念嬗变的启示

皮凯蒂《21 世纪资本论》的研究结论“资本收益率大于经济增长率($r>g$)”[①]引起国内外学术领域乃至政治领域的广泛关注。诸多证据表明，21 世纪金融化世界的人类正处在一个财富加速私向化的时代，人类的精神在何等意义上能够在资本金融的直线运动中发挥斥力作用？历史进步过程中更为丰满的、丰富的、多层次的财富观念构建应该是什么？回答这些问题的深层本质可能在于精神与资本如何实现有效互动，从而使得财富的创造、积累、分配等实现人民性、共享性，回到社会主义的制度优势上。如果把财富放在市场的单方面运行过程中，必然遇到两极分化的趋势，这是由财富内在实存的否定性矛盾决定的。马克思把经济学家研究的经济规律叠加到宏大的历史哲学中，从而发现“财富”“资本”“私有”等概念的历史阶段性，它在历史中生成，也必将在历史中消亡。财富及其与生俱来的不平等属性贯穿于整个人类历史发展进程。21 世纪的人类生存世界是一个金融化的世界，资本金融将人的生命紧紧地锁定于资本金融权力体系中。“真实的、自然的、历史和辩证的否定正是一切发展的推动力。”[②]马克思为黑格尔的否定性辩证法注入了现实的历史

① [法]皮凯蒂：《21 世纪资本论》，中信出版社 2014 年版，第 27 页。

② 《马克思恩格斯文集》第 9 卷，人民出版社 2009 年版，第 357 页。

主体，在劳动创造财富结成的各种社会关系之间的矛盾中找出了财富内在实存的一连串否定运动。财富作为一个历史概念范畴，通过人类实践推动人类历史的发展与进步是首要的，同时，它自身内在实存着否定性：一方面，人们在财富带来的繁荣与富足中评判着自由、平等、进步的永恒话题；另一方面，又在财富展示的矛盾与冲突中体味着财富不平等带来的阻碍、被动与无助。马克思深刻地揭示了财富在保证人的自由与权利、促进人的发展的同时，也有自身的前提和界限，只有扬弃了“占有”，财富才能真正显现人的自由而全面发展的内涵。

第五章　社会主义市场经济观念

本章内容提示：改革开放40年来的社会主义市场经济实践使中国实现了三个“告别”：告别西方主流经济学的演绎范式，告别西方主流社会学的发展范式，告别斯大林对社会主义理解的僵化模式。伴随着实践的推进，与之相适应的社会主义市场经济观念也处在不断成熟的过程中，并呈现出自身独有的历史逻辑和价值寓意。与此同时，社会主义市场经济观念的演变不断重构着人类对社会主义本质的理解。

本章关键词：改革开放40年；社会主义市场经济观念；生成逻辑；价值寓意

改革开放40年，社会主义市场经济在中国社会发展中历经了偶然性—基础性—决定性三个历史阶段，伴随着这三个阶段的不断深化，中国共产党对社会主义本质和市场经济规律的认知图式发生了深刻的转变。然而，在当前的研究中，技术性、单向度、条块化的研究模式仍然存在。针对这一问题，本书以思想追问的形式考察社会主义市场经济观念的生成过程与价值寓意，运用知性范畴整理改革开放40年来的各个历史环节，把人们对历史事实碎片化的认知整合为具有逻辑链条的思维叙事，然后通过理性加以反思，使其升华和内化为具有价值属性的主体精神。这种研究方式有助于我们在波澜壮阔的历史事件背后发现理性的逻辑，从而为下一步的改革实践提供塑造"新我"的方法论参考。

第一节　市场经济观念认知图式的质变：实现三个"告别"

作为世界观和方法论，哲学是一切自然科学和社会科学的起源与抽象，西方近代以来所发育的市场经济和以市场经济为研究对象的经济学体系始终局限于西方哲学的演绎范式，而这种演绎范式在黑格尔庞大的思辨哲学中做了完整的总结与抽象。在《法哲学原理》中，黑格尔写道："在哲学的认识中，概念的必然性是主要的东西；生成运动的过程，作为成果来说，是概念的证明和演绎。这样，由于它的内容本身是必然的，所以第二步就是要在观念和语言中寻找与这种内容相符合的东西。但是，在它的真理中的和在观念中的这种概念本身不仅可能互有区别，而且在形式和形态上也必然各有不同。不过，如果观念在它的内容上倒也不谬误的话，那么概念可被指陈为包含于观念中，而且按其本质是现存于观念中的。"①

从黑格尔的这段话中可以读出两种内涵：一是思辨哲学不但全面继承了西方哲学逻辑学形而上学的传统，更是涵摄了实践理性与理论理

① ［德］黑格尔著，范扬、张企泰译：《法哲学原理》，商务印书馆 2013 年版，第 3 页。

性。自苏格拉底以来，概念的优先性成为西方哲学逻辑学形而上学的不二准则，概念先于实践且高于实践，这种思维在康德的《纯粹理性批判》中达到了顶峰，通过对先验逻辑的建立，完成了逻辑学的形而上学传统。然而，逻辑学的形而上学的致命缺陷在于二律背反永远无法克服，头顶的星空与心中的道德律无法和解。而黑格尔的最大贡献在于，不但完整地继承了这个传统，而且通过精神的反思运动达成了思辨的统一。二是哲学并非哲学家思辨的精神游戏，哲学深深地扎根在人的现实的经济生活土壤中。黑格尔思辨哲学是对西方近代以来现代性发育的系统性总结与反思，其“纯粹的精神性哲学体系”的全部旨趣恰恰在于对现实世界的整体观照，是对自亚当·斯密时代以来西方现代性发育实践与理论的高度抽象。理性经济人的人性假设，在市场中追求自身利益最大化的过程，最终达到国富民强的幻象，被黑格尔在精神坐标中抽象为自我意识在对象化的世界中经过不断反思最终升华为绝对精神。虽然亚当·斯密的乐观最终被 19 世纪末期资本主义悲惨世界所证伪，但黑格尔坚持认为，这是自我意识提升到绝对精神必须付出的代价，其理论实质是，运用思辨哲学所构筑的庞大体系证明资本主义财富扩张教条与政治谱系同构的合法性。边际革命进一步将这种建立在抽象人性论上的功利主义原则通过可计算的现代经济学模型塑造出一种完美的规则体系，形成保障利益最大化实现的程序系统，从而定义了市场经济的“概念”，因此，在这个“概念”里，中国永远无法走出一个西方人认可的市场经济体系。

是中国的实践错了，还是理论本身的谬误造成了西方人认知的狭隘？如果用黑格尔式的思维来批判他自己构筑的幻象，那么这句话显得十分恰当:“谁用合理的眼光看世界,那世界也就现出合理的样子。”①西方学说遭遇困境的根本原因在于,绝对化的思维导致了主体与客体之间的必然分裂,无论是从主体出发的唯心主义还是从客体出发的旧唯物主义,最终都会偏离抽象假设的原点,造成不可克服的悖论,而马克思所创立的以实践为本体的哲学体系则开拓出一片新的广阔天地。马克思指出:“思想、观念、意识的生产最初是直接与人们的物质生活,与人们的物质交往,与现实生活的语言交织在一起的。”②因此,对市场经济观念的理解必须从具体的物化的社会关系出发,从活生生的人类现实生活出发,从各种经济元素与经济体系背后凝结的人类历史出发,认知人类形成的不同的观念系统。因而,对社会主义市场经济观念的解读须实现三个“告别”:

一、告别西方主流经济学思维的演绎范式

由亚当·斯密、李嘉图、穆勒、马歇尔等人开创的经济学逻辑实证主义方法论原则仍然是当今西方主流经济学的演绎范式。

该范式有三个基本特征:其一,以假说-演绎的方法探究真理,即预设一组初始条件和定律,或把两者相结合,以此说明结果是必定发生的;其二,数学化逐渐成为经济学的内核,用数学(实际上是同义反复的方式)证明条件假设的正确性;其三,以功利主义原则为核心价值的经济学逐渐丧失了价值的本质含义,利益代替了善。

① [德]黑格尔著,王造时译:《历史哲学》,三联书店1956年版,第49页。

② 《马克思恩格斯文集》第1卷,人民出版社2009年版,第524页。

20世纪30年代以后，西方主流经济学开始不断侵蚀社会科学领域内的所有学科，逐步形成了“经济学帝国主义”（所有学科都要用主流经济学的方法进行分析），直接导致了当代人类社会认知体系的一元化倾向，即当今世界所有国家的各个学科教育都离不开西方主流经济学的思维范式的培养，用一种“科学化”的技术分析量度世界一切文明的发展历史，分析当今世界所有国家社会发展中的问题，指导所有国家的经济发展。然而，范式本身的缺陷是无法克服的，演绎的特征在于，如果前提为真，那么结果必然是正确的；反之则反是。这种演绎方法并不能证明我们获得了新的知识。

在演绎的过程中，民族国家的文化传统逐渐被消融，市场经济表层达成资源配置效率的瞬间成为真理本身，经济体系背后的物质力量和社会关系被掩盖，许多经济体发现，越用西方经济学工具解决问题，越会陷入经济危机的泥潭。

二、告别哈耶克和马克斯·韦伯的社会经济发展理论范式

在西方经济学和社会学理论界，哈耶克和马克斯·韦伯无疑具有举足轻重的地位，两者既继承了西方形而上学、主流经济学的思维传统，又在各自的领域独树一帜。两者理论的共同点在于，既坚持西方学说的科学主义，又注重人文主义的作用，最终将理论的落脚点放在以自由、平等为原则的文化、制度、法律层面来解决问题。然而，两者都不约而同地认为，资本主义制度是最好的制度，中国改革开放40年的成就却证伪了两者的理论。

哈耶克从自发秩序出发，得出资本主义制度的优越性恰恰在于尊重了自发秩序，但是哈耶克却在思考社会主义制度的时候背离了他的理论，难道社会主义制度不是有着特定历史的国家自主选择的社会发展道路吗？既然从自发秩序中可以走出资本主义，为什么不能走出社会主义？哈耶克在诋毁社会主义的时候用了“致命的自负”来形容社会主义者的社会理想，但哈耶克在思考问题的时候却犯了“致命的偏见”，这种偏见在方法论层面还是被抽象－绝对思维范式所笼罩。

马克斯·韦伯用宗教、文化的渊源解释资本主义的思想特质与文化基因，其缺陷在于，将资本主义精神与市场经济运行模式混为一谈。其实，一个民族在选择社会道路的时候与经济运行模式本身并无直接必然的关联，在《德意志意识形态》中，马克思在分析人类历史发展进程时已经完整地阐明了这个问题。比如，在前现代社会，社会制度的不同并未影响自然经济的运行方式的普遍存在。在《1857—1858 年手稿》中，马克思从人与物的关系角度将人类社会发展划分为三大社会形态，这本身就说明了社会制度与具体的经济运行方式之间是两个层次的概念。

由此可见，社会主义制度完全可以内生出市场经济运行方式，社会主义市场观念是在社会主义实践中生成的一种观念形态，因此，必须告别马克斯·韦伯与哈耶克式的思维范式。

三、告别斯大林对社会主义理解的范式

斯大林将社会主义理解为计划经济、公有制和按劳分配，这是对唯物史观的教条式解读。恩格斯曾指出，如何认识社会主义社会，“完全取

决于人们不得不在其中活动的那个既定的历史环境”,“所谓‘社会主义社会’不是一种一成不变的东西,而应当和任何其他社会制度一样,把它看成经常变化和改革的社会”[①]。斯大林对社会主义的认知恰恰犯了马克思、恩格斯反对的思维范式,这种思维范式与形而上学并无本质的不同,它将马克思主义原理本身当成“绝对”的教条加以推导,最终导致了苏联社会主义探索的失败,中国改革开放和社会主义市场经济体制的起点正是在告别斯大林模式中孕育的,邓小平将社会主义本质凝练为“解放生产力,发展生产力,消灭剥削,消除两极分化,最终达到共同富裕”[②]。这和马克思、恩格斯唯物史观的坐标完全契合,两者都是从现实的人的生产与需要出发,考察特定历史条件下社会历史进程的核心动力,而不是基于某种抽象的价值观念量度鲜活的现实世界。因此,对改革开放40年来社会主义市场经济观念形态生成图示的认知必须回归到唯物史观的思维向度中,在历史特殊性与普遍性的张力中准确捕捉观念生成的逻辑链条与发展趋势。

第二节　社会主义市场经济观念生成的历史逻辑

从党的十四届三中全会通过的《中共中央关于建立社会主义市场经济体制若干问题的决定》到党的十八届三中全会通过的《中共中央关于全面深化改革若干重大问题的决定》,再到党的十九大,改革开放40年

① 《马克思恩格斯文集》第10卷,人民出版社2009年版,第458、588页。
② 《邓小平文选》第3卷,人民出版社1993年版,第373页。

来社会主义市场经济体制改革的不断推进，党对社会主义市场经济观念的认知随着实践的发展不断深化，这是世界历史进程的普遍规律在当代中国的具体体现，也是中国自身历史发展逻辑的必然要求，其自身以内在否定性的形式不断地进行自我超越与提升。

一、社会主义市场经济体制从萌发到最终确立，完整地体现了马克思主义逻辑与历史相一致的原则

逻辑与历史相一致的方法论始于黑格尔。在黑格尔的思辨哲学中，历史一开始就包含着特定的目的，历史是精神展现"自我"的过程。这个过程将原本神秘的世界发展成一种可以通过理性认识的世界。但是，黑格尔的局限性在于，哲学作为反思的存在，必须等到现实结束其形成自身的过程后才能出现，"密纳发的猫头鹰要等到黄昏到来，才会起飞"①。马克思对黑格尔辩证法的超越在于，他把理论基点从自我意识翻转为现实的人的实践，把哲学看成基于时代生活的人的产物，通过实践的立场，克服了黑格尔哲学迟滞、抽象与被动的性质，打破了历史宿命论的窠臼，"历史不是过去一直存在的；作为世界史的历史是结果"②。中国的社会主义市场经济体制改革历程完整地展现了马克思主义逻辑与历史的一致性，主要体现在以下三个维度：

第一，社会主义市场经济体制的改革发生于客观的社会历史条件，市场经济改革的每一步随着客观历史条件的变化而不断推进，改革始终

① ［德］黑格尔著，范扬、张企泰译：《法哲学原理》，商务印书馆2013年版，第14页。

② 《马克思恩格斯全集》第30卷，人民出版社1995年版，第51页。

适应生产力发展水平、适应国家的和谐稳定、适应社会主义本质要求，它经历了偶然性—基础性—决定性三个历史发展阶段。

市场经济因素首先是以个别的、偶然的因素出现。在改革初期，由于现实的错综复杂，现实的经济基础与上层建筑不具备完全实行市场化改革的条件，如果步子过大，则可能重蹈东欧的覆辙，因而，1984 年《中共中央关于经济体制改革的决定》指出，社会主义经济“是在公有制基础上的有计划的商品经济。商品经济的充分发展，是社会经济发展不可逾越的阶段”①。

通过商品经济因素的不断释放，市场成分在经济运行机制中不断增加，它由原先偶然的、个别的因素逐渐转变为一种客观存在的事实和一种激发经济活力的有生力量，一种能够预示未来社会发生重大转型的潮流或者趋势。经过 6 年的探索，邓小平于 1990 年在“南方谈话”中指出：“计划多一点还是市场多一点，不是社会主义与资本主义的本质区别……计划与市场都是手段。”②可见，中国共产党人清醒地认识到，市场经济和社会主义并不相抵牾，从历史性角度观测，先有市场，后有社会主义制度，因此，市场经济完全可以成为社会主义选择的经济运行机制。1993 年党的十四届三中全会印发了《中共中央关于建立社会主义市场经济体制若干问题的决定》，社会主义市场经济体制得以正式确立，社会主义市场经济观念也正式应运而生，这个转变是社会主义经济理论发展史上的一个里程碑。党的十五大报告指出：“把社会主义同市场经济结合

① 《中共中央关于经济体制改革的决定》(单行本)，人民出版社 1984 年版，第 17 页。

② 《邓小平文选》第 3 卷，人民出版社 1993 年版，第 373 页。

起来，是一个伟大的创举。”[①]随着社会主义市场经济建设的不断推进，党根据实践中的新情况、新任务，不断完善社会主义市场经济制度。党的十六届三中全会通过的《中共中央关于完善社会主义市场经济体制若干问题的决定》进一步指出：“更大程度地发挥市场在资源配置中的基础性作用。”[②]从党的十六大到党的十七大，社会主义市场经济理论结构基本形成，社会主义市场经济观念不断趋于成熟。

党的十八届三中全会提出“使市场在资源配置中起决定性作用和更好发挥政府作用”这一时代命题，党的十九大对这一命题再次予以确证，社会主义市场经济作为决定性的经济运行模式，主导了中国特色社会主义制度下的资源配置方式。社会主义市场经济发展的历史过程使观念形态包含两个方面的内容：一是市场经济的共性，即以市场机制为基础配置资源；二是体现社会主义的本质特征，即以“人民性”为其轴心，以实现人民利益最大化为价值取向。

第二，社会主义市场经济既然有起源，便存在发展和不断完善，从观念展开的逻辑角度分析，既有历史的必然性也有发展的阶段性。在不同的阶段，面对不同的问题与挑战，社会主义市场经济体制改革总是会与不断转换的时代主题相结合，在化解矛盾的过程中逐步完善自身，因此，社会主义市场经济观念在改革的不同阶段所体现的特殊性也反映在从改革到全面深化改革的变迁历程中。

改革初期历史阶段的主要任务是破除计划经济的僵化思维，引入市场经济的因素，破除单一公有制为主的所有制结构，引入多种所有制成

① 《江泽民文选》第2卷，人民出版社2006年版，第16页。

② 《十六大以来重要文献选编》(上)，中央文献出版社2005年版，第465页。

分，因而，改革的第一步是从计划与市场的关系问题入手。

到了改革中期，计划经济体制基本被破除，市场经济得到充分发展，给市场的地位定位在资源配置中的基础性作用符合历史发展的趋势，但是改革中曾出现偏离社会主义方向的思潮，于是，邓小平在市场经济体制改革中再次强调坚持党的领导、坚持社会主义制度不能动摇的必要性，这是对改革正确方向的科学把握，否则改革成果将会毁于一旦。

随着市场经济改革的深入发展，一些深层次的问题开始凸显。比如，国有企业如何实现现代企业制度、利益分配如何更加公正、政府与市场的关系如何理顺、社会主义信仰如何巩固与提升等。党适时地展开了全面深化改革的战略部署，提出市场在资源配置中起决定性作用和更好发挥政府作用的时代命题，对社会主义制度与市场经济运行机制之间相互关系的把握进入了深层次的反思阶段。

第三，逻辑与历史相一致的原则还体现在历史的合目的性与合规律性上。社会主义市场经济体制改革的最终目标是实现社会主义本质，实现人的全面发展。从大尺度的社会主义发展阶段审视，社会主义市场经济是人的全面发展过程中的一个环节，这在改革的进程中有着深刻的体现。伴随着社会主义市场经济体制改革的推进，对人的解放的追求由先前仅在人与自然关系的层面扩展到自然的、个人的和社会的三个向度，而自由的实现正是人与自然、人与人、人与社会三者高度的统一。社会主义市场经济体制改革过程始终把这三个解放作为经济发展的价值目标，从冲破僵化体制对人的束缚，到大力提高生产力、冲破自然对人的约束，再到加强社会主义精神文明建设、解决人与社会的矛盾、人与人的矛盾，改革始终没有偏离社会主义的本质要求和马克思追求人的全面发展的最终目标，始终走在历史进化论意义的上升通道中。

二、社会主义市场经济体制改革，从方法论角度分析，体现顶层设计与“摸着石头过河”相结合的典型特征

顶层设计与“摸着石头过河”相结合是社会主义市场经济体制改革的方法论创新，它将建构理性主义与经验主义两种不同思维范式的方法论加以综合运用，从而克服了两种范式的固有缺陷，吸收了两者的合理性因素，使两者协调地共存于中国的改革实践中。

建构理性主义强调理性的强大力量，认为人可以根据理性设计出一套完美的社会制度，依循理性的演绎在政治、经济和道德等诸多层面上重构社会秩序。建构理性主义方法论的优势在于，能够借鉴人类的一切文明成果，吸取以往的教训，设计出较为合理的制度，达到迅速改革的目的，但其缺陷也很明显，由于完全依赖人的理性，不能适时把握社会发展的变化，因此，对信息的收集无法达到完备，设计出来的制度永远无法达到完美。经验主义则认为，人只能依靠经验来认识世界，社会的进化只能依靠不断地“试错”来完成。经验主义的优势在于，能够在实践中不断调整进度，以免陷入僵化的境地。但其缺陷也不容忽视，主要在于在发展速度上进展缓慢，在整体上不能把握发展趋势。因而，单纯使用某种方法都是不合理的。而中国的社会主义市场经济实践正是把两者有机地加以结合，具体体现在以下两个方面：

第一，“摸着石头过河”强调实践的基础性作用，是人的感性认识的起点，而“顶层设计”则处在更高的理性认知阶段。

“摸着石头过河”就是在实践中逐步把握规律，用渐进式探索，边干边学摸索规律。改革开放初期的社会主义市场经济体制改革，我国既没有可以直接借鉴的经验，也没有固定的模式可以套用，只能以“摸着石头过河”的方式，在实践中逐步把握市场经济规律，坚持和发展中国特色社会主义。

唯物辩证法认为，要充分体现“主观见之于客观”的实践特征，必须在科学的指导下进行实践，“顶层设计”正是解决对社会主义市场经济改革的前瞻性问题，它为改革塑造整体框架与规划，所涉及的是主要原则、总体思路、重点领域、基本规划等大局问题，具有宏观指导意义。因此，“摸着石头过河”是“顶层设计”的基础，实践是认识的来源和检验认识的标准。没有“摸着石头过河”的顶层设计将是“无源之水”；“顶层设计”则是“摸着石头过河”正确方向的保障，更是对所取得经验的总结与提升，将特殊性上升为普遍性的过程，从而指导新的实践。

第二，改革体现了人民群众是创造历史的主体力量与中国共产党领导之间的辩证统一关系。

“摸着石头过河”强调人民群众在实践中创造历史，人民群众是社会变革的主体力量，既是社会财富的创造者，又是社会财富的最终享有者。“摸着石头过河”有利于调动广大人民群众的积极性、主动性和创造性，群策群力地为社会主义市场经济体制改革做贡献。

中国共产党的领导是保证改革成果由全体人民共同享有的价值目标，是实现最广大人民的根本利益的关键。“顶层设计”则体现了中国共产党总揽全局、统筹兼顾的领导作用。尤其到了改革的攻坚期，党的领导作用体现得更为明显，中国社会主义市场经济体制改革的每一次关键性的迈进都体现在党的历史文件中，在关键的历史抉择时期，党从我国的国情出发，对国内外形势迅速做出科学判断，抓住历史契机，统筹国内外全局，协调各方力量，对坚定不移地实施改革开放战略起着决定性作用。

三、社会主义市场经济体制改革的成果上升为一种观念，体现事实判断与价值判断相统一的内在逻辑

如果把社会主义市场经济体制改革的过程抽象为一种观念形态，那么这个观念包含了事实判断与价值判断相统一的内在逻辑。在改革的过程中，中国共产党逐步搞清了两个重要的事实判断：什么是社会主义？什么是市场经济？以及三个鲜明的价值判断：社会主义市场经济以实现人民利益为价值取向，社会主义市场经济坚持持续健康的发展观念，社会主义市场经济的最终目标是实现人的全面发展。

（一）两个事实判断切中的是如何理解社会主义制度和市场经济这两个范畴的属性问题

1. 对社会主义制度认知的升华

传统的认识以抽象的价值线条作为标准衡量社会制度的优越性，将计划经济与社会主义天然地捆绑在一起，认为社会主义应当坚守马克思经典作家的文本预设。经过社会主义市场经济的实践反思，中国共产党人认识到，社会主义的本质是解放生产力、发展生产力、消灭剥削、消除两极分化，最终达到共同富裕。因此，只要是有利于社会主义生产力解

放与发展的手段和方法，都可以尝试。

2. 对市场机制的运用更加科学

传统思维模式认为，市场经济等同于资本主义经济运行方式，这是对市场经济的错误解读。市场经济有其自身的运行规律，这些规律在任何社会形态中都可以发挥作用。比如，市场经济的核心是通过市场机制解决资源配置问题，市场机制由三个要素构成，即价格机制、竞争机制和供求机制。任何制度下的市场经济都由这三个机制共同起作用。这些问题一旦厘清，计划与市场、社会主义与市场经济之间的关系等一系列困扰社会主义实践者的问题就迎刃而解了，社会主义市场经济体制改革在理论上的障碍就得以破除。

（二）三个价值判断关涉社会主义市场经济与资本主义市场经济的本质区别，是市场经济具有社会主义属性的体现

1. 以最大化地实现人民利益为改革目标

资本的本性在于最大化追求剩余价值和资本主义关系的再生产，从资本的固有属性分析，追求剩余价值是目的，推进社会发展是手段，如果放弃对资本的驾驭与导控，资本逻辑的恶果会导致社会发展陷入畸形的怪圈，社会主义本质也无法实现。社会主义市场经济所追求的目标是人民利益的实现和社会的整体进步，因而对资本的驾驭与导控的根本思路就是将目的与手段倒置，使人的发展和社会进步成为目的，追求利益只能作为实现利益的手段，使资本运行的轨迹始终处在为实现人的目的服务的价值判断中。党的十八届三中全会后，党中央不断强调改革的成败最终体现为人民的获得感，这是对马克思主义实现无产阶级最终解放的

当代诠释，体现强烈的社会主义价值判断。

2. 不断创新发展理念

资本主义市场经济在形而上学思维的指导下，人与人、人与自然、人与社会呈现更为紧张与对立的关系。而社会主义市场经济以马克思主义学说为本体论依据，尤其是党在新时代提出了“新发展理念”，在人与自然的关系上，消融西方形而上学的二元对立思维，变掠夺性利用为保护性开发，通过技术的进步把资本运行的方式由原来量的膨胀优化为质的提升，不因追求经济利益而破坏人的生存空间，导致代际不平等、不协调和不可持续发展。

3. 以人的全面发展为目标

社会主义市场经济体制改革始终把实现人的全面发展作为终极追求，因此，在社会主义市场经济体制改革中，不但注重经济解放，更注重文化解放与人的精神解放。

第三节　社会主义市场经济观念的价值寓意

伴随着社会主义市场经济在实践与反思中不断趋于成熟，其观念本身所具有的价值寓意也逐步显现。对这个问题的澄明既有助于辨别社会主义市场经济的自身特征，更体现人类在自觉把握世界历史进程中从特殊性向追求普遍性过渡的历史进步趋势。

一、中国特色社会主义道路是社会主义市场经济的载体

“走什么路，举什么旗”是关乎改革开放命运的重大问题。改革开放40年来，伴随着社会主义市场经济体制的不断推进，总有一部分人企图借改革的名义进行“颜色革命”，幻想在经济体制改革的同时仿照西方社会的民主制建立起政治制度，达到颠覆社会主义政权的目的。邓小平在改革初期就一针见血地指出，某些人所谓的“改革”就是自由化，即资本主义化，而中国的改革与之完全不同，“如果我们不坚持社会主义，最终发展起来也不过成为一个附庸国，而且就连想要发展起来也不容易”[①]。在当前全面深化改革的新起点上，习近平针对改革中出现的新的实际问题，把坚持改革的社会主义性质论述进一步总结和凝练为政治底线、政治原则和政治定力，这表明历代中国共产党人都清醒地认识到，根本性问题绝不能出现颠覆性错误，在关乎改革方向的大是大非问题上，必须保持清醒的头脑，改革绝不是对社会主义制度的改旗易帜，而是不断推动社会主义制度的自我完善和发展，没有中国特色社会主义道路这个载体，社会主义市场经济就无从谈起。

（一）改革必须坚持党对一切工作的领导

习近平指出：“党在社会主义初级阶段的基本路线是党和国家的生命线。我们在实践中要始终坚持‘一个中心、两个基本点’不动摇，既不

① 《邓小平文选》第3卷，人民出版社1993年版，第311页。

偏离‘一个中心’，也不偏废‘两个基本点’。”[①]党的十九大进一步明确：“党政军民学，东西南北中，党是领导一切的。”[②]只有坚持这些带有根本性的原则，才能坚决抵制放弃社会主义制度的各种错误思想，自觉纠正超越历史发展阶段的空想观念和改革措施。

（二）关涉社会主义本质要求的内容必须坚持

邓小平指出：“过去行之有效的东西，我们必须坚持，特别是根本制度，社会主义制度，社会主义公有制，那是不能动摇的。”[③]这句话深刻揭示了改革的对象，改革是革除社会主义生产关系中不适应生产力发展的方面，因此，问题的实质在于哪些可以改、哪些不可以改，带有根本性的原则、立场和方向丝毫不能动摇。

（三）正确认识社会主义道路的长期性、曲折性与社会主义最终代替资本主义的历史趋势之间的关系

邓小平在“南方谈话”时指出：“我们搞社会主义才几十年，还处在初级阶段。巩固和发展社会主义制度，还需要一个很长的历史阶段，需要我们几代人、十几代人，甚至几十代人坚持不懈地努力奋斗，决不能掉以轻心。”[④]改革不是一蹴而就的事业，改革的过程也不可能一帆风顺，社会主义市场经济不意味着向资本主义倒退，更不能因为改革中存在的阻力

① 《十八大以来重要文献选编》（上），中央文献出版社2014年版，第76页。

② 习近平：《决胜全面建成小康社会 夺取新时代中国特色社会主义伟大胜利——在中国共产党第十九次全国代表大会上的报告》，人民出版社2017年版，第20页。

③ 《邓小平文选》第2卷，人民出版社1994年版，第133页。

④ 《邓小平文选》第3卷，人民出版社1993年版，第379—380页。

就直接改变社会主义性质，走资本主义道路。资本主义代替封建主义、社会主义代替资本主义是人类社会发展的总趋势，只要在这条道路上坚定不移地走下去，中国特色社会主义事业必然会走向成功。

二、坚持以公有制为主体，多种所有制共同发展的基本经济制度是社会主义市场经济的根基

生产资料所有制是人类围绕生产资料而建立起来的经济关系最一般、最本质的制度性体现，唯物史观认为，生产资料所有制是历史范畴，是经济基础的核心内容，所有制形式决定上层建筑的基本性质。随着历史的发展和生产力的进步，所有制结构的内容日趋复杂，主要应从三个维度加以厘定：一是社会形态维度，它体现了所有制的基本性质；二是所有制的实现形式维度，它体现了该种所有制与生产力水平相对应的程度以及在该程度下所有制的具体实现形式；三是资源配置维度，它体现了所有制所包含的具体经济运行模式。

（一）公有制占主体地位体现社会主义的本质

社会制度的属性由该社会形态中的经济基础和上层建筑的性质所决定，其中最核心的是经济基础的性质。经济基础的性质是由占主导地位的生产关系的性质所决定，而生产关系的属性则取决于生产资料所有制形式。马克思、恩格斯曾指出："所有制问题是运动的基本问题，不管

这个问题的发展程度怎样。”[①]可见，生产资料所有制决定了一种社会形态的性质，这也是社会形态之间相区别的根本标志。

只有在生产资料公有制的基础上，社会主义消灭剥削和两极分化的目标才能实现，坚持生产资料公有制占主体地位，不但体现了社会主义制度的经济理性，更体现了社会主义经济制度的政治理性。同时，只有生产资料公有制占主体地位，才能保障社会主义国家对经济宏观调控的能力，克服资本主义制度下社会化大生产与生产资料私有制之间的矛盾，实现经济社会的协调持续健康发展。

（二）多种所有制结构共同发展是解决社会主义初期阶段单一公有制困境，实行社会主义市场经济的必然要求

人类社会形态的演进过程表明，一种新的所有制形式起初还无法完全取代旧的所有制形式，新的所有制形式是在旧的形式中缓慢地孕育、成长与壮大的，其间要经历不断地分立、整合、扬弃与回归。社会主义市场经济本身就是一种开放性的、多元化的经济运行模式，传统的、单一的公有制形式因产权不明晰以及产权主体的行政化等诸多因素，显然无法与其相适应。

社会主义市场经济以公有制为主体，但并不排斥各种私有产权、混合产权的共同发展。多种所有制共同发展是对当前资本经济发展要求的适应，可以优化资本结构，促进国有资本的所有权与经营权相分离，推动社会分工朝着专业化与精细化方向发展，因此，多种所有制结构共同

① 《马克思恩格斯文集》第2卷，人民出版社2009年版，第66页。

发展能够适应社会发展的新情况对生产力发展的要求，是社会主义市场经济中不可或缺的部分。

三、实现经济正义是社会主义市场经济的内在要求

恩格斯在《社会主义从空想到科学的发展》中指出，科学社会主义并非基于抽象的“平等”“正义”等普遍价值而预设的社会制度，而是通过克服资本主义的根本矛盾在人类历史活动中不断生成与发展的社会制度。因此，在现实的物质生产中实现经济正义，以及人民的生存和幸福是社会主义市场经济发展的根本目的。社会主义市场经济既要体现效率，也要体现公平正义。没有效率的正义只能陷入贫困，而没有正义的效率只会走入霍布斯式的“丛林”。

(一)社会主义市场经济所蕴含的经济正义不是一个僵化的判断，它包含着绝对与相对的辩证关系

历史唯物主义认为，经济正义不是追求以平均主义为取向的绝对公正，而是强调在动态发展过程中，人们基于自己的劳动在利益分配体系中获得应有利益的诉求与权利。在社会主义市场经济环境下，对效率与公平的追求应随着人民群众生活诉求的发展而不断调适。

由于市场经济存在着不同的历史发展阶段，加之中华文化强大的历史基因，在当代中国生成了相对复杂的正义观念。面对这种情况，社会主义市场经济把最大化的经济发展与最大化的实现经济公平公正的原则视为辩证的统一关系，要落脚在人民满意不满意、高兴不高兴、答应不

答应的基础上来。因此，社会主义市场经济追求的经济正义，最主要的平衡点是针对效率的不平衡、不一致、不合理、不合法的矫正，最终要还原到中国特色社会主义制度进步的高度、广度与深度上来。

（二）社会主义市场经济体制下经济正义的实现需要做到三个提升

1. 由分配制度改革向产权制度改革提升

随着市场经济的发展，我国的分配制度也相应进行调整，在重新确立按劳分配为主体的同时，肯定了按要素分配等多种分配形式，这是尊重市场经济规律，调动广大劳动者积极性的重要举措。但是，分配体系是一个复杂的体系，其核心在于产权制度是否合理。随着全面深化改革的推进，仅在分配形式上转圈已经无法满足市场经济的发展与社会主义本质要求，因此，必须从其核心内容即产权方面入手加以改革。

2. 由财富分配改革向政府和社会的转型提升

分配问题的求解不能只靠市场经济机制本身，必须借助非市场力量。分配问题理应作为政府的一项职责，政府除了在税收方面起到调节作用外，还应当在改善生产关系、教育、医疗、社会保障、政府专业机构设置等方面确立明确的改革目标。这就要求政府从管理型向服务、监督、管理三者功能协调发展型转变。

3. 由提高经济收入向促进人的全面发展提升

社会主义的终极目标是追求人的全面发展，经济收入的提高仅是促进这个目标达成的物质手段。因此，分配问题不仅仅是劳动者获得物质上的应得利益，更要获取自身素质和精神领域的提升，要把分配领域的改革与提高劳动者的自身素质相结合，真正体现社会主义“以人为本”的本质要求。

四、追求人的全面发展是社会主义市场经济的最终目标

马克思在《巴黎手稿》中通过对异化劳动的深刻揭示，指出人类的自由与发展不仅存在于人与自然的关系上，更体现在人与人、人与社会的维度中，因此，自由与发展的探讨由先前形而上学语境下仅在人与自然关系层面上的探讨扩展为自然的、个人的和社会的三个向度，而人的全面发展的实现正是人与自然、人与人、人与社会三者的高度统一。因此，社会主义市场经济追求的人的全面发展，是对资本主义市场经济塑造抽象人格功能的超越，主要体现在以下三个维度：

（一）对人的生命存在的意义、人的生活价值、人格尊严等人性化问题给予高度关注

社会主义制度可以及时地通过顶层设计调整市场经济的缺陷对人性方面的扭曲，这是社会主义灵魂在市场经济中的觉醒，这种觉醒是全方位的和具体的，它包括对人的身体、生命、财富、权利、劳作、声誉、信仰等方面进行一系列的制度性安排。对人的关怀体现在市场法则与人性冲突时，社会制度的抉择与调适是否具有恒心和毅力，对人的关怀体现在是否优先考虑弱势群体的生存与发展权利。

资本主义社会中对弱势群体的保护倾向于形式上和物质的表层方面，忽略精神上的关怀与对弱势群体的发展权利的尊重。而社会主义制

度摒弃了弱肉强食的社会达尔文主义原则，用全社会的关心去矫正和弥补弱势群体的生存障碍，不但关心弱势群体的生存权，而且关注弱势群体的发展权，真正体现了人类美德与社会正义。

（二）人的全面发展离不开综合指标的实现

历史唯物主义认为，“人们自己创造自己的历史，但是他们并不是随心所欲地创造，并不是在他们自己选定的条件下创造，而是在直接碰到的、既定的、从过去承继下来的条件下创造。”[①]人类最初面对的是自然环境，随着人类实践活动的扩大，人所处的环境越来越成为人创造产物所形成的结果，这种人所创造的客观历史环境是物化劳动的积累，它既为人类的自身能力与自由发展提供了客观环境，又给人类进一步发展带来制约，是不以人的意志为转移的。

人的全面发展必须在“一与多”的综合考量中实现。社会主义市场经济追求人的全面发展除了一些必备的指标外，还应体现符合社会主义本质的针对性目标，如人的生命健康的生理指标、个人与群体相亲和睦的情感指标、个人对社会的贡献与社会对个人的认可的价值指标、生态环境良好的评判指标等。

人的全面发展是一种综合时空的向度，它必须遵循可持续发展原则。人的全面发展并非对当下现实生活一种瞬间不确定性的感知，而是在现实的实践生活中不断累积和渐进式地发育、综合提升的过程，它深刻地体现了历史的进步性本质，是具有中国特色的文明范式不断呈现的

① 《马克思恩格斯文集》第2卷，人民出版社2009年版，第470—471页。

过程。

（三）人的全面发展最终体现为人与自然、人与人、人与社会的高度一致

社会主义市场经济追求经济发展、社会发展与人的全面发展三者的统一。人的尺度与自然尺度、社会尺度的统一在现实的经济社会发展中表现为经济发展、社会发展与人的全面发展三者的辩证统一。离开经济发展谈论社会发展和人的发展是抽象的理论预设，离开社会制度谈论经济发展和人的发展则会缺乏目的导向和价值引领，社会将会成为没有“真、善、美”的商品仓库；离开人的发展谈论经济发展和社会发展，发展就被抽离了主体意义，失去了发展的价值内涵。因此，三者并非简单的互补关系，而是辩证统一的完整体系。

信息革命的到来使世界成为一个紧密的整体，她正在产生一种新的经济结构和文化，与此同时，生存世界的经济性与人类整体主义精神的冲突更为突显。全面深化改革能否取得最终胜利，中国特色社会主义制度能否为世界提供一种发展参考模式，都需要社会主义市场经济体制进一步改革加以推动。处在新时代的中国，需从以下三个方面对社会主义市场经济进行更高层次的理解：其一，社会市场经济如何接纳金融资本这个资本的最高形态，使金融在回归服务实体经济本质的同时成为维护国家经济主权的“利剑”；其二，人民日益增长的美好生活需要和不平衡、不充分的发展之间的矛盾对社会主义市场经济提出了新的要求，如何在经济发展与生存环境之间达到更高层面的和谐，成为人民群众现阶段的共同企盼；其三，世界统一的资本市场作为市场经济的最高形式，使没有

冷战的“冷战”成为国家间的博弈形式，社会主义市场经济能否用她巨大的生命活力使以“合作共赢”为核心的新型国际关系成为现实，迫切需要我们从经济性的根源为人类发展提供“中国方略”。

第六章　经济正义观念

本章内容提示:观念变革与经济变革之间的辩证关系是经济哲学的基本问题。改革开放40年,从平均主义到引入竞争与差异再到追求效率与公平的均衡,中国人的经济正义观念走了一条肯定、否定、否定之否定的辩证发展道路。随着中国特色社会主义进入新时代,经济正义问题转换为如何让改革开放的成果更多惠及全民的时代课题。与此同时,在深度金融化和全球化的当代世界,面对资本寄生形态的崛起,如何驾驭资本逻辑,构建全球经济正义也日益凸显其重要性。

本章关键词:经济正义;改革开放;平均主义;以人民为中心

在经济全球化的背景下,人类的生存秉性与经济交往行为发生了深刻变化,新的境况呼唤着新的经济正义思想与实践。经济正义本质上是现代性问题,脱离了市场经济与资本逻辑来谈论经济正义是空洞而无意义的。改革开放以来,我国经济高速发展,人民生活水平显著改善,但同时也面临着贫富差距日益扩大、产权界定不清晰、产权保护不到位等关乎经济正义的严峻问题。从邓小平的"共同富裕"到习近平的"以人民为中心”,中国共产党始终把经济正义看作关乎社会主义本质的价值追求。在改革开放40周年、中国特色社会主义进入新时代的当下,有必要对过去40年来我国经济正义观念的发展演变进行哲学反思,以便为新时代构建具有内在正义性的社会主义市场经济体制奠定基础。

经济正义的诉求显示一种试图矫正市场经济消极后果的努力,在此意义上,市场经济的发育和完善构成我们讨论经济正义问题的前提和起点。经历了波澜壮阔的40年改革开放,中国社会的方方面面都发生了显著的变化,而其中最为引人瞩目的变化莫过于从僵化的计划经济体制转向灵活高效的市场经济体制。围绕着市场经济体制的萌发、建设、完善以及对其消极后果的矫正,本文将分别从以下四个时期展开对经济正义观念的反思:(1)1949—1978年:改革开放前的社会主义建设和探索时期;(2)1978—1992年:改革开放的启动和探索时期;(3)1992—2012年(十八大召开):以市场经济建设和完善为核心的高速发展时期;(4)自十八大以来:以人民为中心的全面深化改革时期。伴随着过去40年的伟大历史变革,中国人的经济正义观念也发生了相应的转变;反过来说,通过对国人经济正义观念变迁的反思,也将为我们理解中国改革开放的历史进程提供一个全新的视角。

第一节 1949—1978年:计划经济体制下的经济正义观

从中华人民共和国成立到改革开放前的30年时间是中国共产党带领全体人民建立社会主义基本制度、进行社会主义初步探索以及开启现代化建设的历史时期。这一时期的种种特定历史条件共同塑造了人们以平均主义为核心的经济正义观,此种经济正义观反映了时代的需要并在经典作家的理论中有其渊源。然而,一旦观念变成习惯性的思维定势,就会变成束缚和阻碍人们前进的强大力量。

一、“剥夺剥夺者”

按照马克思主义经典理论,资本主义无论从其起源即原始积累的过程来看,还是从其运行即资本流通与积累的逻辑来看,始终存在剥削关系。“在马克思的经济学著作中,我们可以找到大量段落,其中采用了诸如‘盗窃’‘窃取’‘抢劫’‘掠夺’等用语,以表达对资本主义占有规律的谴责。正如一些学者所强调的,马克思的剩余价值理论并不只是一个实然的理论,它同时也包含着对于资本主义生产方式的非正义性的批判。”[①] 相反,社会主义按其本性来说要求超越资本主义,要求消灭不义的剥削,因此,社会主义的实践必然包含对剥夺者的剥夺。回顾中华人民共和国成立以来的初期历史可以发现,“剥夺剥夺者”的逻辑在社会主义改造时期得到了清晰的体现。

在经历了 1949 年到 1952 年的巩固和重建时期后,我国于 1953 年开启了向社会主义过渡的时期,正是在这一时期,第一个五年计划被制订出来。这一时期最大的特征是对苏联模式的接受和模仿。依照苏联模式,中国逐步实现了农业、手工业和资本主义工商业的社会主义改造。

① 孟捷:《历史唯物论与马克思主义经济学》,社会科学文献出版社 2016 年版,第 236—237 页。

随着对资本主义工商业的改造进展到公私合营的国家资本主义阶段，民族资产阶级和平交出生产资料所有权的时机趋于成熟。最终，通过和平赎买的方式，资本家阶级与生产资料的使用权被分离开来，资产阶级作为一个阶级被消灭了，剥夺者被剥夺了。

总体来看，社会主义改造时期的经济正义原则是作为资本主义剥削的对立面被提出来的。这一时期，人们在意识形态上的基本判断是：西方资本主义国家存在着经济非正义，而社会主义国家则要求并实现了经济正义。事实上，无论是公有制还是国家统筹调拨资源的计划体制，在当时都被看作体现社会主义本质属性的制度安排，而它们无疑都是作为不义的资本主义剥削和两极分化的对立面而出现的。在此意义上，经济正义是社会主义基本制度安排的题中应有之义。无论是从理论还是从实践方面来看，社会主义都力求克服两极分化并实现某种形式的平等。如果说在社会主义的历史性实践中出现了某一群体利益受损或者说承担了过多成本却只有较少收益（中华人民共和国成立初期，通过工农业的价格剪刀差，农民无疑处于此种境况），那么，它也一定可以从其长远目标的正义性上得到辩护。

二、“大锅饭”：平均主义的经济正义

社会主义改造时期对苏联模式的接受和模仿逐渐在中国大地上催生了计划经济体制。计划经济体制的基础在于公有制，对马克思而言，所有制层面的正义相对于单纯分配层面的正义是更为根本性的。在《哥达纲领批判》中，马克思明确指出：“消费资料的任何一种分配，都不过是

生产条件本身分配的结果。”①同时，从公有制在中国的发展历程来看，它的产生本身就与应对中华人民共和国成立后出现的两极分化倾向有关。为了遏制土地改革后富农阶级重新出现的趋向，中央政府开始推动自愿的合作化，合作化最终带来了土地和其他财产归集体所有。换言之，公有制在农业领域被确立起来。

与生产关系方面的公有制、资源配置方面的计划体制相适应的必然是收入分配方面的按劳分配，然而，这是一种抽象意义上的按劳分配。这里，劳动的质的差别遭到忽视，至多只在男性劳动与女性劳动之间做出了简单区分。譬如，当时男性劳动可以计 1 工分，而女性劳动只计 0.6 工分。由于计划经济条件下每个人能够分配多少社会产品取决于抽象的劳动量，因此，在共同劳动的条件下，人们在收入分配方面必然趋于平均，而“大锅饭”也成了那个时代财富分配方面的典型现象。

抽象的按劳分配表达的是同样抽象的亦即平均主义的经济正义观。此种经济正义观将会带来两个方面的消极后果：其一，平均主义按其本质来说不过是私有财产的普遍化，从而将带来对于人的个性的普遍否定——“物质的财产对它的统治力量如此之大，以致它想把不能被所有人作为私有财产占有的一切都消灭。它想用强制的方法把才能等抛弃。”②其二，平均主义将会消解劳动者的积极性，从而极大地损害生产效率。“如果一个人确信自己无论如何都能得到同其他人一样多的收入，那么他就会失去为更多收入而努力工作的动机。如果很多人都失去这

① 《马克思恩格斯文集》第 3 卷，人民出版社 2009 年版，第 436 页。
② 《马克思恩格斯全集》第 3 卷，人民出版社 2002 年版，第 295 页。

样的动机，从而不能有效增加社会财富，那么人们的福利就无法改善。”①

遗憾的是，从中华人民共和国成立到改革开放前的这段历史时期，尽管人们已经逐步认识到平均主义的经济正义观构成了发展生产力的障碍，但是出于意识形态的考虑，这一观念长期处于不可动摇的地位。不言而喻，要打破旧的平均主义经济正义观，首先要破除极左意识形态对人们的束缚和禁锢，而要实现这一点，一场较为彻底的思想解放运动是必不可少的。

第二节　1978 — 1992 年：包容差异和竞争的经济正义观

1978 年在中国现代史上是一个十分关键的年份。一方面，一场关于真理标准的大讨论开启了思想解放的潮流，打破了教条式的理论禁锢，从而为改革开放奠定了坚实的思想基础。另一方面，在“解放思想、实事求是”的思想基础上，具有历史转折意义的中国共产党第十一届三中全会在北京召开，全会通过了关于将党的工作重点转到经济建设来的决议。解放思想的潮流为后来的一系列反思打开了空间：通过对“文化大革命”灾难的反思，中国人开始认识到“以阶级斗争为纲”的错误和荒谬。而对中华人民共和国成立以来社会主义实践的经验和教训的反思使得中国人开始思考“什么是社会主义，怎样建设社会主义”这一根本问题。可以说，正是在一系列反思的推动下，中国的改革开放才能不断地走向

① 姚大志：《分配正义：从弱势群体的观点看》，《哲学研究》2011 年第 3 期。

深入。

一、反思平均主义，引入激励机制

在1978年改革开放前，中国刚刚经历了长达十年的“文革”动乱，经济走到崩溃边缘，国家生活陷入普遍的混乱。中国的经济之所以陷入困境，很大程度上是由计划体制下国有企业以及人民公社的普遍低效导致的。普遍低效有两大罪魁祸首：指令计划性的资源配置以及平均主义的收入分配。“在传统计划经济体制模式下，排斥市场机制导致资源配置的宏观无效率，缺乏激励机制导致经济活动的微观无效率，没有奖惩制度伤害了工人、农民和管理者的工作积极性。”[①]1978年7月28日的《华盛顿邮报》刊登了美国记者杰伊·马修斯发表的一篇中国工厂观察记，他发现中国工厂最突出的现象是工人工作态度普遍消极，工作效率极其低下，他认为原因主要在于缺乏有效刺激：“这家工厂的革委会主任谢广之（音）告诉记者，去年，全厂85%以上的工人都增加了少量的工资，对很多人来说，是十到二十年来第一次增加工资。由于几乎所有的工人都增加了工资，所以这次加工资没有起到明显的刺激作用……”[②]不言而喻，之所以缺乏有效刺激，是因为缺乏差异性，而缺乏差异性则根源于强调平均主义的意识形态。

在“解放思想，实事求是”的潮流推动下，平均主义的经济正义观从

---

① 蔡昉：《中国改革成功经验的逻辑》，《中国社会科学》2018年第1期。

② 马修斯：《尽管宣布要对工厂进行改革，工作仍然松松垮垮》，《华盛顿邮报》1978年7月28日。转引自吴晓波：《激荡三十年：中国企业1978—2008》（上），中信出版社2014年版，第12页。

两个方面被突破。一方面，十一届三中全会后，以邓小平为核心的党中央明确强调按劳分配应考虑劳动质的差异。1978 年 3 月 28 日，在与胡乔木、邓力群谈话时，邓小平提出："我们一定要坚持按劳分配的社会主义原则。按劳分配就是按劳动的数量和质量进行分配。根据这个原则，评定职工工资级别时，主要是看他的劳动好坏、技术高低、贡献大小。"① 另一方面，"家庭联产承包责任制"改革以实践的方式首次突破了强调平均的人民公社制度，并代之以差异性原则。差异性带来了生产力的解放，从而使农民有可能从土地的束缚中解放出来。在土地严重缺乏而观念较为领先的东南沿海地带，大量闲散人口开始逃离土地，转而进入工商业领域谋生，可以说，正是这批人最终促成了乡镇企业的崛起。不仅如此，家庭联产承包责任制和人民公社的废除也增加了城市农产品供给，培育起了农产品市场，从而为后来的取消粮票制和市场化改革奠定了基础。

上述两个方面，一个来自基层，另一个则来自"上层建筑"。正是在这两个方面的合力推动下，旧的秩序与观念走向瓦解。"有两个力量非常重要。一个力量早就存在，凡遇到困难、有需要解决的大问题，总有人想办法突破。讲到底，每个普通人、普通家庭、企业、基层和地方，总有改善生活、发展经济的愿望，因此总有人出头来面对困难，抓住新的机会。这个力量就是中国经济增长的原动力。另外一个力量在'上层建筑'里，就是国家机器的方方面面，对底层的、地方的自发改进、改革的做法给予合法承认、保护、完善、提升，使之成为政策、成为国家制度。"②

① 《邓小平文选》第 2 卷，人民出版社 1994 年版，第 101 页。

② 周其仁：《改革三十年感言》，《读书》2008 年第 10 期。

二、反思计划经济,引入竞争机制

随着思想解放潮流的开启,现实领域的变革也随之而来。当人们开始意识到计划经济体制的僵化和低效时,同时也在探寻着突破既有计划经济体制的现实路径。可以说,引入商品经济,建立价格双轨制,是突破计划经济体制的第一个有重大意义的步骤。但是,价格双轨制也带来了新的问题和矛盾,从而也在撼动着人们既有的经济正义观念。凭借票证获得购买商品的计划价格与实际已经放开的市场价格之间呈现尖锐对立,在这种对立背后隐含的是两种经济正义原则的对立。前者以权力为枢纽,后者以市场竞争为枢纽。前者更加注重结果的平等,而后者更强调机会的平等。回过头来看,后来的市场化改革实际上帮助人们确立起一种以竞争和差异为核心原则的经济正义观。由此,经济正义不再与财富、资源的平均分配相等同,相反,只有以公平竞争为中介的差异化分配才称得上是正义的。

1984 年 10 月,党的十二届三中全会通过了《中共中央关于经济体制改革的决定》,提出社会主义经济是以公有制为基础的有计划的商品经济。进入 20 世纪 80 年代末期,中国经济体制改革在取得巨大成功的同时,也遭遇了许多困难和矛盾。1988 年上半年价格"闯关"受挫,1989 年春夏发生政治风波,接着是东欧各国发生政治剧变。于是,许多人纷纷将这些重大事件的原因归结为市场化改革,认为这种改革意味着否定了四项基本原则。[①] 在改革遇到阻力和处于困难的时刻，1992 年邓小平在视察南方时的几次重要讲话有力地驳斥了反对市场化改革的错误论调。“计划经济不等于社会主义，资本主义也有计划；市场经济不等于资本主义，社会主义也有市场。计划和市场都是经济手段。”[②]正是邓小平的这段石破天惊之语解除了将计划经济视作社会主义基本特征的思想束缚，为社会主义市场经济理论奠定了坚实基础。

在邓小平的思想引领下，党的十四大报告正式提出：“我们要建立的社会主义市场经济体制，就是要使市场在社会主义国家宏观调控下对资源配置起基础作用，使经济活动遵循价值规律的要求，适应供求关系的变化；通过价格杠杆和竞争机制的功能，把资源配置到效益最好的环节中去，并给企业以压力和动力，实现优胜劣汰；运用市场对各种经济信号反应比较灵敏的特点，促进生产和需求及时协调。”[③]由此，社会主义市场经济的建设正式拉开大幕，与此同时，人们的经济正义观念也与平均主义的“大锅饭”渐行渐远。这里，又一次显示出观念的变革如何映射经济社会发展的时代变迁以及更大范围内的民族精神状态的变迁。

第三节　1992 — 2012 年：“先富”与“共富”的辩证法

通过将社会主义与市场经济结合起来，中国开启了属于自己的现代

① 刘金田等：《邓小平与改革开放 20 年重大决策》，苏州大学出版社 2012 年版，第 195 页。

② 《邓小平文选》第 3 卷，人民出版社 1993 年版，第 373 页。

③ 《十四大以来重要文献选编》(上)，人民出版社 1996 年版，第 19 页。

性发育时期，并开始经受货币、资本以及金融等的洗礼。在新的历史条件下，人们的经济正义观念开始经历新的转变。

一、经济正义：产权变革与产权保护

产权制度是社会主义市场经济的基石，没有对产权的保护，社会主义市场经济举步维艰。当1992年中国正式开启社会主义市场经济建设时，建构一种新的适应市场经济条件的产权制度就变得十分紧迫。产权制度的改革关乎市场化改革的成败。产权制度的改革与经济发展的互动从根本上体现了马克思关于生产关系与生产力辩证运动的原理。同时，产权制度的改革必然带来分配制度的改革，没有对私有产权（包括知识产权）的承认，资本和技术等要素参与分配是不可想象的，从而“让一部分人先富起来”的主张也只能是奢望。

保护产权是产权制度的根本目标，也是经济正义的重要维度。如果说那种强调通过再分配调节贫富差距的经济正义是一种积极的经济正义，那么，保护产权则显得是一种消极的经济正义。休谟在《人性论》中提出了围绕财产权的正义三规则，并指出：“关于稳定财物占有的规则的确立对人类社会不但是有用的，而且甚至是绝对必需的。”[①]斯密则指出：“在绝大多数情况下，正义只是一种消极的美德，它仅仅阻止我们去伤害周围的邻人。一个仅仅不去侵犯邻居的人身、财产或名誉的人，确实只具有一丁点实际优点。然而，他却履行了特别称为正义的全部法规，并

① ［英］休谟著，关文运译，郑之骧校：《人性论》（下），商务印书馆1997年版，第542页。

做到了地位同他相等的人们可能强迫他去做，或者他们因为他不去做而可能给予惩罚的一切事情。”[①]休谟与斯密所面对的共同的时代背景是市场社会的兴起，无怪乎它们给予产权正义特别的关注，并将其提升到保障人类社会存续的高度。

为了有效地保护产权，首先需要产权的清晰化。中国的产权清晰化运动很大程度上是由国有企业与集体企业自身发展的困境倒逼出来的。进入20世纪90年代末期，全国的国有企业和集体企业确实已到了非改不可、不改就死的地步。1998年1月的第三次全国工业普查结果显示，“国有企业的资本收益率只有3.29%，大大低于一年期以上的存款利率。在39个大的行业中，有18个是全行业亏损，国有工业的负债总额已占到所有制权益的1.92倍，企业自有资产不足以抵偿其债务，换言之，整个国有企业集团已处在资不抵债的境地”[②]。相比之下，民营经济的发展却是异军突起，风景这边独好。

通过总结正反两方面的经验，一条可行的产权清晰化改革之路渐渐明确。最终，在中央高层和社会改革力量的推动下，以产权清晰化为方向的国企改革于1998年如期而至。通过产权清晰化改革，“人人所有，人人没有”的产权空心化状况经历了脱胎换骨的转变，一种更为市场化的、以产权人格化为特征的企业制度终于成为主流的企业成长模式，国有企业也从此重新焕发出生机和活力。

---

① [英]斯密著，蒋自强等译，胡企林校：《道德情操论》，商务印书馆2013年版，第101页。

② 吴晓波：《激荡三十年：中国企业1978—2008》（下），中信出版社2014年版，第123页。

二、经济正义：追求效率与公平的均衡

让一部分人、一部分地区先富起来，逐步达到共同富裕，这是邓小平在1978年提出的一个关乎整个国民经济发展与社会主义本质的战略构想。在提出这一战略构想时，邓小平首先考虑的是打破平均主义，解放和发展生产力。1992年党的十四大确立社会主义市场经济体制后，中国经济出现新一轮腾飞，邓小平逐渐将思考的重心放在了如何消解两极分化、实现共同富裕上。1993年在9月16日，在与弟弟邓垦谈话时，邓小平不无忧虑地说："12亿人口怎样实现富裕，富裕起来以后怎样分配，这都是大问题。题目已经出来了，解决这个问题比解决发展起来的问题还困难。分配的问题大得很。"①

邓小平之所以将分配问题看作比发展问题更难解决的"大问题"，是因为他看到了市场经济导致两极分化"自然出现"的可能性，或者说，他看到了在"先富"与"共富"之间存在着的内在张力。如果放任市场经济"野蛮生长"，那么，同一个市场经济必然既意味着"先富"的可能性，又意味着"共富"的不可能性。改革开放初期，一方面出现了一些人利用我国市场经济体制不健全、税收政策执行不力等体制上的漏洞，非法获利、聚敛财富，给社会公正和经济正义造成极大损害；另一方面，进入21世纪，我国收入分配格局向资本要素倾斜的现象也逐渐受到各方关注。白重恩、钱震杰通过对1992年到2003年我国资金流量表的分析，得出了收入

① 《邓小平年谱（1975—1997）》（下），中央文献出版社2004年版，第1364页。

分配格局中居民收入相对于企业和政府部门收入逐年下降的结论。[①] 李稻葵指出,GDP 中劳动收入份额下降已经成为无可争议的事实,并指出服务业比重较低、资本密集型技术的使用和国有企业盈利能力的提高是可能的解释。[②]

随着经济实力的增强,收入分配的差距不断扩大,解决这一问题的难度也在不断提升。为了有效应对这一难题,我国的经济政策与时俱进,在追求效率与公平均衡的同时,不断加强对社会公平、经济正义的政策支持力度。这一点突出反映在党的全国代表大会报告有关这一问题提法的变化上:1997 年中共十五大报告的提法是坚持效率优先、兼顾公平;到了 2002 年中共十六大,在前一提法的基础上增加了初次分配注重效率、再分配注重公平的内容;而到了 2007 年的中共十七大则进一步修改为初次分配和再分配都要处理好效率和公平的关系,再分配更加注重公平。或许,上述提法的变化本身反映出我国贫富差距扩大的治理难度不断加大。虽然在 1992 年到 2012 年的 20 年间,我国启动了西部大开发、收入分配制度与社会保障体系改革等重大举措,但总的来说,我国收入分配的差距依然较大,问题并没有得到有效的解决。

---

① 白重恩、钱震杰:《谁在挤占居民的收入:中国国民收入分配格局分析》,《中国社会科学》2009 年第 9 期。

② 李稻葵:《中国 GDP 中劳动份额正逐步下降》,《财经》2007 年 7 月 2 日,引自金融界(财经杂志网络版)http://finance.jrj.com.cn/news/2007-07-02/000002381975.html。

第四节　自2012年党的十八大以来："以人民为中心"的经济正义观

自十八大以来，我国的改革开放和社会主义现代化建设取得了新的历史性成就。习近平总书记在十九大报告中，将这一历史性变革称为中国特色社会主义进入了新时代。新时代意味着新的社会主要矛盾的产生，党的十九大报告明确提出，我国社会主要矛盾已经转变为人民日益增长的美好生活需要和不平衡不充分的发展之间的矛盾。这一新的判断表明，经济正义问题被以一种全新的形式、在更高的高度上提了出来，问题提法的改变本身即为问题的解决提供了很多。

一、经济正义：让改革开放的成果惠及全民

经过改革开放40年的发展，我国社会生产力水平显著提高，不少领域已经处于世界前列。如今，"落后的社会生产"已经不能概括我国的整体状况。相反，今天的状况是繁荣与落后并存，传统与现代并存，发展不平衡不充分已经成为当下我国亟待解决的重大问题。过去的40年，既有自然禀赋等客观条件的制约，也有政策方面的影响，我国在区域之间、城乡之间产生显著的发展不平衡，不言而喻，这一不平衡是贫富差距扩大的根本原因。在此意义上，破解发展不充分不平衡，缩小区域之间、城乡之间贫富差距是实现经济正义的必由之路。

另一方面，经济正义的实现也要依靠调整收入分配格局、提高居民收入水平来实现。党的十九大报告明确提出，要坚持在经济增长的同时实现居民收入同步增长、在劳动生产率提高的同时实现劳动报酬同步提高。这一新的原则是以人民为中心的发展理念的生动体现，也是实现改革成果惠及全民的有效途径。在改革开放的历程中，每当工资提高和居民收入增长滞后于劳动生产率的提高，相应地就会出现城乡收入差距扩大、劳动报酬在国民收入中的份额下降等不利于共同富裕的负面结果。这充分表明，坚持两个"同步"对于缩小贫富差距、推进经济正义意义重大。为了实现两个"同步"，政府通过财政手段进行再分配就显得十分必要。党的十九大报告指出，政府要切实履行好再分配职能，"通过税收、劳动立法和执法、转移支付、社会保障和其他基本公共服务等公共政策途径，合理规范收入分配秩序并调节初次分配结果，承担体制改革和结构调整中的转型成本，保护弱势群体的劳动力市场权益"①。

最后，实现经济正义还需要政府破除妨碍人才流动的体制机制。生活水平的改善最终还需要依靠个体通过自身的努力来实现，同样，共同富裕也要靠全体人民共同构建。政府所要做的只是为这种改善创造条件，扫清来自体制机制方面的障碍，使得人人都有机会改善和提升自己的境遇。值得一提的是，从不久前的十三届全国人大一次会议透露的信息来看，个税改革、房产税修法等有助于促进社会公平正义的重大举措都在积极推进的过程中。如果说个税改革有助于调节一般收入所得，那么，房产税则有助于调节资产收入所得。众所周知，近年来以房产为代

① 蔡昉:《十九大报告中的提高人民收入水平》,《光明日报》2017 年 11 月 01 日。

表的资产价格暴涨是收入分配差距扩大的一大原因。可以期待的是，上述尚未实施的重大举措一旦实施，必将进一步推动我国的经济正义走向实现，也必将使改革成果更多更公平地惠及全民。

二、积极构建全球经济正义

当今世界是一个深度全球化的世界，这要求我们超出民族国家的层面，在一个更加宏大的视野下审视经济正义问题。从现实情况来看，身处新时代的中国正日益走向世界舞台中央，中国与世界的关系也进入了新阶段。通过实施共建"一带一路"倡议、发起创办亚洲基础设施投资银行、设立丝路基金等举措，中国的国际影响力、感召力、塑造力进一步提高，这意味着，当下中国有能力成为构建全球经济正义的参与者、建设者和引领者。

自 20 世纪 70 年代以来的新自由主义转向，反映出上层资本家阶级在劳资斗争中重新获得优势，由此而来的结果是，全球范围内的财富分配状况持续恶化。随着当代资本主义金融化的深入，资本逻辑表现出了新的特征，相应地，全球经济正义问题也面临新的境况和难题。在深度金融化的今天，资本越来越多地投资于追求租金、利息和各种资本收益的活动，而不是投资于生产活动领域。正如哈维所言："如今特别引人侧目的，是不具生产力的寄生食租者权势日增，不仅是拥有土地和土地中资源的人，还包括资产的拥有者，最强大的债券持有人，独立金钱权力（本身已成为最重要的生产工具）的拥有人，以及专利和知识产权的所有人（他们有权从社会劳动中索取价值，但完全没有义务动员社会劳动从事生产)。资本的寄生形态如今正在崛起。”[①]

在此情况下,解决经济正义问题的关键在于:如何把最大化地追求资本收益率的分配逻辑转向符合全球经济正义原则的分配逻辑?如何把“让富人更富”的金融理性逻辑转向服务大众、服务社会的正义逻辑?如何把高度私向化的个人主义财富积累逻辑转向具有利他主义价值观的财富共享逻辑?事实上,调整财富和收入不平等也关乎资本的流通和积累能否正常运转下去。因为收入差距的扩大将会降低有效需求,从而使资本生产与实现的矛盾变得难以管控,成为一种危及资本体制本身的绝对矛盾。

世界正处于大发展、大变革、大调整时期,各国之间的相互关联和依存日益加深。与此同时,世界经济增长乏力,人类面临共同挑战,各国利益的交汇点越来越多。在此背景下,依照“共商、共建、共享”的原则处理国与国之间的利益争端,积极推动构建全球经济正义,无疑具有重大意义。中国共产党是为中国人民谋幸福的政党,也是为人类进步事业而奋斗的政党,不言而喻,推动和构建全球经济正义代表着人类进步的方向,中国应当在这方面体现应有的大国担当,为人类的美好未来做出贡献。

改革开放40年的历程,中国开辟了一条迥异于西方的走向现代化之路,同时也为解决经济正义问题贡献了自己的独特智慧和方案,具体而言,主要有以下三点启示:

首先,要破除自律性市场的幻象。20世纪以来的西方主流经济学在趋向于数理化、抽象化的同时,也将经济正义问题逐步消解为市场的理

① [美]哈维著,许瑞宋译:《资本社会的17个矛盾》,中信出版社2017年版,第271页。

想假定条件问题。在这一经济学看来，市场本身是自律的，只要自由竞争的条件得以实现，分配本身就会受边际要素贡献率的调节。与此相应，市场作为资源配置和分配的基本机制，只有在市场失灵时才需要政府干预。面对这一关于市场自律性的幻象，有必要重温波兰尼的如下观点："事实上，管制与市场是同时成长的。自律性市场是前所未闻的，自律这个观念的出现是完全违反当时发展之趋势的。"①自 20 世纪 70 年代以来西方发达国家的历史经验表明，由于过分相信市场的力量，忽视政府对于人的需要和社会公平正义所应承担的责任，最终社会矛盾加剧，并且出现了"逆全球化"等长期性的负面后果。

其次，既要积极利用资本逻辑，又要引导和驾驭资本逻辑。自改革开放以来，中国逐步从十年"文革"那种空洞抽象的、乌托邦的、平均主义的冲动中平复，过渡到自觉利用市场和资本来发展生产力的阶段。历经 40 年的改革发展，中国取得了举世瞩目的伟大成就，这充分证明，改革开放的道路和方向完全正确，停顿和倒退没有出路。但与此同时，我们也要警惕资本逻辑威胁经济正义的两大特性：一是深层次的追求私人利益的秉性；二是弱肉强食、强者必霸的权力扩张性。经济全球化在实质上是资本逻辑在全球的演绎和扩张，而资本固有的剥夺性和霸权性使得经济全球化造成了全球范围内的经济不平等和贫富分化，并带来了跨国资本家阶级的剥夺性积累。

最后，要破除片面追求经济增长的发展观。党的十八大报告提出"五位一体"的总体布局，确立了经济、政治、文化、社会、生态文明全面协

① ［英］波兰尼著，黄树民译：《巨变：当代政治与经济的起源》，社会科学文献出版社 2017 年版，第 123 页。

调发展的理念。按照这一发展理念，经济增长应当与社会公平协调推进，这无疑体现出经济正义的要求。同样，党的十九大报告关于以人民为中心的发展观及新时代社会主要矛盾的论断都要求超越单纯“理性经济人”及其“唯 GDP 模式”。随着中国特色社会主义进入新时代，人民的美好生活需要日益广泛，正义特别是经济正义也日渐成为人们的自觉追求。在此意义上，经济正义的实现既是对人民美好生活需要的回应，又真正体现了社会主义超越资本主义的优越之处。尽管问题的解决并非一朝一夕之功，还存在诸多阻碍经济正义的现实障碍，但是，今日的中国无疑处于改革开放 40 年来距离共同富裕和经济正义最近的历史时刻。

第七章　自然观念

本章内容提示：40 年的改革开放历程不仅是一部中国人释放欲望、追求财富的历史，也是一部人与自然的关系不断被改写的历史，中国人的自然观念经历了历史性的变迁："人定胜天"的自然观念、在"天人关系"的反思中萌动的现代自然观念、把自然纳入商品体系而深度推进的现代自然观念以及党的十八大以来所确立的人与自然关系的新方位，即以自然与人的共生共存为根基的生态观念。对这一自然观念变迁的经济哲学反思不仅仅是一个思想史问题，更是一个社会历史实践问题，它内在地映射着中国现代性发育发展的历史，更深刻地寓意着这一历史的自我界划。

本章关键词：改革开放；自然观念；经济哲学；生态文明

中国改革开放 40 年的历史是一段活生生的现代性发生、发展与反思的历史，它不仅是一部中国人释放欲望、追求发财致富的历史，同时也是一部人与自然之间的关系不断被改写并深层推进的历史。中国人的自然观念在这一伟大历程中发生着波澜壮阔的历史性变迁，其本质地勾连于中国社会历史的自身运动，是中国人对自身生存方式进行反思的显现，是积极地对历史使命进行关怀的映射，是不断对生命意义进行追问的结果。由此对这一自然观念变迁的反思就不仅仅是对改革开放历程中经济活动变革的检查，同时也应当是经济哲学反思的题中应有之义。其重要意义在于：(1)自然并非人类社会历史之外的存在，它本质地勾连于人类社会发展的自我建构和自我反思；(2)人与自然关系的变迁深刻地折射出人类社会生产方式这一基础性叙事的进阶过程，与生产力、生产关系及交换方式形成历史进步的深层动力学；(3)自然的面相不断"被认识""被知识化"的过程，实际上就是中国现代性发育发展的历史过程，人与自然关系的矛盾运动就是现代性煎熬的运动；(4)对自然的人性观照深刻寓意着现代性的自我界划，从而为社会历史的未来走向和全新文明的开启提供存在论标尺。

"自然"概念在中国人的传统观念中扮演着重要的话域角色，勾连于以农业文明为主导的生产方式，人与自然的关系成为社会发展的重要决定因素，由此也成为解读中华文化内涵的一个符号。自改革开放以来，对自然的变革与在经济活动领域的变革一样波澜壮阔，中国人的自然观念在这里遭遇从未有过的冲击，对这一观念变革的经济哲学反思成为在历史大尺度中反思改革开放进程的重要思想坐标。

第一节　1949—1978年："人定胜天"的自然观念

从1949年中华人民共和国成立到1978年十一届三中全会，是中国人从解决政治问题转向解决经济发展问题的历史时期。这一对中华民族来说生死攸关、波澜壮阔的社会历史转向震荡着中国人延续了数千年的自然观念，即这一时期同时是从人与自然的"相对平静"状态转向"不安分"状态的历史时期。

一、中国人的传统自然观念沉浸于延续数千年"天人合一"的哲学程式中

天人关系是中国哲学中的基本问题，其中，"天人合一"构成其基本精神。在中国前现代社会的历史进程中，"天人合一"这一基本精神内居于中国人关于自然的传统观念。这里的"天"即"自然"之意，它在本质的价值意蕴中表现人对天地万物自身存在状态、生存方式的关怀和尊重。所谓"天地人物，皆同元始，共一宗祖。六合之内，宇宙之表，连属一体"①。"天人合一"思想的核心在于，人与自然是统一的，且构成一个有机存在的共生整体。人生于自然，关联于自然，人对自然的态度就是对自身的态度。这一观念可从以下两个方面来把握：

一方面，在中国的传统社会中，人们往往对自然产生一种敬畏感，这是对生存环境的敬畏，更是对生命本身的敬畏。在这种敬畏感中，道德被建立起来，尊重自然界的一切生命价值，爱护一切生物被看作人类的崇高道德职责。由此，面对自然，人内在地肩负着一种责任，即在自我生命的体验中同情他人和万物的生命，使得个人的生命与万物的生命合为

① 《道藏》第12册，文物出版社1988年版，第355页。

一体。这也是先民们往往将自身的生存和命运与天、地、日、月等自然万物的变换联系起来的思维导因,我们比较熟悉的"二十四节气"就是这方面的典范。

另一方面,在传统社会生产力水平低下的状况下,自然对人来说往往以一种恶的力量存在着,这种恶对人的生存境遇产生直接冲击,由此使人产生持续的忧患意识。这一由对自然的"无知"而产生的忧患意识带动着传统社会中人与自然之间挑战与迎战的生存格律,正是这一生存格律本质地催生出中国古代文明基本样态。中国传统社会中形成的河流文化正是这种人与自然不断交战的结果,并在这一过程中呈现哲学、宗教、艺术等的古代形式。

"天人合一"的自然观念承载着中国人对自然的传统价值导向,是生产力水平较低的情况下认知人与自然关系的思维方式。这种自然观在中国数千年的传统文化中占据着主导地位,并决定性地影响着中国人的行为方式。伴随着以生产力为基础的社会历史的发展,20 世纪 50 年代以来,中国社会产生了"人定胜天"这一自然观念,并辐射到社会发展和经济活动中,产生了相当大的影响。

二、1949 — 1978 年:特定历史时期产生了激进的自然观念

据《哲学大辞典》的解释,"人定胜天"意指人类通过自己的智慧和能

力，必定能够战胜大自然的决心和自觉认识。[①] 这种对于人与自然关系的认识有其思想渊源和基本特征，可从如下三个方面来探究：第一，“人定胜天”的思想与古代神话有着某种相关性，两者似乎都在一种单线式的思维通道中，凸显人自身强大的主观力量，并保持着强烈的理想主义狂热和绝对的自信力。中国古代神话中的“盘古开天”“夸父追日”等，都在以一种拟人化的形象思维把主观的努力与自然万物的改造相关联。第二，近代以来西方的主体性哲学观念冲击了中国人传统的思维方式，进而产生认识自然、改造自然和“控制自然”[②]的“胜天”观念。正如严复所说：“今者欲治道之有功，非与天争胜焉，固不可也。”[③]陈独秀也说：“人类以技术征服自然，利用以为进化之助，人力胜天，事例最显。”[④]第三，“人定胜天”观念在某种程度上是特定政治激情的表现和结果。近代西方已完成现代化的诸强国对当时中国的传统社会带来了巨大冲击，众多仁人志士在国家落后带来的惊讶中极受刺激，并逐渐获得清醒的报国热情，立志使羸弱的中国奋力赶超西方发达国家。这一强烈的政治要求透露出中国政治思想家为国家和民族奋力斗争的勇气和热血。

首先应当看到的是，“人定胜天”的自然观有着其自身的历史必然性和某种程度的合理性。这一自然观念体现了人与自然关系的矛盾斗争的一面，并强调了人在这一过程中的能动性地位。同时，这一观念反映

① 冯契主编：《哲学大辞典》（修订本·下），上海辞书出版社 2001 年版，第 1167 页。

② 加拿大生态马克思主义者威廉·莱斯在其著作《自然的控制》中提出“控制自然”的思想，并被认为是“当代有影响的意识形态”。参见[加]威廉·莱斯著，岳长龄、李建华译：《自然的控制》，重庆出版社 1996 年版。

③ [英]托马斯·赫胥黎著，严复译：《天演论》，北京理工大学出版社 2010 年版，第 97 页。

④ 乔继堂主编：《陈独秀散文》，上海科学技术文献出版社 2012 年版，第 15 页。

了中华人民共和国成立初期在“一穷二白”的物质基础上进行社会主义建设的强烈决心,反映出中国人进行自我改变的强烈愿望。实际上,在一个时期内集中国家各个方面的资源和力量,在某些重要的发展指标上努力赶超世界发达国家往往是落后或欠发达国家选择的发展战略。世界历史也已证明这种发展战略取得过积极的效果。于 1960 年动工,至 1967 年完工的“红旗渠”在太行山悬崖绝壁上、险滩峡谷中,削山拓路、临壑架桥,苦战近 10 年,建成了一条“人间天河”,有效地解决了河南林州的饮水灌溉问题。这正是人们在面对严峻的自然状况时所表现出的改变自我的抗争精神。20 世纪 70 年代,周恩来曾自豪地告诉国际友人:“新中国有两大奇迹,一个是南京长江大桥,一个是林县红旗渠。”集中力量办大事,在人与自然关系中显现出的能动性创造精神无疑是“人定胜天”的成果。

然而,理性的政治要求却在历史的实践过程中逐渐演变为一种偏向主观性的理想主义意愿,从而突破了人和物的自然规律性和历史特定性。“人定胜天”的观念获得非理性的规导,较为典型地体现在当时的社会经济活动中。在 1958 年掀起的“大跃进”运动中,我们提出了赶超式的发展模式,喊出了一些如“人有多大胆,地有多大产”“只要我们需要,要生产多少就可以生产多少粮食出来”[①]的浮夸口号。在这种改天换地的实践诉求中,人与自然的关系浸于一种“与天斗,其乐无穷;与地斗,其乐无穷;与人斗,其乐无穷”的“斗争哲学”中。自然已然成为人潜在意识里漠视和轻视的对象,自然本身的客观属性作为人与自然关系的前提被悬

① 中共中央党史研究室编:《中国共产党历史》第 2 卷(1949—1978)(上册),中共党史出版社 2011 年版,第 484—485 页。

隔，人在自然界中的位置被激情和热血冲上高位。人与自然的关系呈现一种高度紧张的状态，人以一种高傲的战斗姿态面对自然的规律性，人自身的主观意志在这一关系中被盲目放大了。

第二节　1978—1992年：处于萌动时期的现代自然观念

从1978年党的十一届三中全会到1992年开始推行社会主义市场经济是中国改革开放大胆探索、勇于创新的启程阶段。伴随着顶层设计的力量推动，从1978年开始，改革的观念如一股炽热的岩浆流入中国人世代劳作的安稳的土地，整个中国大地上萌动着现代性的气息，中国人推动民族和国家现代化的征程由此才历史性地真正开启。从这时起，人们生存地域的界限不断被突破，生活场所不断扩大，地域性的封闭和保守大大改善。与之相应，社会身份也逐渐从传统宗法伦理关系中的家族性符号转向以财产为轴心的交换主体的确立。对货币的追求取代对物件的珍惜，人们开始在金钱的刺激下热烈地与周遭的人和物发生交往。致富的欲望进一步带来竞争的思维、探索的意识和产权的观念，并由此成为社会变革和发展的强大驱动力。而"意识必须从物质生活的矛盾中，从社会生产力和生产关系之间的现存冲突中去解释"[①]。正是在这一市场社会的逐步生成和市场观念开始萌发的转变期，中国人的自然观念也随之发生了改变，开始受到现代性发育的冲击而进入现代自然观念的萌

① [德]马克思：《〈政治经济学批判〉序言》，《马克思恩格斯文集》第2卷，人民出版社2009年版，第592页。

动时期。

一、自然被视为工业化的质料

从1978年到1992年这一市场经济的酝酿期，经济增长成为现代化战略的中心任务，工业化成为现代化这一社会发展目标的重要组成部分。正是在推进工业化的过程中，自然开始被视为质料性的存在。中国人开始关注生产领域中对于自然的可加工性，开始关注日常生活中自然的可使用性，也就是开始关注自然在人类社会的物质丰裕、社会进步等方面所具有的质料性意义。自然从“天人关系”中走出而开始在“自然物”上被理解、被看待、被筹划，从而卷入以市场为本体的社会经济模式和以财富为轴心的现代权力体系中。

二、自然被视作现代化进程中需要被替代的落后符号

这一时期，现代化的不断推进带动了人们对未来生活的激烈想象和无限向往，从而开始在进步的相对意识中轻视传统社会中人与自然的关系，开始在时代观念的断裂中摒弃先前关于自然的敬畏感和责任感，将自然视作现代化进程中需要被替代的落后符号。传统社会中先前作为人类母亲形象的大自然所获得的敬畏感和崇拜感消失了，人向自然发出紧张的讯号，此类种种与西方现代性发育时的“圈地运动”“海洋战争”一样，都把自然视为一种必须被改造的、被转换的、仍处于落后状态的外部存在。中国传统社会中习俗意义上的人与自然关系的解读开始被解构，

前现代意义上的“天人关系”开始出现裂缝。中国人开始把自然纳入现代性发育的通道中来理解。

三、“科学的春天”驱使着人开始将自然视作被认知、被探索和被开发的对象

与十一届三中全会同年召开的全国科学大会带动了中国科技事业的全面复苏，这次会议也意味着“科学的春天”的到来。人开始在知识的体系中认识自然、筹划自然、开发自然。自然从之前作为人无限依赖的对象或者是绝对的战斗对象，转变为人类生产生活过程中的一个“有用性”环节，由此成为知识所建构的对象，成为科学所分析的对象，成为理性能力所运用的对象。自然作为客体被解读，并由此被展开为一个图景，即成为物的集合场所，自然物的本然性消失了。而人在经济利益的裹挟下开始用一种主体的对抗姿态筹划自然，使之服从财富欲望的追逐之路。在这种思维模式下，人类“对自然界的独立规律的理论认识本身不过表现为狡猾，其目的是使自然界服从于人的需要”[①]。

① ［德］马克思：《〈政治经济学批判〉（1857—1858 年手稿）》，《马克思恩格斯文集》第 8 卷，人民出版社 2009 年版，第 90—91 页。

第三节 1992—2012年:市场经济的深入推进带来自然观念的现代面相

从1992年确立社会主义市场经济到2012年党的十八大召开,是中国改革开放摆脱传统观念的束缚而快速发展的20年。正是在这个时期,中国的现代性发育进入波澜最为壮阔的阶段,同时也进入矛盾和冲突最为突出的阶段,中国人在饱尝现代化甜头的同时,也饱受着现代化进程的煎熬。伴随着这一现代性的二律背反,中国人的自然观念也呈现历史性的现代面相。

一、"属性的单一化":自然成为商品体系的一部分

现代性的发育与市场经济的产生和发展存在着本质性的勾连。可以说,正是在"自然经济"向"市场经济"的转换进程中,现代性才得以生长起来。同时在这一进程中,人的自然观念也发生转变,它意味着人与自然的关系被裹挟进市场力量中,不再停留于为追求物质丰裕的简单质料形态,而成为渴望得到市场认可而积极攫取的炙手"资源",自然作为重要部分而被纳入商品体系中流转。

1992年10月党的十四大明确提出了建立社会主义市场经济体制这一经济改革目标。从这时起,市场经济成为中国这一传统农业文明国家全新的资源配置方式和社会运转制度。市场的交换体系在更大的时空

范围、更透明的运转机制、更先进的交换媒介和更清晰的产权意识中逐步发达起来，几乎所有事物都以商品的形式卷入这个大潮中，人们逐利的欲望和致富的意识以前所未有的尺度被调动和激发出来。正是在这种社会变革中，人与自然的关系在市场化视域中被定义，自然同样被纳入可拆解、可交换、可分配的利益交割体系中，自然只获得一种属性，那就是商品的属性；自然也只有一种价值，那就是经济价值。

自然的商品化意味着自然获得了准确和精细的认识，工具理性把本然一体的自然以增值的最大化需要为标的而切割为原子式的单位，其中的每一单位都以最经济的方式服从于最大的利用效益。因此，关于自然的这种精准认识不是审美主义或浪漫主义的，而是经济主义和科学主义的。在这一商品化体系中，自然所承载的不再是整体维度的德行、理想和情感，而是单向维度的功能、利害和效益。"于是，就要探索整个自然界，以便发现物的新的有用属性，普遍地交换各种不同气候条件下的产品和各种不同国家的产品，采用新的方式（人工的）加工自然物，以便赋予它们新的使用价值。要从一切方面去探索地球，以便发现新的有用物体和原有物体的新的使用属性，如原有物体作为原料等的新的属性。"① 从现代性发育的角度来审视，自然成为商品，意味着它仅仅服从一个标准，那就是市场的标准。在这一标准的规约下，自然被还原为可置换、可通约、可分配的职能性存在。

① ［德］马克思：《〈政治经济学批判〉（1857—1858 年手稿）》，《马克思恩格斯文集》第 8 卷，人民出版社 2009 年版，第 89—90 页。

二、作为商品的自然被裹挟进现代资本的力量

马克思把在现代工业中形成的自然界看作真正的、人本学的自然界，但他明确说明，这是以“异化的形式”呈现出来的。“在通常的、物质的工业中，人的对象化的本质力量以感性的、异己的、有用的对象的形式，以异化的形式呈现在我们面前。”①自然一旦被视为商品，一旦仅仅从经济属性和交换价值的方面来看待，就意味着它必然遭遇资本力量的冲击，进而呈现自身的异化面相。从社会主义计划经济到市场经济，“市场”取代“计划”成为资源配置的基本制度、核心方法和主导理念，其内在的动力机制就是货币向资本的强力转换，资本逻辑逐步获得确证并不断展开。原在性的自然被放入“资源—货币—财富—资本”的运转系统中，成为资本增值的质料，并由此被改装、塑形和定义。

1992 年到 2012 年这 20 年市场经济的发育、发展，为之付出的自然环境代价是明显的。从“蓝蓝的天上白云飘，白云下面马儿跑”到“千里朦胧，万里尘飘，望三环内外，浓雾莽莽”，口罩这一在过去仅仅作为医生形象的物件一度成为国人花大力气囤积的货物；从“青青河边草，悠悠天不老”到“井水不犯河水，河水污染井水”，“90 后”在自然河水中嬉戏打闹的儿时记忆再也没有在“00 后”身上找到。乡愁，从承载着山清水秀的思乡之愁变成了无法忍受山秃水污的离乡之愁。同时，这一历史时期的一些重大生态事件值得我们关注。比如，大办乡镇企业在这一时期达到了

① [德]马克思：《1844 年经济学哲学手稿》，《马克思恩格斯文集》第 1 卷，人民出版社 2009 年版，第 192—193 页。

高潮，乡村到处点火生烟，土法炼焦、土法炼磺广泛普及，小煤窑石材厂、塑料厂等遍地开花，经济活力得到激发的同时是对乱砍滥伐的放任。原先的青山绿水逐渐变成荒山浑水，西部地区八百里秦川大多被污染，长江上游的各条支流几乎都受到不同程度的污染。这些风潮云起的乡镇企业大多数是通过透支生态环境来生存和发展的，自然资源的无序利用和环境的严重污染给人们的生产生活造成严重影响，同时也引起了广泛的关注。

在马克思看来，资本自身的生产方式内在地包含着对绝对生产力的要求，即资本在追逐自身的无限增值的过程中，诉求同样无限发展的生产力，这是受到资本逻辑运动决定性驱使的，是资本自身的历史性权利和任务。由此，资本所主导的生产方式要求普遍的物质交换，必然意味着对自然界本身的无度开发与破坏。“不是活的和活动的人同他们与自然界进行物质变换的自然无机条件之间的统一，以及他们因此对自然界的占有；而是人类存在的这些无机条件同这种活动的存在之间的分离。”① 自然遭受如此逻辑：资源—货币—财富—资本，这就意味着自然以市场赋予商品的合法性身份进入生产的工业化体系、交换的功能性体系、货币的流转性体系和资本的增值性体系。以此角度，一部中国市场经济发育史就是一部自然被抹去神秘和崇高色彩而获得世俗价值和经济价值的历史。

---

① ［德］马克思：《〈政治经济学批判〉（1857—1858 年手稿）》，《马克思恩格斯文集》第 8 卷，人民出版社 2009 年版，第 139 页。

三、人与自然的紧张关系开始被意识到

客观看待1992年到2012年这一市场经济不断深入推进的时期，中国人对于自然的态度并非完全是直线式的，对自然环境的恶化也并非是完全无感的。这一时期大量的生态事件在带来人们肉体不舒适的同时，也触及中国人现代发展观念的痛点。不可忽视的是，在改革开放的这一时期，人们已经发现自然在单向的经济车轮下所遭受到的碾压，伤痕累累的大地开始触及人们唯利的红色眼睛，大自然对人们社会生活和生命的无情报复迫使人们开始反省自身对待自然的不自然行为。在满目疮痍的大地上已经出现呵护自然、保护家园的呼声，对自然的单纯效益性和有用性观念开始发生转变。

这种观念的产生可以从2000年《经济日报》有关我国环境问题的两篇报道看出。在当年6月6日的一篇标题为《当前我国环境形势仍相当严峻》的报道中对我国的环境形势做出如下判断："我国环境形势仍然相当严峻。各项污染物排放总量很大，污染程度仍处于相当高的水平，生态恶化加剧的趋势尚未得到有效遏制，部分地区生态破坏的程度还在加剧。"该报道从"全国工业和城市生活废水排放量""我国主要河流有机污染""城市空气污染趋势""我国草地退化态势"以及"三峡库区自然生态环境"等具体方面论证了这一判断。而在12月20日另一篇题为《拯救呼伦贝尔草原》的报道中也揭示了我国草原环境的恶化过程，从："我国北方乃至东亚地区的重要生态屏障"到"寸草不生的黄色沙丘"，从"绿色净土、北国碧玉"到"大风起处，昏天暗地"，呼伦贝尔大草原退化沙化的现

状触目惊心。报道在剖析这一生态灾难的原因在于过度放牧等的同时，提到了人们的生态观念所发生的变革，指出其中一个重要原因即“长期以来，人们对自然资源和生态农业缺乏认识”。

“只有保护好自然环境，才能让社会发展可持续和更加健康”成为这一时期较为广泛的共识。与技术和经济的飞速发展、工业化进程的日益加剧相伴随，生产生活环境不断恶化的问题也已成为全社会最关心的问题。伴随着自然观念的这种变迁，努力营造舒适的生存空间、回归大自然的生活方式已经成为中国人的另一个热切期盼。人与自然的和谐关系在一定程度上被认识到。人们不再片面追求经济效益的大和快，而开始寻找经济与自然环境之间的平衡和协调。

第四节　2012年党的十八大以来：新发展理念下自然观念的新方位

如果把1978年提出改革开放的口号作为中国改革上半场的开始，那么可以说，中国改革的下半场是以2012年党的十八大胜利召开为起点的。这是因为，从这一次会议开始，中国改革的各个领域都进入了更具实质性、突破性和创新性的梯段，都在真切地发生着微妙却强有力的变化。而在与自然打交道方面，人与自然的关系则呈现更为紧迫的态势，同时，这一变化深刻地促进着人与自然的关系向着更高界面发展，中国人的自然观念伴随着新发展理念的提出而呈现新历史方位。

一、“生态文明”被提高到社会主义建设总体布局的高度

自党的十八大以来，以习近平同志为核心的新一届党中央从中国特色社会主义事业全面发展，实现伟大“中国梦”的战略高度着眼，并站在人类文明发展的新高度，对生态文明建设提出了更为创新、更为科学、更为深刻的思想和观点。中国特色社会主义总布局实现了从“四位一体”到“五位一体”的转向，生态文明被提高到社会主义建设总体布局的高度。2013 年 7 月 18 日，习近平致电生态文明贵阳国际论坛 2013 年年会，明确指出：“走向生态文明新时代，建设美丽中国，是实现中华民族伟大复兴中国梦的重要内容。中国将按照尊重自然、顺应自然、保护自然的理念，贯彻节约资源和保护环境的基本国策，更加自觉地推动绿色发展、循环发展、低碳发展。”①这是对建设美丽中国和开创生态文明新时代的伟大宣言，是对人与自然关系的重要哲学反思和理论创新。

其一，生态文明的提出是对工业文明的反思，且本质上又是以人与自然的关系为通道的现代性反思方案。资本主导下的现代工业文明以现代形而上学为思想基础，其实质上是一种“主客分离”的二元认知模式，强调在理性的基础上主体对客体的能动性，即人类通过主体力量来实现对客体世界的认识和控制。这种主体性哲学高扬人的能动力量，对人能够认识自然规律、改造自然事物有着无比坚定的信仰。历史已经告诉我们这种工具理性下的自然观念所带来的现代恶果。生态文明理念

① 习近平：《携手生态良好的地球美好家园》，《人民日报》2013 年 7 月 21 日。

的产生和发展就是对工业文明反思的理念创新，是一种全新的生产方式、生活方式和思维模式。将生态文明提高到社会主义建设总体布局的高度，其意义并不仅仅局限在探索人与自然关系异化的解决方案，更重要的是在于提供一种对现代资本体系下以工业文明为主导的发展方式的反思方案。

其二，生态文明内在地要求“美丽中国”的生产方式，追求实现经济发展与生态保护之间的辩证关系。走向生态文明的新时代，内在地要求“美丽中国”的生态愿景。这一愿景的实现，首先意味着生产方式的内在变革，即用生态文明的理念改造传统的工业经济，寻求实现现代化的最有效路径、最小的时间成本和资源环境成本。“美丽中国”建设意味着承认并遵循自然应有的主体性和文明性，摒弃“人类中心主义”的工业文明价值观以及大量生产、大量消耗、大量排放的工业化模式，运用生态文明的理念和技术等对工业文明社会下人类生产方式及其组织运行系统进行生态化改造，使经济增长与生态环境退化脱钩。实际上，自十八大以来，以低碳、低耗能、低排量等生态价值要求为导向的生产方式在更深程度和更广意义上被接受和践行。

其三，生态文明内在地要求“美丽中国”的生活方式，追求美好生活与自然生态之间的和谐统一。“美丽中国”的生态愿景也是中国人民对美好生活的向往。自党的十八大以来，“绿色”“低碳”“环保”“生态”等一些新观念逐渐成为人们日常的口头习语，并成为中国人广泛流行的生活方式。对自然生态的讨论和深思渐渐代替了对环境问题的事不关己。2017 年 8 月 7 日的《光明日报》发表了题为《绿色发展绿色生活是民心所向》的调研报告。从中国西南地区贵州普定县“用‘生态疗法’实现‘绿色脱贫’”到广东广州市东濠涌地区的“臭水河变清水河的见证者”，从河南洛阳地区用绿色发展“守住城市的灵魂”到黄土高原的泾川县坚持植树造林而终于“播绿从不负人心”成为甘肃实现绿化第一县……这些变化最真切地表明：自党的十八大以来，良好生态环境正成为人民生活质量的增长点，正成为经济社会持续健康发展的支撑点，正成为我国良好形象的发力点。绿色发展和绿色生活已经成为广大人民广泛参与的生活方式，成为新时代的社会价值取向。

二、“绿色发展”：新时代五大发展理念的历史选择

“生态文明”提高到社会主义建设总体布局的高度，本质地规定了中国社会转型的总体方向，内在地要求对发展这一时代主题的反思。从这一总体布局出发，十八届五中全会提出了“创新”“协调”“绿色”“开放”“共享”五大发展理念，“绿色发展”被纳入新时代社会发展的关键一环，标志着中国特色社会主义生态文明理念向纵深发展。对此，可以从以下三个方面把握：

其一，关乎生态文明的“五大发展理念”是马克思主义发展哲学的当代新形态，“绿色发展”则是唯物史观在新的历史条件和价值诉求中关于人与自然关系的新定义，是被把握在思想中的生态哲学。在这一发展理念中，过去那种片面追求速度且粗放型的经济增长模式所带来的弊端和代价被更为清晰地认识到，先前一段时期那种对自然的敌视态度和掠夺行为逐步转变为对自然的亲和态度和保护行为。人不再以一种高傲的主人的姿态面对自然，而代之以敬畏和谦卑；不再是自然物

格的旁观者、认识者和开发者，而代之以自然人格的关联者、呵护者和同在者。“这就是说，自然界是人为了不致死亡而必须与之处于持续不断的交互作用过程的、人的身体。”①由此，自然的内在多元属性和综合价值扬弃了单一的商品属性和经济价值，由此充分地展露出自身所具有的厚度、宽度和广度。自然不再仅仅被看作纯粹客观的、在人之外的、非生命的事物，而是与价值、意义、情感等生命事物所内含的维度相关联。

其二，“绿色发展”是五大发展理念这一整体中的重要组成部分，其与“创新”“协调”“开放”“共享”之间是辩证统一的关系。同时，应在“两点论”与“重点论”相结合的意义上看到，“绿色发展”决定了发展的方向，是加快推进生态文明建设进一步深化，也是社会发展走向未来的新路径。追求绿色这一发展方向并不是要摒弃创新的动力、协调的方法、开放的战略和共享的归宿。创新要以不破坏生态环境为前提，协调也是包括生态环境在内的协调，开放应当以守护绿色家园为基础，只有绿色可持续发展才能实现成果的共享。在以五大发展理念引领社会进步和民族复兴的进程中，内含着如下理念：被工业文明固化和锁定的价值理念、行为模式和制度安排等被生态化地改造和绿色提升。“绿色发展”是实现生产发展、生活富裕、生态良好的文明发展道路的历史选择，是通往人与自然和谐境界的必由之路。

其三，“绿色发展”这一理念的关键是要正确处理好经济发展与生态环境保护的关系，牢固树立保护生态环境就是保护生产力、改善生态

① ［德］马克思：《1844 年经济学哲学手稿》，《马克思恩格斯文集》第 1 卷，人民出版社 2009 年版，第 161 页。

环境就是发展生产力的理念。改革开放的今天，我们全部工作的中心仍是稳步推进经济建设，这在发展方向上就是要将绿色发展的理念、制度、方法融入中国社会现代化发展的进程中去。新的历史时期，关于人与自然关系发展的种种新思想、新观点、新理念成为十八大以来这一绿色发展模式的指挥棒。2016 年 12 月 27 日的《经济日报》报道了“绿色发展十件大事”，列举了我们在“绿色发展”过程中落实的重大现实问题。无论是环境保护税法等顶层设计的千呼万唤始出来，还是河长制、环评制度等改革举措不断向纵深推进，抑或是中央环保督察“利剑出鞘”、新能源骗补企业遭严厉查处、环保产业不断发展壮大，都让我们看到了在经济发展与自然环境矛盾日益突出的情况下，中国人在生态文明建设中凝聚共识、汇集能量，经济发展与生态保护之间的统一不断被认识、被践行。

总之，新的时期，“五大发展理念”的提出实质地总结了以往发展进程的经验和教训，并反思性地开拓了中国特色社会主义生态文明发展的新走向、新局面和新境界。人与自然的关系得到更为丰富和深刻的理解，中国人的自然观念发生了前所未有的变化，生态思想扎根脑海、深入人心，并获得生命的意义。

三、生态即生命：新时代自然观念的存在论转向

党的十八大将生态文明建设提高到前所未有的高度，认识到“生态就是生命”的深刻内涵。伴随着绿色生活方式吹进寻常百姓家，对生态的关注成为与人们息息相关的发展问题，人们开始在关爱生命的意义上

关爱自然生态，在挽救生命的意义上治理自然生态，在提高生命质量的意义上改善自然生态。

恩格斯在《自然辩证法》中的告诫依然有效："我们不要过分陶醉于我们人类对自然界的胜利。对于每一次这样的胜利，自然界都对我们进行报复。"①当生态问题作为生命本身的问题来与人照面，先前对自然的效益态度和资本态度便发生转折，自然不再以质的齐一性和单纯的外在有用性呈现在人面前。而在哲学问题域的转化中，自然本身作为知识论中的认识对象和改造对象便被扬弃了，升华为存在论意义上与人处于原初关联的生存对象。由此，自然不再是那种原在的本真状态被忽略的外在之物，而成为一种被整个人类生命领域以敞开的状态所接受的自我之物。于是，人与自然的关系便具有了生命存在意义上的整体主义维度。自然界是人的自然界，"被抽象地理解的、自为的、被确定为与人分隔开来的自然界，对人来说也是无"②。同时，人也是自然界的人，是现实的、肉体的、站在坚实的呈圆形的地球上呼出和吸入一切自然力的人。相反，人对自然的破坏就是对人自身生命的破坏，如马克思所说："土地所有者剥削地球的躯体、内脏、空气，从而剥削生命的维持和发展的权利。"③生态即生命，即自然获得了生命的意义，并以此进入了人的价值体系、情感体系和意义规定。生态文明成

---

① ［德］恩格斯：《自然辩证法》，《马克思恩格斯文集》第 9 卷，人民出版社 2009 年版，第 559—560 页。

② ［德］马克思：《1844 年经济学哲学手稿》，《马克思恩格斯文集》第 1 卷，人民出版社 2009 年版，第 220 页。

③ ［德］马克思：《资本论》第三卷，《马克思恩格斯文集》第 7 卷，人民出版社 2009 年版，第 875 页。

为当下中国人践行自身发展道路，以此开启人类历史新文明可能性的努力目标。

党的十九大深刻地提出，把“坚持人与自然和谐共生”作为全面贯彻落实新时代中国特色社会主义思想精神实质和丰富内涵的重要工作之一。大会明确提出：人与自然是生命共同体，人类必须尊重自然、顺应自然、保护自然。人类只有遵循自然规律才能有效防止在开发利用自然上走弯路。人类对大自然的伤害最终会伤及人类自身，这是无法抗拒的规律。中国人要建设的现代化是人与自然和谐共生的现代化，既要创造更多物质财富和精神财富以满足人民日益增长的美好生活需要，也要提供更多优质生态产品以满足人民日益增长的优美生态环境需要。党的十九大对生态文明的报告是建筑人与自然关系深入解读的全新理念，是建设人与自然和谐发展现代化的全新格局，是关于未来中国建立人与自然关系更高界面的全新定位。

这意味着，中国人贯彻绿色发展理念的自觉性和主动性显著增强，忽视生态环境保护的状况明显改变。实际上，全面建设生态文明，就是要除去人性中过度自私和最大化追求物质利益的“杂质”，唤醒人性中的生态良心和生态意识。把“生态”置于“生命”的意义上来理解，不仅遵从“经济理性”，也要遵从“生态理性”，回归多面人性，推动人从“经济人”到“生态文明人”的转变，实现人格的净化，促进人的自由全面发展。生态即生命的自然观念，意味着尊重自然、尊重生命、尊重规律成为社会文明发展的价值标尺，意味着人与自然的关系在共生共荣的生存境域中被自觉到，意味着“人与自然的和解”“人与人的和解”的历史可能性本质地发生了。这种自然观念越是稳固，“人们就越是不仅再次地感觉到，而且也认识到自身和自然界的一体性，那种关于精神和物质、人类和自然、灵魂和肉体之间的对立的荒谬的、反自然的观点，也就越不可能成立了”[①]。

① ［德］恩格斯：《自然辩证法》，《马克思恩格斯文集》第9卷，人民出版社2009年版，第559—560页。

第八章 金融观念

本章内容提要：金融是现代经济的核心，现代性的金融观念则是当代经济社会的核心观念之一。中华人民共和国经历了成立初期的金融观念萌芽，到改革开放后中国特色社会主义市场经济金融体系的逐步建构，再到党的十八大、十九大以来国家金融观念的全面发展，正朝着以实体经济为坚实基础、具备“四个自信”的现代化强国的“务实性、开放性、整体性、普惠性和安全性”金融理念的“大国金融”迈进。对改革开放40年来的金融观念进行梳理、反思和建构，正是为了更加科学规范、系统完备和运行有效的新时代中国特色社会主义制度理论体系建设。

本章关键词：金融观念；金融理性；大国金融；金融本质

“金融是现代经济的核心。”金融观念是当代经济社会的核心观念之一。通过货币这一中介，人类达成了社会大分工的井然有序；通过货币金融市场，人类整合了社会资源并实现了“价格发现”；通过资本金融的信用再创造，人类创设了股权、债权、期货和保险等基础性的金融合约。对金融市场不确定性因素的理解程度决定了人们对金融观念理解的成熟度。英国前央行行长、经济学家默文·金曾指出:“极端不确定性不仅是理解货币与银行的关键,同时也是从整体上理解金融市场的关键。纵观近代经济史,在受谴责、受尊崇、受责难等角色间辗转往复的就是市场,总是有各路政客在遇到经济问题时,用义愤填膺的语调,声称市场不理解他们的政策。”①其主要用意是在提醒当代人,应该用正确的金融观念,寻求如何利用市场、回避市场不确定性、发挥市场功效以促进社会经济发展才是关键。党的十九大报告指出:“必须坚持和完善中国特色社会主义制度,不断推进国家治理体系和治理能力现代化,坚决破除一切不合时宜的思想观念和体制机制弊端,突破利益固化的藩篱,吸收人类文明有益成果,构建系统完备、科学规范、运行有效的制度体系,充分发挥我国社会主义制度优越性。”②对改革开放 40 年来的金融观念进行梳理、反思和建构,正是为了建构更加科学规范、系统完备和运行有效的新时代中国特色社会主义制度体系。

第一节　金融观念的范畴解读

无论你知不知道、愿不愿意、在不在意,金融观念都成为当代人突破刚性约束、拓展经济空间并获得资产性收入的重要理念。金融最初把个人、家庭、团体等社会储蓄转化成个人、企业和国家的投资项目,起到服

① [英]默文·金著,束宇译:《金融炼金术的终结:货币、银行与全球经济的未来》,中信出版社 2016 年版,第 142 页。

② 习近平:《决胜全面建成小康社会 夺取新时代中国特色社会主义伟大胜利——在中国共产党第十九次全国代表大会上的报告》,人民出版社 2017 年版,第 21 页。

务商业经济、工业经济的辅助和纽带作用，由货币作为重要的支付手段，进而呈现金融的三个最重要的基础功能："一是价值的跨时期转移；二是就未来结果达成契约和权利；三是可转让性。"[①]金融的数千年发展迎合了各个历史时期的社会经济发展需要，由此也丰富了整个社会的金融知识，但拥有金融知识并不等同于拥有了现代金融观念。应该说，对金融的三个基础功能的理解程度和实践运用能力是现代性金融观念的核心。

一、金融观念的历史变迁

整个金融发展史既是金融危机史，又是金融创新史，更是金融观念不断迭代的历史。从货币、债券、银行、贷款、保险、股票、期货、期权等的发明和运用，可以看出这是一部人类积极探索、变革和优化社会资源配置的观念史。从传统金融到现代金融的观念变迁主要表现在资本金融理念与传统借贷理念的区别：资本金融在于以流动性为核心的信用创造，在于信用体制下的直接融资机制；而传统借贷只是利用钱庄、银行等中介机构的间接筹资体系。全球信用货币时代，直接融资模式、投行业务模式、风险投资模式加上保险市场的快速发展，让资本的信用化成为资本金融的实现条件，资产证券化成为此后资本市场的主要特征。传统融资模式与表外融资模式必然存在冲突。世界货币基金组织全球原副总裁朱民认为："融资与筹资的矛盾，本质上是虚拟经济和实体经济之间

① ［美］威廉·N. 戈兹曼等著，王宇等译：《价值起源》，北方联合出版传媒公司 2010 年版，第 14 页。

的矛盾。”[①]在他看来，融资的信用扩张即代表虚拟经济规模的膨胀，而筹资的规模扩大则源于实体经济的真实发展，显然两者之间存在矛盾。信用经济发源于实体经济的劳动价值，又是实体经济的对象化存在，通过虚拟化的信用交易过程凸显了信用化经济的资本金融特征。传统金融观念下实物财富的有限性构成了对筹资规模的限制，而现代金融观念下由信用虚拟货币的发明所形成的信用货币体系是一种自适应系统，用资本金融的经济空间扩张方式开拓了融资规模的无限性可能。因此，现代性金融观念下所生成的资本金融货币体系正是传统金融观念突破后的“三位一体”金融资本对金融体系自我信用的再创造。

二、金融创新与金融内化

金融创新是“人类追求自由意志的定在”[②]，金融化世界的到来与最近四十多年来的金融创新高潮是分不开的。

（一）金融创新的特点与功能

金融创新具有以下几个特点：其一为虚拟产品化。相对于工业化产品的实物化的创新，金融创新的产品都是虚拟化的金融工具，不具有实体的定在，却控制了实体产品的价格、收益、流动性、波动性、风险度等关键因素，迎合了人们对金融产品的多样性需求。其二为合约化。用纸面的契约形式、电子化的交易方式，突破了实体产品的技术障碍，实现了经

① 朱民等：《改变未来的金融危机》，中国金融出版社 2009 年版，第 217 页。
② 张雄：《金融化世界与精神世界的二律背反》，《中国社会科学》2016 年第 1 期。

济层面的通约化。其三为跨越时空化。金融创新既可以把未来收益贴现于当下，又可以将当下债务锁定于未来支付。

国际清算银行在 1986 年曾对金融创新进行了总结[①]，得出了比较公认的金融创新的四大功能：一是风险转移功能，即用创新的金融工具将自身所承担的风险部分或者全部地转移给市场；二是流动性增强功能，即通过资产证券化等方式将一种或者多种资产以一定的价格变现的功能；三是信用创造功能，即用金融创新提高参与主体和部分产品的信用评级，从而实现更大的信用产品创造；四是股权创造功能，是类似可转让债券的创新（债转股的多样选择性），挖掘了市场更大的融资潜力。

（二）金融内化的特点

金融化世界最典型的特征之一是生活世界的“金融内化”。这也正是现代金融观念日渐浸入人们日常生活的过程。从个体自利的经济理性到群体追逐的金融理性呈现脱域性的发展，个人、企业、国家乃至整个社会都被“金融内化”，成为金融化生存世界的特有范式：个人深陷“读秒抉择”的财富幻境，企业步入金融叙事化的市值博弈，国家囿于金融市场的“牛熊市”，社会充斥着金融报价的价值迷幻；个人唯金融资产性收入、企业唯市值和股票溢价、国家唯 GDP 增长率、社会唯金融资产规模。“金融内化”的单向度追求考问着人类精神自由度的伸张。“显然，生命‘金融内化’的严重后果在于，它直接导致人类对生命意义及价值认知的颠倒，金融转让价值似乎永远高于生命价值。”[②]

① 高海红等：《国际金融体系：改革与重建》，中国社会科学出版社 2013 年版，第 208 页。
② 张雄：《金融化世界与精神世界的二律背反》，《中国社会科学》2016 年第 1 期。

三、现代金融观念的主要特征

金融理性观念除了具备经济理性观念的“寻求确定性、寻求内在一致性的理性化能力；理性是以追求自身利益的推断来表示的；从‘手段理性’到目标函数极大化的理性”[①]三个主要特征外，至少还有如下五大特征：

（一）垄断性

资本自诞生以来就具备了垄断性，正是绝对垄断与自由竞争的矛盾统一性成为资本主义发展的原动力。正如希法亭在《金融资本》一书中所阐述的：“因为产业资本是圣父，它生下商业资本和银行资本作为圣子，而货币资本则是圣灵。它们是三位，但在金融资本中却是一体的。”[②]这个过程就是源自产业资本、商业资本的卡特尔、托拉斯、辛迪加之经济理性最大化开端，发展到三位一体的金融资本的经济理性极致化。美国商业银行与投资银行业务分分合合的发展史可以说是金融机构运用现代金融理念谋求其垄断性进行竞争的明证。

（二）精算性

在当代金融化背景下，若想获得经济理性的极致化，必然离不开对“或有权利”的价值评估。现值分析就是利用数学的运算能力，将“或有

① 张雄：《市场经济中的非理性世界》，立信会计出版社1995年版，第27、28页。

② ［德］鲁道夫・希法亭著，福民等译：《金融资本》，商务出版社1994年版，第247页。

权”资产的时间价值考虑进去以后折算为现值的分析方法，在现有已知条件下，考虑时间价值、进行“或有权”风险性评估的精算能力成为金融理性观念的重要特征之一。

（三）杠杆性

高效率一直是人类经济发展进程中的主要追求，发生在金融市场的大多数金融创新正是高效率利用金融资本逻辑的延续。从国债市场、股票市场、保险市场和房产市场的杠杆性财务应用，到商品期货、外汇期货、股指期货、期权等金融衍生品市场的高倍杠杆性，都充分展示了金融理性特征。进入21世纪，金融观念的普及与金融市场的广泛参与让人们越来越意识到，认识杠杆、利用杠杆、巧用杠杆已经成为利用社会资源和获得社会财富的重要手段之一。

（四）套利性

证券化的产品创新、契约化金融工具的建构、计算机技术与数学模型的充分利用，加上高杠杆率的价值偏好等金融理性观念的转变都呈现最大化套利是金融化社会资本的唯一目的。金融化背景下的金融套利特点更加明了、更加直接、更加贪婪地集中在了虚拟财富的数量增长上，那就是信用最大化、市值最大化、货币财富最大化。

（五）高流动性

高流动性是资本金融的生命力。马克思曾指出：“作为资本的货币的流通本身就是目的，因为只有在这个不断更新的运动中才有价值的增殖。"①所以，金融资本如果想达到经济效益最大化，就必须利用一切技术手段，保证金融市场的流动性。

总之，金融观念对国家而言，是依托财政、税收、军队等综合国力，进而运用和驾驭货币政策的理念与能力；对企业组织而言，是寻求技术创新与金融叙事的融合度；对个人而言，就是寻求自我市场直觉与市场大趋势之间的契合度。

第二节 中国现代性金融观念的萌芽与发展

源自农耕文明的中国自古以来就重农轻商，现代性金融观念不可能在 1949 年前，也不可能在计划经济市场模式下产生和发展，只能是在改革开放商品经济繁荣发展到一定阶段，在中国特色社会主义市场经济实践过程中逐步生成和发展起来。

一、改革开放前金融改造阶段的主要特点

中国人民银行的成立是中华人民共和国金融业发展的起点。具备人民币发行职能的中国人民银行是于 1948 年 12 月在华北银行、北海银行及西北农民银行的基础上成立的。1949 年 10 月以后，在此基础上对

① 《马克思恩格斯文集》第 5 卷，人民出版社 2009 年版，第 178 页。

国民党统治时期的“四行、二局、一库”[1]进行了接管，取消了在华外商银行的特权，对民族资本金融业进行整顿和改造。1949 年至 1965 年这段时期是中华人民共和国金融业的重要发展时期，从中国农业银行经历了三次成立和三次撤销[2]可以看出社会主义建设初期国家对金融业态度的波动性。中华人民共和国成立初期，中国实行了社会主义计划经济模式。计划经济背景下，“人人为我，我为人人”地追求绝对化“平均主义”似乎带来了相对公平的社会政治经济地位，但人们先入为主地认为金融是“邪恶的”，商人的“无商不奸”与“投机倒把”都是令人厌恶的。这个时期，中国民间对金融的普遍感知至少有以下三个特点：其一，集体无意识。金融可有可无，人们从来没有把金融当成生活中最重要的指导思想，居民除了现金和存款外，没有其他任何金融资产。其二，不认为金融有积极的功能。人们只是把金融等同于消极的欲望之“利器”，是腐朽的资产阶级获利的手段。其三，利用资产投资牟利是资产阶级思想。因为在计划经济条件下，老百姓没有想到把货币变成资本或者去投资，货币只是生活必需品的兑换凭证，最多能想到利息收入。从国家层面来看，一方面，中国人民银行的职能特别集中，其集央行、政策银行和商业银行的职能于一身，却主要是履行国家财政的出纳职能；另一方面，整个社会信用规模非常小，只存在企业与国家银行之间的信用关系，企业间的相互信用关系基本被禁止。

---

① 即中央银行、中国银行、交通银行、中国农民银行、中央信托局、邮政储金汇业局和中央合作金库。

② 分别为 1951 年成立、1952 年撤销，1955 年成立、1957 年撤销，1963 年成立、1965 年撤销。

二、改革开放政策驱动下金融体系的四大建构

在1979年以前，中国的金融业基本上处于一种明显的金融抑制状态。人民银行一统天下，银行体系行政性等级制度严格；信用的唯一载体是国家银行，基本没有其他方式的信用和融资关系存在；整个社会经济资源，包括基础货币都由国家统一配置，缺少市场化的金融交易机制和制度。如此集中的计划管理和严格的行政约束下的传统金融体系的种种弊端随着经济体制改革的起航和改革开放的逐步深入而显现出来，“摸着石头过河”的金融体制改革出现了四大建构：

（一）成立国家外汇管理局

为适应对外开放和外贸体制改革的要求，加强和改善外汇宏观调控和搞活外汇管理，1979年2月，国务院批准设立国家外汇管理总局，明确其职责为管理全国外汇业务。同年3月，国家外汇管理局根据商品经济发展和经济体制改革的实践需求，沿着逐步缩小指令性计划用汇、不断培育和增强市场机制在配置外汇资源中的基础性作用的方向进行转变，逐步建立起适应社会主义市场经济要求的外汇管理体制。

（二）设立商业银行

“1979年10月4日，在中共省、自治区、直辖市党委第一书记座谈会上谈经济工作时，邓小平提出，银行应该抓经济，现在只是算账、当会计，没有真正起到银行的作用。银行要成为发展经济、革新技术的杠杆，要

把银行真正办成银行。在这一思想的指导下，中国拉开了金融改革的大幕，进入了有计划、有步骤地进行金融体制改革的新时期。”①“银行真正办成银行”的理念促进了改革开放后银行业的进一步发展。随着中华人民共和国在1980年4月和5月分别恢复了在国际货币基金组织和世界银行的席位，中国人民银行的职能也开始逐步转化。1983年9月17日，国务院《关于中国人民银行专门行使中央银行职能的决定》指出：自1984年1月1日起，中国人民银行不再办理针对企业和个人的信贷业务，成为专门从事金融管理、制定和实施货币政策的中央政府机构。它标志着我国金融体制向市场化方向的一次根本性转变，随后逐步剥离出工商银行、建设银行、农业银行、中国银行等国有商业银行的专业银行业务。

（三）确立金融业的定位——竞争性的经济服务行业

在强化了人民银行作为中央银行的职能后，国有商业银行等专业银行和其他金融机构的商业化、企业化、股份制经营是必由之路。“1986年7月，重新组建全国性综合银行——交通银行，它是我国第一家股份制商业银行，也是按照市场化改革导向迈出步伐最早的银行机构，在银行业的制度创新方面开了先河。随后陆续组建了一些综合性银行和商业银行，如中信实业银行、深圳发展银行、福建兴业银行、烟台住房储蓄银行、蚌埠住房储蓄银行等。”②人民银行作为央行的职能转变后，以商业银行为主的金融业就转变为服务经济实体的竞争性行业。

---

① 纪崴：《新中国金融大事记》，《中国金融》2014年第19期。

② 文炳勋：《新中国金融体制的历史演进》，《中共党史研究》2016年第4期。

（四）多层次金融市场建构

随着经济体制改革的推行，需要改革开放经济政策的深入落实，需要解放思想，需要金融观念的成熟，需要多层次金融市场的建设。1979年4月25日，中国人民银行发出《关于恢复国内保险业务和加强保险机构的通知》。11月19日，中国人民银行在北京召开了全国保险工作会议，停办二十多年的国内保险业务终于复业经营。1979年底，国务院批准成立中国国际信托投资公司，作为吸收外资的专业机构；成立经济特区的专业银行、外资银行和中外合资银行等金融机构办理外汇业务，其他专业银行也可适当经营部分外汇业务。①

这一时期中国资本金融体系主要在以下几个领域逐步完善起来：

1. 证券市场

1990年12月19日，上海证券交易所（简称"上交所"）开业，当日有30种证券产品上市，包括5种国债、8种企业债、9种金融债和8只股票（俗称"老八股"）。1991年7月3日，成立于（试营业）1990年12月1日的深圳证券交易所（简称"深交所"）正式开业。上交所与深交所的开业标志着全国证券市场由分散交易走向集中交易，拉开了中国证券市场的序幕，为随后国企改革的"抓大放小"股权改革奠定了市场基础。

2. 期货市场

郑州商品交易所成立于1990年10月，于1993年5月28日正式推出标准化期货合约交易，实现了国务院确定的由现货市场起步向期货市

① 纪崴：《新中国金融大事记》，《中国金融》2014年第19期。

场发展的目标。1991 年 5 月 28 日上海金属商品交易所开业。大连商品交易所成立于 1993 年 2 月 28 日。

3. 保险市场

1988 年 3 月 21 日由招商局蛇口工业区和深圳工商银行合资成立的平安保险公司，资本金为 4 500 万元人民币，是我国第一家股份制地方性的保险企业，1992 年 9 月 29 日更名为中国平安保险公司。1991 年 4 月 26 日，交通银行保险业务按分业管理的要求，组建了中国太平洋保险公司。

4. 人民币汇率

1994 年 1 月 1 日，人民币汇率实现并轨。人民币官方汇率与外汇调剂价格正式并轨，开始实行以市场供求为基础的、单一的、有管理的浮动汇率制。人民币汇率并轨一次贬值到位，为中国商品赢得世界市场抢得了先机。

5. 货币市场

1996 年 1 月中国人民银行正式建立同业拆借市场，并公布全国同业拆借市场加权平均利率（CHIBOR），开启利率市场化改革；2007 年推出了作为基准利率的上海银行间同业拆借利率（SHIBOR），进一步推进了利率市场化改革。

6. 中国金融监管体系逐步完善

1992 年 10 月，国务院证券委员会（简称“国务院证券委”）和中国证券监督管理委员会（简称“中国证监会”）宣告成立；1998 年 11 月，中国保险业监督管理委员会（简称“中国保监会”）成立；2003 年 4 月，中国银行业监督管理委员会（简称“中国银监会”）成立。

股票市场、期货市场、保险市场、人民币汇率市场、货币市场等金融市场的建立标志着国家产权政策、股权意识、金融观念的逐步形成，而“一行三会”监管机构的设立则标志着中国金融监管体系的逐步完善。

三、市场经济体制下从财富观念到金融观念的四大转变

经过十余年的社会主义经济体制改革，1992 年底召开的党的十四大确定了建立社会主义市场经济体制的指导思想，将改革开放和社会主义现代化建设推进到了一个新的发展阶段，此后，中国金融资本市场拉开了迅速发展的大幕。随着金融市场体系初步建立和发展起来，在稳步融入国际市场的过程中，我国成功抵御了亚洲金融危机和 2008 年国际金融危机的冲击。国内金融市场诸多体制创新、制度创新、金融创新纷纷出场，从外资、合资企业的大量引进到民营企业的大量涌现，从企业产权的国退民进到对股权的管理层收购（MBO）实验，再到股权分置改革试验，中国经济融入国际化市场观念开始发生重大转变。

这一时期，中国经济社会的金融观念至少有四大转变：

（一）从实物资产到储蓄资产的转变

在传统财富观念中，囿于长期的物资匮乏，人们生活必需品的实物资产成为社会的主要财富追求形式，老百姓的主要财富大多数用稀有的实物资产“藏”起来保存，以备不时之需，谋求未来之“大用”。进入市场经济时期，计划经济下的粮票、布票等有价票证的职能统统归属人民币，人民币成为中国经济“一切价值的公分母”。人民币的通约性可以使货

币的财富储蓄功能成为资产储存的主要功能，而节约和储蓄成为勤俭持家的优良传统。存钱和储蓄是老百姓未来购买力的表现形式。因此改革开放初期，尽管经历了“物价闯关”所带来的通货膨胀商品抢购潮，但是随后的大量商品滞销也让很多抢购的人叫苦不迭，认识到了“现金为王”的道理，存钱能生钱的储蓄资产意识逐步发展：人们意识到储蓄资产能带来利息收入，可以将收入储蓄到银行，不仅保留了未来应对风险的能力，而且能够带来一定的增值。

（二）从劳动收入到资产性收入的转变

改革开放初期，劳动工资性收入是居民的主要收入形式，多劳多得是主要的社会财富分配激励模式。但是现代市场经济社会的通货膨胀会导致储蓄资产大幅贬值，尽管名义工资性收入也相应水涨船高，但货币幻象的存在必然呈现在劳动收入上真实购买力的大幅缩水。20 世纪 80 年代后期，中国社会的产权意识开始萌芽和迅速发展，企业产权的变革既有成功的案例，包括鲁冠球的万向钱潮、柳传志的联想、王石的万科等后来上市的公司，也有不成功的案例，如邓韶深的万宝等迅速陨落的公司。[①] 国债、股权、产权、企业债权、期权等投资品的资产性收入日益成为主要收入，股票市场呈现的股权价格的大起大落、房地产业近 20 年的繁荣发展以及大宗商品市场的价格起伏等资产性价格的大幅波动，让老百姓终于体会和明白了能够带来保值增值的资产性收入的重要性。

① 吴晓波：《激荡三十年：中国企业 1978—2008（上）》，中信出版社、浙江人民出版社 2007 年版，第 244—254 页。

（三）从货币资产到信用资产的转变

马克思曾形象地把货币比喻为在商品经济社会中人与外部世界联系的“牵线人”，“货币有着某种特权，即一种特殊商品与其他一切商品相对立而获得代表或象征它们的交换价值的特权。正是这种特权，似乎使人们感觉到作为符号的货币才是真实的存在，是实实在在的实体”[①]。货币资产具备良好的流动性，但大规模资本投入后的固定资产并不具备流动性的特点，而且未来具备明显增值条件的“潜力资产”的价格也无法确定，这些都是限制资本增值和扩大再生产的主要约束。信用货币时代的到来为这些资产的扩大再投资提供了条件，由此，信用资产观念开始成为现代性社会的主要资产观念——从固定资产融资观念开始萌芽和发展，到结构化的资产、或有权贴现观念的生成，再到全方位资产证券化的生成。原来货币资产条件下的现金交易模式演变为信用交易模式，即时支付方式演变为延期支付方式，当下价值创造演变为未来的或有价值交换。

（四）从资产增值到金融创收的转变

资产增值与金融创收的转变正体现了筹资模式和融资模式的不同；正是融资模式的发明实现了金融资本的流动性，金融资本如果想谋求稳定利润又避免被逐步固化风险，必须利用一切技术手段，将所有资本运动过程中的事物进行私有化、货币化、商品化、证券化。大卫·哈维认

① 张雄：《货币幻象：马克思的历史哲学解读》，《中国社会科学》2004年第4期。

为:“持续流动是资本的首要生存条件:资本必须流通,否则将会死亡。资本流通的速度也很重要。如果我的资本比你的流通得快,我将占有某种程度的竞争优势……我们可以看到,很多技术和组织创新的目的是加快事物的速度和减少物理距离造成的障碍。”[①]证券交易所、证券清算行、期货交易所等独立运营的机构纷纷建立,让风险资产证券化成为可能,从而让金融创收观念替代了简单的资产增值观念。此后,从上市公司再融资后的银行化经营,到各种影子银行部门如雨后春笋般迅速发展起来;从最初的商业银行表外业务和理财产品、证券公司的专户理财、保险公司的投资账户,到资产管理公司的各种风险投资基金、私募股权基金,再到企业年金、非银行融资租赁、典当担保公司等民间借贷,乃至互联网金融、P2P 融资平台、打车软件平台,甚至发廊融资平台,都是最明显的从资产增值到金融创收的思想观念的重大转变。

总之,从实物资产到储蓄资产的转变、从劳动收入到资产性收入的转变、从货币资产到信用资产的转变、从资产增值到金融创收的转变,正体现了现代性社会货币与金融的关系、政府与市场的关系、市场经济与金融的关系、个人与金融市场的关系。由此可以看到现代性背景下现代金融观念的发育、老百姓与市场金融的关系,并让老百姓明了金融的以下几个特点:其一,金融体现在财富的杠杆效应上,财富不是“藏”和存起来的概念,是可以投资、可以扩大资产性收入的;其二,金融是风险投资工具,高风险、高收益的金融衍生品有着极为重要的作用,既可以起到服务的功能,又能开拓生活领域,更能提高财富的放大效应;其三,金融有

① [美]大卫·哈维著,许瑞宋译:《资本社会的 17 个矛盾》(定制版),中信出版社 2016 年版,第 61 页。

更加丰富的内涵，表现在金融的服务性、投资性上，有着资源的配置功能，有着对话未来的属性和功能。

四、从党的十八大报告到十九大报告看中国金融观念的变化

党的十八大报告提出要“深化金融体制改革，健全促进宏观经济稳定、支持实体经济发展的现代金融体系，加快发展多层次资本市场，稳步推进利率和汇率市场化改革，逐步实现人民币资本项目可兑换。加快发展民营金融机构。完善金融监管，推进金融创新，提高银行、证券、保险等行业竞争力，维护金融稳定。”[①]党的十九大报告在“加快完善社会主义市场经济体制”一节中提出：“深化金融体制改革，增强金融服务实体经济能力，提高直接融资比重，促进多层次资本市场健康发展。健全货币政策和宏观审慎政策双支柱调控框架，深化利率和汇率市场化改革。健全金融监管体系，守住不发生系统性金融风险的底线。”[②]对比十八大报告和十九大报告，我们至少可以看出，未来中国金融发展的方向没有变，要言之：其一，深化金融体制改革的方向没有变；其二，发展多层次的资本市场方向没有变；其三，利率、汇率的市场化改革方向没有变；其四，金融服务实体经济的方向没有变；其五，维护金融的稳定的方向没有变。党的十九大报告还强调，金融服务实体经济的能力要增强，直接融资比重要提高；要健全货币政策，深化利率和汇率市场化改革；健全金融监管

① 胡锦涛：《坚定不移沿着中国特色社会主义道路前进 为全面建成小康社会而奋斗》，人民出版社 2012 年版。

② 习近平：《决胜全面建成小康社会 夺取新时代中国特色社会主义伟大胜利——在中国共产党第十九次全国代表大会上的报告》，人民出版社 2017 年版，第 34 页。

体系，不发生系统性金融风险是底线。党的十八届三中全会曾指出：市场经济在资源配置中起决定性作用；明确了建设中国特色社会主义市场经济，就是要通过市场竞争，优化资源配置，实现经济社会的进步和繁荣。习近平指出：“使市场在资源配置中起决定性作用和更好发挥政府作用，二者是有机统一的，不是相互否定的，不能把二者割裂开来、对立起来，既不能用市场在资源配置中的决定性作用取代甚至否定政府作用，也不能用更好发挥政府作用取代甚至否定使市场在资源配置中起决定性作用。”[①]由此观之，鼓励金融创新与完善金融监管处于同样重要的地位。

综上所述，我们看到，这一时期，中国的金融观念主要有如下三大特点：

（一）追求开放的中国金融

党的十九大报告提出：“中国开放的大门不会关闭，只会越开越大。”金融开放是国家经济繁荣发展的必由之路。在金融全球化的背景下，如何促进国内国际资本要素的有序流动、实现金融资源高效配置、实现金融市场深度融合，将决定中国对国际资本要素的国际定价权的影响力。在金融化时代，建设繁荣发达的全方位金融市场无论对内对外都显得更为紧迫。简言之，实体经济的发展需要金融市场为其提供直接融资渠道、提高经济效率和增添经济活力；同时，面对国际金融资本流动的冲击，更需要金融资本市场的全面完善。而拥有巨额贸易量与海量国际货

① 习近平：《习近平谈治国理政》，外文出版社 2014 年版，第 117 页。

币流动的中国,不拥有对全球资源配置具有绝对影响力的金融资本市场是难以想象的。改革开放以来,中国的金融资本市场得到逐步发展和完善,股票市场、期货市场、国债市场相继设立,近30年的稳步发展无论是直接融资额还是交易量都达到了空前的规模。人民币的国际化步伐正在加快,跨境贸易人民币[1](结算)、"一带一路"人民币(结算)、"金砖国家"人民币(结算)、"大宗资源类(石油、铁矿石等)"[2]人民币(结算)等人民币国际化措施稳步推进。2015年时任中国人民银行行长周小川指出,要从四个方面构建金融业的开放新体制,简言之:(1)扩大金融业双向开放;(2)有序实现人民币资本项目可兑换;(3)推动人民币加入特别提款权,成为可兑换、可自由使用货币;(4)积极参与全球治理,以更加包容的姿态参与全球经济金融治理体系。同时,还要"全面实行准入前国民待遇加负面清单管理制度,有序扩大服务业对外开放,扩大银行、保险、证券、养老等市场准入。推进资本市场双向开放,改进并逐步取消境内外投资额度限制。建立与国际金融市场相适应的会计准则、监管规则和法律规章,提升金融市场国际化水平"[3]。国际货币基金组织于2016年9月30日宣布:自2016年10月1日起,人民币将被认定为可自由使用的货币,并作为除美元、欧元、日元和英镑外的第五种货币加入特别提款权货币篮子,占比为10.92%。[4]

---

① 国务院常务会议于2009年4月8日正式决定,在上海、广州、深圳、珠海和东莞等城市开展跨境贸易人民币结算试点。

② 2018年3月26日,人民币计价的中国原油期货正式在上海国际能源交易中心上市交易;2018年5月4日,人民币计价的铁矿石期货对国际投资者正式开放。

③ 周小川:《深化金融体制改革》,《人民日报》2015年11月25日。

④ 每种货币的权重分别为:美元41.73%、欧元30.93%、人民币10.92%、日元8.33%、英镑8.09%。

(二)注重中国金融发展的安全性

信用货币时代所创造的大量国际金融资本在各国间游走寻求套利机会,一方面为处于经济发展期的国家带来了金融资本,另一方面其大规模进出各经济体的资本流动也可能为各经济体带来诸多危害和危机,以至于每一个国家都要防备国际游资的冲击。中国作为全球最大的发展中国家,更需要防患于未然,除了应对大量国际资本进入中国可能造成通货膨胀的危害外,还要防止国际游资大规模撤离所带来的金融危机。国际金融资本逻辑本来就是跨国套利:利用全球央行的量化宽松的信用货币增量涌入发展中国家,推高这些国家的经济增长,使这些国家的物价暴涨,然后择机釜底抽薪,在泡沫最大化后突然撤资,使这些国家骤然缺钱,物价也迅速下跌,很多资产迅速变的廉价,国际游资再来抄底收购这些资产,通过一张一缩的价差套利迅速占有这些国家的核心资产。国际金融资本的超级强大足以摧毁任何发展中国家,所以,中国若想"健全金融监管体系,守住不发生系统性金融风险的底线",既要发展壮大国有金融企业的绝对实力,提高来自国家整体性的金融市场抗风险能力,又要用不断完善的金融市场法规、法律制度,参与和重构国际金融监管体系,通过国际社会范围的协作(比如说 SDR 机制)来应对来自国际金融资本的巨大挑战。

(三)注重中国金融的普惠性和共享性

建立"亚投行"是走向全球互助金融国际化的"关键一步",既充分利用了大量外汇储备和贸易顺差优势,在国际社会逐步树立人民币的市场信心，又利用人民币加入特别提款权的特别权利，抓住了人民币成为可兑换、可自由使用货币的契机。“亚投行”的建立将惠及相关参与国家，有利于他们的经济发展。

2013 年，中国提出了“一带一路”的倡议，这是从世界范围进行合作发展的共赢理念，是依靠中国与有关国家既有的双边和多边机制，借用“丝绸之路”的历史传承，主动地寻求与沿线国家和地区的经贸合作，共同打造全方位合作共赢的命运共同体。党的十九大提出：“要以‘一带一路’建设为重点，坚持引进来和走出去并重，遵循共商共建共享原则，加强创新能力开放合作，形成陆海内外联动、东西双向互济的开放格局。”[①]利用与全球贸易伙伴国加强双边和多边的货币金融合作，以服务国内的“贸易投资和产业链升级”为侧重，从而逐步巩固人民币作为全球多种商品贸易、金融产品的计价结算货币，向支持人民币的市场交易和国际储备功能推进。扩大人民币在周边国家和新兴市场区域化使用的便利性，逐步向国际金融中心和发达国家延伸，从而将中国建设成为全球最大的金融贸易中心之一。

《经济学人》杂志 2017 年 2 月刊登了《中国 Fintech[②] 一骑绝尘、引领全球》的文章，详尽分析了中国金融技术领先的各种原因和特点。作者指出：“先进的技术，落后的银行体系和迅速累积的财富让中国成为全球金融科技的领导者。按照任何标准衡量，中国都是 Fintech 业的全球领袖。中国是全球最大的电子支付市场，占全球总量近一半。中国在全世

① 习近平：《决胜全面建成小康社会　夺取新时代中国特色社会主义伟大胜利——在中国共产党第十九次全国代表大会上的报告》，人民出版社 2017 年版，第 34 页。

② Fintech 是“金融科技”的简称，这里指以互联网为基础的投融资等金融活动。

界网络借贷中占主导地位，占据全球3/4的市场份额。去年全球最具创新性的金融科技公司排名中，前五名里中国企业占了4名。中国最大的Fintech公司——蚂蚁金服，估值约600亿美元，等于瑞士最大的银行UBS的市值。”[①]作者列举了以下几个方面的优势和世界共享特点，主要包括全球领先的便捷式移动支付、大数据支持下的小额网络贷款和集聚了社会闲散资金用于投资的余额宝。与目前中国庞大的金融体量相比，任何Fintech创新都属于相对较小的规模，但是普惠金融的发展模式可以为整个金融体系带来有效的互补和完善，而金融科技的观念普及必将引领全球共享金融的发展理念。

第三节　走向自信的中国金融观念

经历了40年改革开放的中国，经历了中国特色社会主义市场经济制度建设的中国，经历了金融体系逐步建构和完善的中国，一直在深度思考和实践着经济金融的每一步发展。自1997年以来，中央金融工作会议平均每5年召开一次，共召开了5次。第一次金融工作会议：1997年是在亚洲金融危机的背景下召开的，会议提出要加强金融监管、银行改革、金融分业经营、促进保险行业监管。第二次金融工作会议：2002年全国金融工作会议提出了推动解决银行的股份制改造和上市、保险公司股份制改革问题，提出了国有金融企业真正成为“自主经营、自负盈亏、

① 《中国Fintech一骑绝尘、引领全球》，蔡凯龙编译《经济学人》2017年2月25日。

自我发展、自我约束的法人实体和市场主体”。第三次金融工作会议：2007年全国金融工作会议强调继续实施分业监管与协调配合体制的重要性，将国有商业银行市场化的改革成果推广到其他金融企业，并决定成立国有独资投资公司（即“中国投资有限责任公司”）来解决外汇保值增值问题。第四次金融工作会议：2012年全国金融工作会议提出扩大金融对外开放，提高资源配置能力和金融安全保障水平，深化金融机构改革，引入民间资本参与，加强和改进金融监管，切实防范系统性金融风险，加强资本市场和保险市场建设，推动金融市场协调发展等10项金融改革内容。第五次金融工作会议：2017年7月召开的金融工作会议，围绕服务实体经济、防控金融风险、深化金融改革3项任务，提出了“创新和完善金融调控，健全现代金融企业制度，完善金融市场体系，推进构建现代金融监管框架，加快转变金融发展方式，健全金融法治，保障国家金融安全，促进经济和金融良性循环、健康发展”①。会议决定设立国务院金融稳定发展委员会，统筹协调跨境金融监管和国内金融监管、统一领导“一行三会一局”的监管、协调“网信办”的金融信息的监管等，既保证了监管工作的专业性、针对性，又可以从整体上应对国际金融体系的不确定性风险。

从中共中央的5次金融工作会议可以看出，中国从国家整体的金融观念出发，逐步从金融机构改革、分业经营、金融监管着手，再到设置“金融稳定发展委员会”的整体性金融安全考量，从国家层面规划了未来中国金融的发展蓝图。在2017年的金融工作会议上，习近平提出了做好

① 习近平：《全国金融工作会议讲话》，新华社2017年7月15日。

金融工作要把握的 4 个重要原则:“第一,回归本源,服从服务于经济社会发展;第二,优化结构,完善金融市场、金融机构、金融产品体系;第三,强化监管,提高防范化解金融风险能力;第四,市场导向,发挥市场在金融资源配置中的决定性作用。”[①]为未来 5 年中国金融体系的发展设定了原则,指明了方向。党的十九大报告明确提出,“经济体制改革必须以完善产权制度和要素市场化配置为重点,实现产权有效激励、要素自由流动、价格反应灵活、竞争公平有序、企业优胜劣汰”[②]。而从金融体制改革的深化到金融监管体系的健全,“守住不发生系统性金融风险的底线”正是经济体制改革最需要的金融体系安全保障。

检视改革开放 40 年来的金融发展历程,我们大致可以概括出走向“四个自信”的中国金融观念所具有的以下几个特点:一是务实性。金融是实体经济的血脉,回归为实体经济服务是金融的本质,也是金融的宗旨。二是开放性。既稳步推进了金融业务的对外开放,深化了人民币汇率形成机制改革,稳步推进了人民币国际化,谋求了尽早实现资本项目可兑换,又在推进“一带一路”建设中实现了跨地区的合作共赢模式金融创新。三是整体性。2017 年 7 月中央金融工作会议决定设立“国务院金融稳定发展委员会”,2018 年 3 月“中央全面深化改革委员会第一次会议”对深化改革全面部署涉及的金融领域指导意见,旨在从整体上强化金融部门的重要性,强化人民银行宏观审慎管理和系统性风险防范职责并重,确保金融安全与金融稳定发展。四是普惠性。从国家层面引导金

① 习近平:《全国金融工作会议讲话》,新华社 2017 年 7 月 15 日。

② 习近平:《决胜全面建成小康社会 夺取新时代中国特色社会主义伟大胜利——在中国共产党第十九次全国代表大会上的报告》,人民出版社 2017 年版,第 33 页。

融大力支持小微企业、"三农",把更多金融资源配置到社会发展的重点领域和薄弱环节,着力解决融资难、融资贵问题。其五是安全性。防止发生系统性金融风险是金融工作的重中之重,要进行科学防范,防患于未然,推动国有企业的降杠杆,着力防范和化解重点领域风险,逐步完善金融安全防线和风险应急处置的市场和政策机制。

中国未来要成为世界经济强国,就必须有国际化的资本金融体系,必须有高效而强大的资源配置能力,必须有良好的风险分散机制。简言之,走向未来大国金融迫切需要解决三个方面的问题:其一,"银行业独大"现象依然非常明显。间接融资渠道的银行机构在各类金融机构中占据绝对主导地位,在各类金融机构资产总额中占比仍然在80%以上,国有银行业占主导地位,一方面是发挥金融本质的重要基础,另一方面会存在政府的"隐形担保"问题,不利于金融创新和经济风险的释放。其二,直接融资渠道仍然没有完全放开。股票市场发行价格与上市后的价格差说明了目前审批制的弊病,如何尽快实现注册制,如何实现稀缺资源的市场公平化,是今后一个时期必须解决的问题。其三,国际化程度不足。一方面,国际(境外)投资者的投资规模及比例仍非常低,外国(境外)公司还不能到中国A股上市;另一方面,人民币国际化进程仍需进一步有序推进,扩大其国际金融市场的影响力。总体来讲,中国资本市场还是一个比较封闭的市场。正如吴晓求教授在2015年第4期《政治经济学评论》上撰文《"一带一路"与中国的大国金融构想》指出的:"金融市场、资本市场应该是全球的新的国际金融中心,我认为这是全球大国的核心要素。如果资本市场不是全球的金融中心,不是全球的财富管理中心,我也不认为这是大国金融。如果没有这种功能的话,实际上要实现

‘一带一路’的伟大战略也会有所影响，因为‘一带一路’的战略不是很短的时间就能完成的，真的需要很长的时间。因为我们自身的基础设施也还要进一步完善和建设，它是一个很长远的规划，所以需要这样一个金融体系来支持，需要这样一个全球金融中心来支持。”总之，大国经济需要大国金融，大国金融更需要高质量发展的实体产业发展创造条件、提供支撑。

第九章　个人观念

本章内容提示：改革开放开启了中国的社会转型和现代化进程，个人开始以独立的形式登上中国的历史舞台，个人观念的发育成为理解这一历史进程的重要视角。社会主义集体化运动和市场经济建设构成了个人观念发育的社会环境背景，个人观念的具体内涵则包括消费主义、个人主义、权利意识、家族意识和国家意识五个面向。现阶段我国个人观念的健康发育面临诸多困境，至少要处理好家庭与市场、市场与国家以及家庭与国家这三对二律背反关系。十九大以后，可从个人主义五个方面的对比入手，推进我国个人观念现代性的健康发育。

本章关键词：改革开放；个人观念；哲学反思；二律背反；社会转型

改革开放可以说是中国现代性发育的起点，个人观念在此过程中得以成型和凸显，甚至成为理解这一社会变迁实质的重要基点。个人观念的形成是社会制度和交往关系内化的结果，由于改革开放带来的社会转型涉及经济的工业化、社会的法制化和国家的现代化，身处其中的个体被时代浪潮所裹挟，身份认同和行为标准在传统与现代、人情与契约、血缘与职业之间撕扯，往往有时空错置带来的身心无处安放之感。置身于传统、现代，甚至后现代三者同时呈现的当下中国，个人观念往往充满悖论和纠结，甚至无法用单一的逻辑加以描述总结，但这也恰是这一论题的魅力和意义所在。

然而，现代中国个人观念的萌发和起始并非以改革开放为标志，而是另有历史先声。20世纪初期，很多学者将现代西方个人观念的概念和思想不断译介引进中国，并探讨个人在富民强国中的作用。然而，可惜的是个人观念在中国的初次传播仅仅局限于上层知识分子在观念上的探讨，并未在普罗大众的观念和行为上推广开来，故而没有产生相应的社会影响。究其根源，个人观念的发育是随着全球化推动的市场经济的开展而启动的，个人观念在中国初次传播的20世纪初适逢第一次世界全球化进程的末期，世界大战在结束第一次全球化进程的同时也打断了中国个人观念的传播和影响。从这一意义上讲，中国的改革开放更为幸运地融入第二次全球化的上升期，起初乘着世界市场经济发展的东风，其后则成为世界经济发展的重要动力。这是中国在两次全球化进程中所受影响和发挥作用的根本不同，也是改革开放能够通过大规模的市场经济发展和社会结构变迁使个人观念从思想实验转变为社会现实的本质原因。第一次个人观念的发育虽然是一种铺垫和先声，但更多的是一种象征的符号意义，改革开放所开启的个人观念的发展成熟才是从思想观念到个人行动和社会结构的全方位影响，两次世界全球化和中国两次个体化构筑了中国特殊的现代化进程。

在中国第一次个人观念萌发的一个世纪之后，特别是改革开放40周年之际，对个人观念进行形而上的哲学反思具有切实的现实意义。从世界历史发展进程而言，个人观念是世界全球化进程与中国地方实践相结合的重要连接点。在中国经济成为全球化新动力的时期，个人观念发育既是中国融入世界的重要通道，也是世界了解中国的重要维度。个人观念在市场经济发展的进程中生成和发育，同时也对社会交往规则和社会组织结构，甚至政治利益诉求的转变产生根本性的影响。“个人观念是现代性的核心”①，个人观念的发育是理解中国社会现代化转型图景的根本主线。从改革开放的过程而言，改革开放始于农村改革中小岗村农民的18颗红手印，它是由人民公社制向家庭联产承包责任制的转变，代表着个体生产者对计划经济的反抗。其后的国企改革和城镇化建设等都充分发挥了个人和作为法人的企业的积极性，可以说改革开放的历程就是个人观念发育和个人社会地位提升的过程。从改革开放的成果而言，最为重要的就是凸显个人努力的“自力更生”，改革就是每个人能够通过自身的努力改变命运，实现每个人的“中国梦”。“随着身份的逐渐平等，很多个人不再富有或强大到能对同胞的命运施以较大影响的地步，但是他们取得或保留了很多知识和财产，足够保证自己的需要。这些人不欠任何人任何东西，可以说也不期望从别人那里获取什么。他们习惯独立思考，愿意相信他们的命运掌握在自己手中。”②无论是接受教育还是参加工作，改革开放破除了以阶级出身和政治成分的选择标准，并将进一步放宽户籍限制，保证机会公平和程序正义，无论通过读书还是其他途径，都有获得社会承认和实现自身价值的机会与可能。由此而

① 金观涛、刘青峰：《观念史研究：中国现代重要政治术语的形成》，法律出版社2010年版，第178页。

② [法]托克维尔著，曹冬雪译：《论美国的民主》，译林出版社2012年版，第172页。

言，改革开放已经开启了个人实现“中国梦”的现实保证。

第一节 个人观念的研究理路与学理反思

个人观念伴随现代化的发展而产生，并成为现代性的核心观念，无论在中国还是在西方都是如此，故而个人观念的研究往往离不开现代社会发展的历史语境。对我国个人观念的来龙去脉进行系统性研究的是金观涛和刘青峰夫妇，他们在副标题为“中国现代重要政治术语的形成”的《观念史研究》中对中国个人观念的起源、演变和形态进行了系统梳理和评价。“个人”一词是舶来品，故而研究其中国起源有些伪命题的意味。从西方文献看，来自拉丁文 individuus 的 individual 本义是“不可分割的”，最初用于表达希腊文“原子”一词。在 16 世纪以后的西方现代社会诞生时期，individual 用于描述原子式个人，个人观念源于指涉社会组织的最小单元。[①] 可见，个人观念从诞生之初就与现代社会发育密不可分，“无论中国还是西方，以‘个人’为价值之源、公开宣扬个人本位的个人观念的产生，只能是一个‘现代性事件’”。[②] 西方个人观念的话语和理念慢慢传入中国则要等到国门打开后的戊戌维新到新文化运动时期，其

① 金观涛、刘青峰：《观念史研究：中国现代重要政治术语的形成》，法律出版社 2010 年版，第 153 页。

② 罗晓静：《清末民初：从“人”到“个人”的过渡——论现代个人观念与中国文学的现代转型》，《江苏社会科学》2008 年第 6 期。

内容包括个人自由、个人权利、个人独特性、个体与群体关系等。① 这其中有一个对“individual”引介和理解的动态演变过程。在1885年江南制造局出版的《佐治刍言》中，傅兰雅将individual翻译为“人”，society则翻译为“会”，其他译名还有“私”“己”“独”和“个人”等。“个人”具有现代政治意涵则被认为是于1884年在日本定名并传入中国的，鲁迅在1907年的《文化偏至论》中谈到“个人一语，入中国未三四年”，梁启超因在1902年的《论政府与人民之权限》中提出“国家之主权，即在个人”而被认为是最早在西方个人权利观念的意义上使用“个人”一词的人。② 大约20年后，集体主义思潮开始盛行，个人观念的第一次社会传播逐渐偃旗息鼓，直到改革开放，1980年思想理论界在全中国掀起的有关人生意义的大讨论标志着个人观念的再次回归和公开发声。到了20世纪90年代以后，对个人观念的思想讨论转变为追求个人利益和物质享受的实际行动，并表现出诸多影响至今的新变化。③

个人观念在中国现代化进程中占据着如此重要的地位，相应地引起了众多学科的关注和研究，特别是文学、社会学和哲学等领域。个人观念的文学研究渊源于新文化运动时期主要学者对个人观念的引进和探讨以及个人观念在知识阶层的广泛影响。胡适曾经将中国现代思想划

---

① 罗晓静：《清末民初西方“个人”概念的引入与置换》，《湖北大学学报（哲学社会科学版）》2008年第9期。

② 金观涛、刘青峰：《观念史研究：中国现代重要政治术语的形成》，法律出版社2010年版，第151－153页。罗晓静在《清末民初：从“人”到“个人”的过渡——论现代个人观念与中国文学的现代转型》一文中沿袭了相关论述并有所细化。

③ 阎云翔著，陆洋等译：《中国社会的个体化》，上海译文出版社2016年版，第15页。钱广荣：《中国伦理学引论》，安徽人民出版社2009年版，第160－163页。

分为两个时期:从梁启超到新青年的维多利亚思想时代侧重于个人的解放;1923 年以后兴起的以民族主义运动和共产革命运动为代表的集团主义(即集体主义,collectivism)时代则高举反对个人的旗帜。[①] 故而文学界对个人观念的研究多集中于五四时期[②],或者清末民初。[③] 个人观念在此期间赖以形成的思想根源既有传统文化中宋明理学人格主义和阳明学意志自主的传承,又有现代西方强调个人意志自由和个人权利发展等社会思潮的外在影响,如康德和密尔等人,其中以个人主义和功利主义的影响最为明显。[④] 个人观念的传入必然与宗法社会强调"家—国—天下"的中国传统世界观相抵触,尤其是"天命观"。这期间进行了一个"天"与"人"主从关系的转换,具体分为从"天"到"人",再从"人"到"个人",对应三个时间阶段:从鸦片战争到戊戌维新"人"与"天"的分离;清末民初从"人"到"个人"的过渡;五四时期现代个人观念的确立和多元化。[⑤] 可以说,个人观念萌发于清末民初,形成于五四运动时期,此后"个人"不仅成为价值之源并获得了道德正当性,而且通过意志自主的自我意识与个人观念的结合为当时的社会提供了一种新的道德标准体系。

---

① 胡适:《日记》(1933 年 12 月 22 日),《胡适全集(第 32 卷)》,安徽教育出版社 2003 年版,转引自罗晓静,《中国现代个人观念的形成历程》,《南京师范大学文学院学报》2007 年第 2 期。

② 杨智勇、段炼:《从"小我"到"大我":五四启蒙思想中的个人观念》,《学术研究》2015 年第 9 期。

③ 罗晓静:《清末民初:从"人"到"个人"的过渡——论现代个人观念与中国文学的现代转型》,《江苏社会科学》2008 年第 6 期;罗晓静:《清末民初西方"个人"概念的引入与置换》,《湖北大学学报(哲学社会科学版)》2008 年第 9 期。

④ 杨智勇、段炼:《从"小我"到"大我":五四启蒙思想中的个人观念》,《学术研究》2015 年第 9 期。

⑤ 罗晓静:《中国现代个人观念的形成历程》,《南京师范大学文学院学报》2007 年第 2 期。

天人关系转变的核心问题是“个人”与“集体”或者“群”之间的关系如何处理，这在当时引发了激烈的讨论。如以“内图个性发展，外图贡献于群”而“群己”并提的陈独秀，“为公众的福利而自由发展个人”的傅斯年，最早区分“大我”与“小我”并强调个人对“大我”的责任的梁启超，以及提出“小我”只有作为社会一员才有终极价值的“社会不朽论”的胡适等。[①]综合而言，个人观念与群体意识之间的并立是这一时期思想的重要特征，个人观念也是在以群体意识为目的的框架内加以讨论的。“中国现代思想中的个人观念是作为所有普遍性概念——如‘公理’‘国家’‘团体’等——的对立物来界定自己的，然而，如果我们把个人观念置于近代中国的语境中来观察它的起源和运用，我们会发现，这种对人的自主性、独自性和唯一性的强调恰恰以那些普遍性观念所要解决的问题为其目标。”[②]当然，个人观念在现代中国发展初期是一个极为复杂的概念，激进派将“个人”作为手段和工具，自由派将“个人”视为价值根源等。[③] 无论如何，这一时期对“个人”的强调是不彻底的，远没有达到如西方社会将“个人”看成目的的高度。这也为五四运动高潮过后集体主义复归为主流话语而埋下了伏笔，这是除了上文所讲作为社会环境影响的第一次全球化结束之外的内在因素，内在逻辑可能与外在社会现实的结合使得第一次个人观念的发育昙花一现。

---

① 杨智勇、段炼：《从“小我”到“大我”：五四启蒙思想中的个人观念》，《学术研究》2015年第9期。

② 汪晖：《个人观念的起源与中国的现代认同》，《汪晖自选集》，广西师范大学出版社1997年版，第43页。

③ 罗晓静：《中国现代个人观念的形成历程》，《南京师范大学文学院学报》2007年第2期。

个人观念的社会学研究关注于现代性发育的个体呈现以及中国现代化进程中社会结构的个体化趋势。个体观念在社会个体化进程中形成，同时又外化为该进程进一步发展的动力。个体化研究也是社会学发展的一条根本主线，从马克思到韦伯，从涂尔干、西美尔到帕森斯，从福柯、埃利亚斯、卢曼、哈贝马斯到吉登斯，他们在个体化基本思想上的差异就是社会学发展的历史①，发展成熟的个体化理论成为第二次现代性理论的重要组成部分。第二次现代性理论成型于21世纪初，包括强迫个体化法则、风险社会法则和多维全球化法则三大复杂观点，三者相互作用和融合使得其发展结果彻底动摇了自身的原则，呈现出变化无常和难以预测的自反性特征。现代性的中国模式则是在后传统的权威国家管制下的市场经济过程中进行的被删简的制度化个体化进程②，个人观念在中国的现实发育，即社会的个体化运动，主要在中华人民共和国成立以后，经历了两个阶段：一是国家通过集体化和大跃进推动个体脱离传统中国的家族组织，投身于以社会主义和国家为归属目标的集体主义中去；二是改革开放后市场经济浪潮和国家各种民生政策的双重作用使个体从所归属的集体和单位中脱离而发现自我和改造自我。③ 第二阶段

① Beck U., Beck G. E. (2002), *Individualization: institutionalized, individualism and its social and political consequences*, London and Thousand Oaks CA: Sage Publication. 转引自赵爽：《中国社会个体化的产生及其条件——个体化相关理论述评》，《长安大学学报(社会科学版)》2011年第2期。

② [德]乌尔里希·贝克、[德]伊丽莎白·贝克—吉恩斯海姆著，许烨芳等译：《前言：个体化的种类》，[挪]贺美德、[挪]鲁纳编，《"自我"中国：现代中国社会中个体的崛起》，上海译文出版社2011年版，第3－5页。

③ 赵爽：《中国社会个体化的产生及其条件——个体化相关理论述评》，《长安大学学报(社会科学版)》2011年第2期。

的结果与第一阶段的目标是相异甚至是相反的，其中一个重要内容就是个体权利意识的增长和反权威趋势日益明显，这种成为具有自由意志公民的趋势与当初塑造忠于社会主义新人的早期政治运动目标完全相反。[①] 如果只局限于第二阶段的改革开放过程，很多学者就会仅从国家与个体化和市场与个体化两个维度研究中国社会的个体化进程，但是第一阶段的家族组织提示了关系和礼物交换维度是研究中国个体化不同于西方社会个体化的重要方面。[②] 在脱离单位和集体组织而投身于市场经济浪潮的中国式个人并不能完全成为西方原子式个人，家庭和宗族的传统观念依然是他们的现实归宿和精神寄托，这也是理解中国个体化进程发展趋势的重要思路。同时这也体现出中国式个体化程度能走多远的问题，无论是家庭、单位还是国家，个人都与集体若即若离，[③]如果解决不好个人观念与集体主义之间的关系，当前的个体化运动难免回到百年前第一次个人观念偃旗息鼓的老路上去。如果个人观念真能与包括家庭在内的集体主义彻底决裂，那问题是：相较于西方人放置于彼岸的宗教信仰，中国式个人何处安放自身的精神归宿？这是一个只有哲学的形而上反思才能回答的问题。

个人观念的哲学研究侧重于中国社会现代化转型中与血亲关系和集体主义相对的个人观念的伦理转向。中国社会现代转型同时也是个

---

① 阎云翔著，陆洋等译：《中国社会的个体化》，上海译文出版社2016年版，第13页。

② 赵爽：《中国社会个体化的产生及其条件——个体化相关理论述评》，《长安大学学报(社会科学版)》2011年第2期。

③ 阎云翔著，许烨芳等译：《导论：自相矛盾的个体形象，纷争不已的个体化进程》，[挪]贺美德、[挪]鲁纳编：《“自我”中国：现代中国社会中个体的崛起》，上海译文出版社2011年版，第21页。

人观念的现代转型，从哲学思辨层面而言，即使在集体主义盛行的时期也存在对个人的认知和看法，故而个人观念是绵延不绝的历时性概念。中国个人观念的现代转型可追溯于晚明儒学裂变到20世纪初个人观念变革，从朝代国家的臣民转向民族国家的国民是“民族国家”话语中的个人观；五四时期逐步确立的现代个人观念是个性主义话语中的个人观；20世纪三四十年代个人观念进一步分化和丰富是群己徘徊和缠绕之中的个人观；中华人民共和国成立到20世纪70年代是笼罩在集体主义范式下的意识形态化和整体主义式的个人观；改革开放以后则是公民意识、权利意识、个性意识和竞争意识等获得空前发展的个人观。[①] 改革开放之后的个人观念的根本性变化突出表现为个人主体意识的觉醒和强化，在思想解放大潮下引发的人道主义争论和哲学主体性问题的争论都代表了社会主流对个人主体性的呼唤和肯定。[②] 在社会个体实践上表现为两个方面：一方面是“从我做起”意识告别历史包袱，提倡个体肩负起民族振兴的重任；另一方面用“个人自主和自由意识”参与社会主义市场经济建设，以实际行动实现主体意识。[③] 随着市场经济在中国扎根成长，个人观念中越来越多的拜金主义和享乐主义对传统的道德伦理体系造成强烈冲击，如何看待源自西方的个人主义成为一个重要论题。个人是自然的、道德的、文化的和社会历史的人的统一体，以此来匡正个人主义

① 顾红亮、刘晓虹：《想象个人：中国个人观的现代转型》，上海古籍出版社2006年版，第26－27页。

② 洪波：《马克思个人理论的整体性与当代性研究》，浙江大学出版社2015年版，第221页。

③ 钱广荣：《中国道德国情论纲》，安徽人民出版社2002年版，第211－212页。

所强调的个人是自然自发、自私自利和无牵无挂的方面。[①] 同时,在此时的中国个人主义被理解为自私和功利的一种自我中心主义,这种拿来主义忽视了西方个人主义中的自主、平等、自由和自立等因素[②],使得中国个人观念发育的道德批判更加难以把控。西方哲学界对个人主义的批判可为我们提供丰厚的思想借鉴,从托克维尔指出个人自由与社会平等之间的冲突,到马克思和恩格斯揭示个人主义背后的利己主义和自私需要将世界分解为相互敌对的个人的世界,再到弗洛姆描述的“逃避自由”和布鲁姆阐释的“美国精神的封闭”等,都可以推断出从个人观念无法延伸出与社会的互动交流,也无法解决自身的终极关怀问题。一个可行的思路是,既要鼓励个人观念中包含的对个人自尊、自爱、自信、自由和自主的强调以维护个人权利和弘扬个体个性,这种个人观念的发育对社会主义市场经济建设有非常积极的作用,同时又要防止个人观念中的自私自利、唯我独尊、我行我素、自我封闭等容易引致的自我中心主义或伦理利己主义的因素[③],要通过社会主义制度建设引导和规制个人观念的发育和成长。

可见,文学领域的个人观念研究侧重于中国第一次现代化进程,社会学领域的个人观念研究侧重于社会结构的个体化层面,哲学领域的个人观念研究对中国个人观念现代转型进行了形而上层面的初步反思,但是对改革开放以后的个人观念转变历程和当前个人观念发展现状的研

---

① 吴新文:《超越个人主义狭隘的个人观念》,《复旦学报(社会科学版)》1997 年第 4 期。

② 阎云翔著,陆洋等译:《中国社会的个体化》,上海译文出版社 2016 年版,第 18 页。

③ 陈根法:《心灵的秩序:道德哲学理论与实践》,复旦大学出版社 1998 年版,第 144 - 146 页。

究仍是个薄弱环节，只有借鉴多学科的个人观念研究成果才能更加立体地展现我国个人观念场域中传统与现代以及后现代的叠加、西方文化与传统文化的冲撞、青年与妇女的话语权在个人观念中的崛起等复杂境况，从而用哲学的批判思维理解和把握个人观念在社会现代化转型过程中呈现的复杂多变和诸多悖论。

第二节　个人观念发育的社会环境变迁

个人脱离不了所处的历史时代和社会环境，个人观念的发育受社会环境变迁的直接影响。我国个人观念的发育历史与两次全球化运动密切相关，第一次全球化浪潮对中国社会环境的最终影响是集体化运动的兴起，第二次全球化浪潮则推动了中国的改革开放和市场经济建设，结果是传统等级制社会的纵向结构开始扁平化。个人存在的意义从奉献于宗族和集体逐渐转向关注自身，个人“自我”观念逐步萌发并不断得以反思。

一、社会主义集体化运动打破宗族对个人的禁锢

传统中国所处的农业社会里，个人是属于宗族的一分子，是一种依赖于血缘关系的社会存在，与宗族形成“身份－依附”关系。在农业社会里社会阶层固定不变且等级森严，特别是中国的“超稳定结构”将个人固化于由出身所决定的阶层中且几乎终身不变。所有社会资源由处于社

会等级金字塔顶端的皇帝凭借政治权力按照等级高低进行纵向的分配，个人所能享受到的份额主要由其出身的家族和阶层决定，故而个人依附于他的家族出身和阶层身份。农民都被禁锢于小农经济生产方式的土地上，自产自销、自给自足的生活日复一日重演，代复一代相同，绝大多数人从未离开所生活的村庄。村落就是一个农民生活的世界，家族利益是他奋斗的目标，礼尚往来处好邻里关系是他行动的准则。从一些细节看，个人姓名是姓氏在前，名字在后，男人的名字中常有表示辈分的字，女人甚至只有姓没有名，从“李氏”“王氏”到出嫁后的妻从夫姓等，就连许多历史上著名的人物如西施和庖丁等都往往以姓相称，影响至今。其他如所从事的职业、配偶的选择和社会的交往等，无一不带有家族的烙印。在改变社会阶层的渠道方面，读书入仕是最为常用的，但在生产力低下的农业社会支撑一个人寒窗苦读十余年往往需要倾尽整个家族之力。所以一旦金榜题名，求得功名，个人就有提携和荫蔽整个家族的责任和义务，仕途的最好归宿则是告老还乡，落叶归根。即使是通过武力改变社会阶层的项羽所想的也是衣锦还乡，家乡和宗族是传统中国个人的起点和终点。

社会主义集体化运动推翻了传统中国的等级结构，打破了宗族对个人的禁锢，解放了个人的思想。土地公有和集体劳动代替了原有的小农生产方式下的家庭经济，经济生产和分配不再以家族为单位而是以村集体为单位。集体共餐和共同劳动等削弱了原有的家长权威，集体和国家取代家庭利益成为个人的奋斗目标和效忠对象。个人在社会主义集体化运动中获得更多的发展机会，受教育程度和知识水平大大提升，女人逐渐获得与男人同等的政治地位和社会地位，尤其是在计划生育政策实施以后。通过读书和高等教育改变自身命运的门槛大大降低，受益的人数大幅提升。在社会资源的获得方面从依赖于出身到“按劳分配”，阶层间的不平等程度大大降低，个人更有可能通过自身的努力奋斗改善生活条件和生活环境。个人成为社会主义大家庭的一员，从家族的一分子变成人民的一分子，社会结构更加扁平化和稳定化，个人的平等观念和当家做主的主人翁意识获得迅速发展。社会主义集体化运动在一定程度上解放了个人所受的束缚，但在许多方面国家和集体只是取代了传统中国家庭和宗族的角色，个人依然属于更高序列中的一部分，受到方方面面的制约，直到改革开放带来的市场经济建设浪潮进一步为中国现代化建设中的个人松绑。

二、市场经济建设浪潮冲击集体对个体的束缚

社会主义集体化运动是对传统中国社会结构的倾覆，等级金字塔低端的工农阶级变成顶端的领导阶级，但在社会整体对个人的安排方面仍然存在诸多相似，个人从束缚于宗族变成束缚于以集体和单位为代表的国家。在行政命令成为配置经济资源和社会资源这一根本方式的前提下，个人与国家形成的是另一种“权力－依附”关系，“家族人”变成了“集体人”和“单位人”。通过村级行政机关的设立，国家行政权力可以约束每一个人。生产资料公有决定的集体劳动和打击“投机倒把”个人商业行为的国家政策使个人在经济来源上依赖于集体和单位，公共食堂用餐抹平了个人和家庭之间的差异，干部领导和组织生产并决定年终成果分配某种程度上造就了新的特权阶层。人员的地区流动上，虽然农民不再

被土地束缚，但通过户籍制度和单位介绍信等方式，个人很大程度上被禁锢于由出身决定的行政区域。将违规流动人员称为“盲流”带有的歧视构成了心理上的社会压力，收容和遣返制度则起到将不安分的个人送回户籍所在地的强制执行作用。在社会资源的配置上，虽然废除了原有的“出身”所决定的社会等级结构，但倒转之后以“成分”作为社会分层标准本质上并没有发生改变。从改变社会阶层的高等教育机会的获得来看，工农兵被推荐进入大学深造更偏重出身而非能力，不过优点是受益的人数更加庞大。国家在个人的一生中伴随始终，从出生上户口，到分配工作、“听从组织分配”的婚姻，再到退休养老等方面一应俱全。

从“家庭联产承包责任制”开始的改革开放可以说是一个逐步放松国家对个人束缚的过程，个人所依附的对象从某种程度上说是从国家回到家庭，但又不是传统的家族概念，是以发展市场经济为目标并为个人提供动力和支持的家庭，不是原来的同姓抱团以求光宗耀祖、出人头地的家族。紧随农村改革之后的国企改革和“下海”浪潮使得个人在国家、集体和单位之外拥有了生活来源和安身立命的机会，经济自主扩大了社会自由。人口流动和迁徙使得个人拥有了更多生存选择空间和改变自身生活条件的机会，虽然户籍制度仍然是一个重要的限制，但通过工作和住房能在很大程度上跨越这一障碍。高考制度的恢复和义务教育的实施使得不论出身的每一个人都有获得基础教育的机会和享受高等教育的可能，在通过读书和教育改变社会阶层上更是侧重能力而排除出身因素，这使得个人更加有可能通过努力来改变自己的命运。在进行社会主义市场经济经济建设过程中，越来越多涉及个人生活空间的运作机制由国家决定转向市场配置，婚姻自由、择业自主和取消编制等一系列措施使得个人从对国家的权力依附转向在市场中凭借学历和能力等进行自主选择和自担风险的原子式市场“经济人”。改革开放和市场经济建设对个人境况的影响在本质上有别于社会主义集体化运动，它在某种程度上解放了个人，这种影响也表现在社会等级结构的扁平化转变上。

三、传统等级制社会结构转向扁平化社会结构

传统中国的等级制社会结构主要由小农经济生产方式和作为统治者意识形态的儒家学说所决定和构成。宗族是自给自足的小农经济中最基础的生产单位，也是行使政治权利的主体，族长和家长拥有生产资料和私有财产的使用决定权。个人是家族中的一员，并没有独立的产权和相应的权利。个人被灌输的是“修身齐家治国平天下”，国家是由家族延伸而成的，朝廷的官员被称作“父母官”，个人是为了更高的家族和国家而存在和行动，以此构成了以“出身－宗法”为基础的传统等级制社会。儒家学说则提倡“君为臣纲，父为子纲，夫为妻纲”的伦理纲常，每个人在等级秩序列中都有固定的位置和行为准则，个人听命于家长，家长听命于国君，与传统等级制结构形成完美契合。个人被家族和国家所消解，个人权利和主体观念根本无从谈起。中华人民共和国自其成立后开展了一系列社会主义集体化运动，包括“社会主义改造”“大跃进”“人民公社”和“文革”等，并结合马克思主义思想与苏联社会主义建设模式形成了国家主导的社会化大生产模式。在这一模式下，个人听从于集体和单位，集体和单位则听从于国家，家族被集体和单位所取代，“政治成分”取代“家庭出身”而成为新的社会等级划分标准，个人和全体人民为了更

高的国家荣誉和国家利益而奋斗终生。市场领域和社会组织被坚决取缔和无情打压，各种商业行为被纳入以国家统购统销的行政命令配置经济资源的系统中，这无疑强化了国家在政治、经济和社会生活中的垄断地位，个人要听从国家及其代表，因而，政治思想和服从组织成为衡量个人价值的统一标准和个人行动的道德规范。改革开放开启的是经济、市场和货币的力量，在经济建设的浪潮中，市场、企业和个人逐渐从国家严密的政治控制中解放出来。随着市场和商业的发展，个人能够在集体和单位之外获得谋生的机会和手段，这是个人能够摆脱严密的政治等级结构的重要前提。在蓬勃兴起的市场化浪潮中，传统的建立于宗族和权力之上的等级制结构遭遇挑战，取而代之的是金钱的力量，它既是市场调配资源的根本手段，也是重塑社会结构的有力武器。金钱将异质性的出身、权力和等级通约为同质性的数量关系，它既腐蚀了传统等级制的社会结构和伦理观念，又以新的生产方式和生活观念打造现代社会的架构。个人不再完全依附于宗族或者单位以获取物质资料和社会尊敬，货币开始尝试为社会中的每一个人提供经济资源和社会地位，资源的配置由纵向的权力配置逐渐转变为横向的货币配置，故而社会等级结构也从等级制转向扁平化。在这一背景下，个人更有可能依赖于自身的努力谋求更好的社会生活环境，个人也开始从家族和单位的束缚中得以解脱，自我观念和权利意识开始发育，教育理念和社会共识也逐步转向个性化与创新化。整体而言，改革开放之后的中国是政府与市场共同配置资源，因而形成了两种塑造社会结构的力量，但就个人所处的私人生活领域而言，市场在其中越来越占主导作用，故而所处的社会结构也越来越扁平化。

第三节　我国个人观念形成的五个面向

随着改革开放后市场化浪潮对个人束缚的解除，个人奋斗的目标开始由崇高的彼岸理想转变为世俗的现实利益，个人观念从外向于宗族和国家转变为自我权益。个人观念的发育是一个动态变化的过程，鉴于我国社会转型的特殊情况，个人观念的具体内涵异常复杂，但有五个重要的方面值得关注。市场经济发育首先冲击的是个人消费行为与消费观念，拥有经济实力的消费者开始追求与众不同的个性和自我，在此过程中开始形成并维护自身的合法权利。个人观念的家族意识从个人依附和服务于家族转变为功能性的亲属关系为个人利益所用，国家意识虽然有所淡化，但与个人的关系依然紧密相连。

一、消费主义：大众消费、炫耀性消费与社会地位重塑

改革开放以前倡导的“勤俭持家”和“艰苦奋斗”等思想将消费降低到生存所需的最低限度，改革开放提出的“能挣会花”口号标志着我国消费主义时代的到来。随着市场经济的建设和民众收入的提高，改革开放后曾掀起三次有影响的大众消费浪潮：第一次是始于 1979 年以受益于农村改革的农民群体为主力的工业品消费浪潮；第二次是始于 1985 年以受益于城市改革的城市消费者为主力的各种消费品购买浪潮；第三次是自 1992 年邓小平“南方谈话”之后消费逐渐成为经济发展的动力。消

费对象从工业品到食品等必需品再到奢侈品，消费的功能从满足生理需要转变为满足心理欲望，功能性消费逐渐演变为炫耀性消费，个人试图通过消费行为重塑自我形象和改变社会地位。从20世纪80年代的彩电，到90年代的“大哥大”，再到进入21世纪后的私家车，这些商品的拥有不仅是经济实力的代表，更是阶层身份的象征。消费主义打破了之前由身份和权力建立起来的森严社会等级制度，或者说重新开辟了一条改变社会等级秩序的路径，使得新富起来的人能够依靠商品消费重新界定自身的社会地位，这也是社会转型期阶层划分的新方式。社会对这一新晋阶层的称谓，无论是以前的“暴发户”，还是现在的“土豪”，都带有鄙视与艳羡相混杂的情感成分。从中国大妈到国外扫奢侈品，到阿里巴巴“双十一”全民狂欢购物节成交额屡创新高，社会各个阶层的人都能在其中找到各自的位置，整个社会已经按照生活方式被重新定义为消费社会。个人在拼命赚钱和疯狂花钱中满足购物的快感和实现现代社会的存在意义，并借以界定自身的社会阶层。但这种阶层差别本质上是一样的，差别仅仅是商品标签和货币多寡的不同而已。消费主义下的社会阶层又非常善变，消费者需要不断更新消费品的品牌和款式，与时尚潮流同步甚至超前才有可能维持原有的社会地位。除了通过消费彰显和炫耀优越的社会地位以外，同类群体之间的相互攀比和炫富成为少数个人获得存在感的特殊方式，特别是在互联网发达的时代，晒奢侈品和银行卡余额促成了不少全民围观事件。消费主义在界定生活方式和社会阶层之外，也逐渐成为现代人的一种价值观念。在消费社会里，人们消费的不仅仅是带来使用价值的商品本身，更重要的是能够区分不同消费受众的商标符号。从低档到高档各类消费品的商标和符号成为个人迅速判断其他人的价值标准，也成为社会交往和为人处世加以预判的重要指标。消费主义生活方式中，个人更有可能通过商品符号彰显自我的个性和社会的地位，但这种不同是动态的，每个人都有成为名人的机会，但要持续不断、与时俱进地消费才有可能加以维持，消费是现代西西弗斯不停推动的石头。

二、个人主义：从关注阶级斗争和干部腐败的“政治人”到只关心自身利益的“经济人”

中国个人主义的发育是伴随着改革开放的深入而展开的，改革之前的个人是深嵌于集体和国家的“政治人”，关注的是阶级斗争和共产主义建设，改革开放之初一部分人已经富起来，但大部分人仍然没有转变意识，关注的还是干部腐败和“阶级敌人要翻身了”等问题。直到20世纪90年代开始，人们才放弃“研究导弹的不如卖茶叶蛋的”等抱怨，开始接受并追求自身的经济利益。个人开始超越集体和家庭，成为人们行动时考虑的首要目标；利益开始取代理想甚至道德，成为指导人们行为的统一标准。个人主义来自西方社会思潮，认为个人利益是决定行为的最主要因素，强调个人自由和个人权利非常重要，同时也认为自我独立和人人平等是个人最基本的美德。个人主义进入中国后被中国式的“拿来主义”断章取义，片面强调权利的前半部分，故意忽略侧重义务的后半部分，成为许多人追求私人利益，逃避社会责任的借口。中国式个人主义成为一种自私、功利、不考虑其他人和公共利益的自我中心主义。尤其在中国的独生子女政策下成长起来的一代人，自我中心观念强烈，要求别人围绕自己的利益行动，甚至经常以牺牲他人利益来达到个人目标，同时逃避应尽的社会责任，缺乏公德心。“个人主义”和“个性”等时髦用语经常被用来为他们的自私行为辩解，自立、自主和平等个人对自身要求及对社会的责任等方面则从未被提及。在这种个人主义观念下形成的必然是无公德的个人，当然，从历史原因来看，个人长期被国家和集体束缚，当“公家”被外化为一种口号后，自然很难再从内在提高人们的公德素质。或者反过来说，经过几十年的集体化运动以后，集体与个人不仅在客观上而且在意识上已经相互混同，既然个人的是集体的，那么集体的也是个人的。在这种情况下，个人一旦开始关注自身利益，就会变本加厉地损害集体利益以满足个人私利。这样的结果就是，“自利”在中国几乎等同于“自私”，所以，亚当·斯密的自利“经济人”被看作只为自身利益的自私个人并引起了诸多困惑。不过，中国的个人主义造就的确实是只关心自身利益的“经济人”，这种具有中国特色的片面“个人主义”确实与中国当前的社会转型期有关系，一方面传统中国束缚个人行为的伦理道德观念已经难以适应当前经济社会发展的新形势，另一方面新型的适合当前市场经济行为主体的个人素质标准体系和社会公德环境系统还未形成。无论是通过职业伦理教育，还是国家法制法规建设，健全我国个人主义社会责任方面的机制建设依然任重道远。

三、权利意识：个人利益表达、市场秩序生成与法治社会建设

权利意识是伴随个体利益的获得而产生的，并在个体利益受侵犯时表现为各式各样的维权行动。传统中国下“王土”和“王臣”的观念深入

骨髓，且乡土中国倡导的是一个“无讼”的社会，故而没有权利意识和维权行为的容身之地。集体制下个人是无条件服从组织安排和充当集体利益的小小“螺丝钉”，也是没有自身独立的权利取向的。个人权利意识是个体利益的公开表达，是个体利益合法性的微观表现，但是中国个体权利意识的发展过程和所处的社会环境非常复杂，它的影响也是多元复合的。在中国式个人主义行为方式指导下的个人经济社会行为更容易将集体利益和其他个人作为“他者”加以侵犯，反之同样如此，中国的个人利益很容易受个人和集体行为的侵害。个人所处的社会环境则一方面缺乏有效表达和维护个人利益合理诉求的法律法规和行政机构，另一方面地方政府为维护社会稳定考量而采用了简单粗暴的方式，故而个人权利意识的表达和培育是一个漫长的磨合过程。从积极意义上看，个人权利意识的相互冲突能够反馈于中国式个人主义的自私自利行为，并使其在意识和行为方面加以自我规范和约束，甚至有可能使得市场秩序得以自发生成，各自为一己私利的行动者通过竞争和博弈形成有序的市场交易秩序是亚当·斯密“看不见的手”的本义所在。然而中国国情的特殊与严峻之处在于中国个人缺乏独立意识和契约精神，没有这一道德底线和社会共识，很难发育出与市场秩序相契合的法律制度。所以在中国经常出现的情形是可以享受市场经济带来的投资收益，却不能坦然承受市场风险带来的投机失败，许多所谓的个人维权行动也包括了个人投资失利的情绪发泄和非理性行为，如上海和杭州等地就出现过房价暴跌引发业主打砸售楼处的事件，这种“只能赚，不能赔”的权利意识引发的不是维权而是违法行为。缺乏契约精神的权利意识和维权行动是以自我利益为指向的，往往没有约束和边界，需要外在的法律法规加以劝导和规制。就与个人权利意识紧密相关的市场秩序和法律制度而言，个人利益的合理表达在法律制度的框架里形成正式机制才能保证市场秩序的持久有效，同时法治社会的建设也要结合市场行为中出现的权利意识发展倾向，有了现实的个人权利和市场秩序的需求基础，依法治国的大政方针才能真正落到实处。个人权利、市场经济和法治国家是由微观到宏观一脉相承的完整发展体系，是经济建设和社会转型能够进行到底的根本保证。改革开放开启的中国现代性发育的本质主线就在于此，改革持续进行的成功关键也全系于此。

四、家族意识：核心家庭、亲属关系与个人幸福生活

在传统中国自给自足的小农经济生产方式下，家族兼具生产、分配和消费的大部分经济功能，个人一生中大部分的经济生活和社交活动都是在家族的范围内完成的。随着社会主义集体化大生产和其后市场经济建设的开展，家庭结构的现代变化一方面表现为庞大的垂直结构家族谱系分化为简单的核心家庭，另一方面表现为家庭的大部分经济功能转移到国家、集体和之后的职场、市场，对个人而言，家庭本身仅仅剩余消费功能。生产方式和收入来源的变化使得个人有了脱离家族依附的经济基础，也使得个人赖以生活的最小家庭单位可以从数十人的家族降低为最简单的核心家庭。家庭结构的变化使得家庭关系相应地发生了改变，传统的家长制关系是一种以父子关系为核心的纵向等级关系，夫妻关系和婆媳关系均依附于父子关系而衍生，现在则转向核心家庭两个个人结合的水平化夫妻关系，现在常见的家庭矛盾中父子关系和婆媳关系

的冲突即传统和现代两种家庭关系和家庭权力转化的摩擦。经过集体化运动和市场经济浪潮，年轻人早已从社会地位和政治意识上脱离家长制的束缚，家庭的现代使命是为“祖国的花朵”提供物质支持并接受良好教育，提供人脉关系并帮助解决工作，提供财力人力以支持结婚生子等，导致中国特有的一个现象是“啃老一族”涌现。这一过程的后半部分也是中国突出的“空巢”老人问题的伴生，在中国社会转型期家庭处于一个非常尴尬的地位，它承担了个人成长的全部重担，却难以从个人成长成熟后取得相应回报。以家庭关系延伸的亲戚关系则逐渐丧失了在传统中国具有的重要性，代之以朋友关系和同事关系。亲戚与同族关系在当前受重视与否不再取决于血缘和情感因素，而是以能否为个人获得经济收益提供便利和资源为准绳，如在非洲以淘金闻名的广西上林人现象。可见个人不再是为家族而存在，而是家族为个人而存在，家庭成为承载个人幸福生活的港湾。从个人最重要的婚姻大事而言，古代讲究门当户对，是以家族利益为准绳，现在则强调自由恋爱，甚至选择不结婚，不要孩子，这些都是个人与家族的对立甚至反叛。个人的家庭意识从成长期带有功能性的依赖和依恋，变成成熟期带有责任心的回报和寄托。在市场经济意识日渐盛行的时代，家庭是在市场和国家之外能够给个人提供免于货币价值和工具理性衡量的庇身之所。市场培育了个人观念功利性和工具性的方面，目前只有家庭能够切实地为个人观念提供目的性和归宿性寄托的可能。所以，个人的家庭意识是多元复合的，既是服务于个人可资利用的工具，又是个人所奋斗维护的终极选项。

五、国家意识：个人生活、经济自由与国家意志

在传统中国个人融合于家庭和宗族，在集体化时代个人则融入于国家和集体，而改革开放开启了市场化进程中的个人经济自由，个人观念的家庭意识和国家意识都发生了相应的变化。在国家完全主导经济资源配置的计划经济体制下，集体和单位是个人日常生活中国家的代表，个人服从于集体和国家，国家荣誉高于一切，国家意识处于首要和主导地位。在物质基础贫乏的年代，受到国家意志的肯定是个人的无上荣誉，是个人存在和奋斗的意义所在。市场经济在国家意志之外开辟了个人生活的第二个领域，或者说个人生活中的经济领域从行政管理转移到了市场配置。个人从市场经济建设中逐渐获得了经济自由和自主，与原有的计划经济模式形成了鲜明的对比，经济自由取代了国家控制，市场价格取代了行政指令，个人利益的追求取代了国家意志的肯定。单位领导和集体干部等不再以政治要求为唯一职责，国家也不再是时时处处规定和监督个人日常生活的实体存在，个人在经济领域逐步摆脱国家控制的同时，个人的国家意识则逐渐淡化和虚化，国家变成内化于个人观念中的存在。国家从个人经济生活中的退出并不意味着国家意志力量的衰弱，国家仍然在政治领域和市场经济整体的宏观调控方面发挥着根本性的主导作用。改革开放后的中国社会格局基本是政府和市场并立的局面，个人生活的主要部分放置于市场之中，与国家政治领域的直接接触并不多。个人也已经在历史的磨合中与国家意志达成默契，在经济自由中实现奋斗目标和人生意义。从国家意志而言，在退出微观经济领域

之后，仍然会通过其他方面的途径增强个人的国家意识和民族凝聚力，如文化方面的爱国主义宣传、宏观经济方面的 GDP 世界增速、体育方面奥运冠军金牌数量、科技方面航天飞机的成功发射和外交方面大型国际政治会议的举办等。个人的国家意识从直接的经济收益而来转变为间接的其他途径感知，其内容更加复杂多元，甚至充满冲突。从国家和个人的相互关系而言，传统的国家控制经济生活模式下，个人与集体财产都是归属于国家，个人为国家工作和服务。市场经济从国家控制分离后，个人国家意识的逻辑则转变为个人向国家纳税，国家应该服务于个人的“纳税人”逻辑。个人从服务于国家的手段变成国家所服务的目的，这是个人国家意识最本质的转变。随着市场经济的发育和国家现代化的建设，个人的国家意识的历史发展开始与国家倡导的“为人民服务”和“以人为本”的指导思想相互交叉融合。只有合理结合个人观念和国家意志两个方面的国家意识才会更加有利于转型期社会建设的和谐、公平和公正。

第四节　转型期个人观念健康发育需处理好三对二律背反关系

个人通常在生活中所处的三个场域包括家庭、市场和国家，在转型期的中国，各个部门的职能发育还不够完善，相互之间的分化还不够成熟，因而个人身处其中的各种关系往往相互牵扯，甚至相互冲突。需要指出的是，社会这一领域目前在中国的发育仍难言成型，传统中国社会是由家族伦理关系扩展而成，“幼吾幼以及人之幼”等，社会主义集体化运动以后社会功能则由国家行政指令完全替代，改革开放以后随着市场功能的发育才出现了一些民间组织，故而当前个人涉及的关系中暂不涉及社会领域。在所涉及的三个场域中，个人与亲属的互惠伦理关系，个人在市场上的平等交换和逐利竞争关系，以及在国家政治序列中的权力等级关系，都有其各自的行为逻辑，但三者相互叠加时却会发生冲突，在个人观念认知和行动方面造成纠缠不清的各种悖论。在当前中国所处的社会转型期中，个人观念要健康发育并适合社会主义现代化建设的社会秩序，就需要处理好这三对二律背反关系。

一、现代化的个人逐利精神与传统中国的家族关系伦理

改革开放市场经济建设进程激发了个人的逐利精神，释放了消费欲望，显露了个人主义中的自利倾向，这些都与传统中国重义轻利、勤俭持家和集体主义等观念针锋相对。这一悖论是现代工业社会与传统农业社会两种生产逻辑的对立，也是市场运行规则与家族交往规则两个场域的对立。这一对立产生的直接原因是原来由家族和邻里关系执行的许多经济功能逐步成为市场机构的职能，如照顾小孩、介绍工作、甚至介绍对象等。丧失经济功能的家族亲戚关系如何维护，市场交换观念是否适用于家庭成员内部等，都是现代化逐利个人所必须面对和思考的问题。如果说集体化运动时期对家族关系采取的是“去传统”的观念和方式，那么市场经济建设以后采取的则是“用传统”，用一种功能主义的方式将亲属关系有选择性地运用于个人逐利活动中。传统中的亲戚朋友关系排

序转变成朋友置于亲戚之前，基于个人经济活动和社会交往形成的朋友关系的重要性超过基于家庭出身的亲戚关系，亲戚关系逐渐从属于经济逐利活动，其朋友色彩更加浓厚。个人在现代社会已经通过获取经济利益的手段，包括职业、行业和阶层等确立社会等级定位，这就导致了成年后个人活动的中心与未成年时生活的中心存在偏离和冲突。市场中讲求经济理性，用最小成本获取最大收益是合理合法合规的个人行为准则，所以经济学将人预设为没有社会关系的原子式个人，只为自身利益最大化而计算和行动。但如果在讲求人情伦理的中国熟人社会里按照这种方式行事，则会被看作“没有人情味儿”，被评价为“市侩”和“钻进钱眼里”，是对个人价值和其社会地位的极力贬低。这其实是要求身处其中的个人能够尽力区分市场中的经济逐利行为与熟人圈里的社会交往行为，虽然转型期社会中市场功能与家族功能尚未完全分化，以及亲朋好友的观念也未完全意识到这些问题等都加剧了这种区分的困难程度。市场经济发育对个人所处社会环境的最大影响是使他们所处的熟人社会逐渐变为陌生人社会，这不仅要求个人的逐利精神与熟人的关系伦理划清界限，同时也要求个人培育出适合新的陌生人社会的一系列现代意识，如契约精神、独立自主意识和社会公德心等。这种适合市场经济和法制社会的现代意识需要家庭对个人从小加以培养，这将是一个漫长的过程，对目前仍处于关系伦理中的中国家庭提出了很高的要求。目前个人逐利精神与家族关系伦理的矛盾还无法直接加以解决，这也是个人观念中最大的纠结，是个人成长过程中都会遇到的问题。随着市场化程度发育更加成熟，家族观念的继续现代化以及家庭与市场功能的继续分化，相信这一问题会在未来的个人观念中得到更好的处理。

二、市场经济中的个人利益与代表集体利益的国家意志

转型期个人观念的健康发育不仅要求个人处理好市场与家庭的关系，而且要处理好市场与国家的关系，即个人利益与国家意志之间的张力。市场的发育使得个人利益和个人观念有了发育和成长的空间，某种程度上也是市场经济迅速发展的动力来源，在经济领域以及个人生活空间中国家基本上给予了个人观念足够的发展空间。但是在社会资源的整体配置和政治领域仍然是国家统一决策和管理，仍然是要求个人观念服从国家意志的集体主义。这就存在一个如何处理个人利益与国家意志的问题，或者说改革开放后的市场经济浪潮中个人观念如何看待集体主义的问题。这个问题其实可以从两个方面来看，在经济领域表现为国家权力对经济资源配置的干预问题，在政治领域表现为个人私利对国家公权力行使的腐蚀问题。

在经济领域，关于市场和国家的职责和关系问题的讨论由来已久，但是中国的情况又有所不同，因为国家还肩负着维护社会稳定的职能。经济发展领域的国家职责既要应对市场竞争带来的负面效应，又要维护整个社会的安定和发展。在缺乏契约精神的中国式个人主义指引下，追求个人私利的中国企业和个人势必会造成市场竞争秩序的混乱，难以形成健康的市场经济制度和相应的社会组织体系。这既需要国家的强力意志来维护市场竞争行为的公平有序，也需要国家在维持社会有序运行方面进行强化干预。契约精神和社会公德并不是从个人内心突然生成或者依赖家庭教育灌输得来，而是通过国家强制手段规定的法律法规形

成需要大家遵守的秩序和习惯，再由一代一代的人相互传承成深植血液中的理念和传统。故而在个人追逐私利的市场经济领域仍然需要国家意志在形成契约精神和社会公德方面的强制作用，以此来形成更加完备的现代法治社会。同时，在政治领域国家和市场的关系讨论的比较少，但以经济交换勾兑国家公共权力以谋取私利的腐败行为却不容忽视。大多数人往往只知道腐败不好，但不明白腐败为什么不好，也往往反对行使特权的人，但不反对特权。公共权力是为整个国家而行使的权力，代表的是国家意志，维护的是国家利益，腐败是以行使公共权力的名义和便利为个人谋取经济私利，是个人利益对公共权力的腐蚀，是市场交换逻辑对神圣公共职责的侵犯。这种行为不仅有悖社会组织形成和国家整体运行的合法基础，造成社会分层加剧，同时有悖市场公平竞争原则。无论在市场经济领域还是在公共行政领域，腐败都是有违基本原则的异化行为。在追求个人经济利益过程中，要求个人行为要合理合法合规，明确市场运行逻辑和国家强力意志之间的界限，一方面要配合国家法制建设政策培育适合现代社会的契约精神和社会公德，另一方面要积极维护公共权力的完整性和神圣性，强化适合中国特色社会主义市场秩序的国家意志。

三、国家政策与社会变迁强制实现的个人自主与自由

改革开放所开启的中国社会转型进程是由国家自上而下的政策引导实施的，个人在这个历史转折期并没有做好思想准备，更多是无意识地跟随周围的人进行经济行为的选择和行动。所以，中国个人经济能力

的自主和自由，以及个人观念的发育和成长是在国家政策与社会变迁的强制实施中展开的，不仅个人身不由己地卷入其中，甚至国家政策的制定者也在“摸着石头过河”的试点探索中锻炼成长。在这种强制实施的自由环境中发育的个人观念更加无所依靠和无所适从，故而在中国转型社会中个人价值观从传统向现代转变和重塑面临着比西方更加严峻的形势。从传统社会个人依赖于家族和血亲，到集体化时代个人依赖于集体和国家，再到改革开放后个人依赖于市场，在此过程中实现的个人经济自主和自由使得个人更加孤立和无助。集体化运动一方面弱化了家庭对于个人的联系和支持，另一方面强化了国家对于个人的管理和控制，一旦在市场化过程中国家斩断了对个人的工作分配和福利住房等一系列呵护备至的保护措施而将个人抛入市场去进行残酷的自由竞争，那么个人所感受到的社会转型震动无疑会更加剧烈，特别是已经习惯国家管制的个人在面对市场时缺乏独自谋生能力，更加手足无措和茫然无助。从维生手段开始的个人自主与自由是一种低级的自主与自由，市场上的丛林法则会占领国家退出经济领域和社会领域所形成的真空地带，使得农民和下岗工人等为解决基本的衣食住行等生活要素而努力奔波，从而造成更多的社会悖论，如农民工面临的“留不下的城市和回不去的农村”，创业者所面临的“未富先老”，大多数人所面临的“勤劳而不富裕”等，这也更加容易造成中产阶级的缺失并形成社会贫富分化的巨大差距。在家族势力弱化和社会领域缺失的社会转型状态下，个人与国家之间的关系更加直接和复杂，这使得国家政策肩负了更多的重任，但也往往出现“一放就乱，一管就死”式的政策失灵，这诸多情况使得无论是个人还是国家都在这社会转型过程中遇到了诸多悖论。要从个人与国家相统一的视角看待这些难题，无论在当前的历史阶段还是在未来，个人本质上离不开国家，因为“只有在共同体中，个人才能获得全面发展其才能的手段，也就是说，只有在共同体中才可能有个人自由”①。

习近平总书记在第十三届全国人民代表大会第一次会议上的讲话强调：“新时代属于每一个人，每一个人都是新时代的见证者、开创者、建设者。只要精诚团结、共同奋斗，就没有任何力量能够阻挡中国人民实现梦想的步伐！”在中国特色社会主义新时代，从个人来讲，要在观念上逐渐从无意识到有意识地认识到我国改革开放所开启的现代化历史进程的未来趋势，认识到当前经济社会状况发展的复杂性，在把握社会发展趋势的前提下结合国家政策的导向做出有利于个人的选择。从国家层面来讲，既要发挥市场经济合理配置资源的功能，又要限制市场在社会必需品领域造成的贫富差距和剥夺，结合并促进社会领域各种组织和机构的功能，确保在社会转型过程中最大限度地实现社会公平和正义，使个人的自主和自由能够顺利上升到更高的层面，顺利实现每个人的“中国梦”。

① ［德］马克思、恩格斯著，［俄］巴加图利亚编，张俊翔编译：《巴加图利亚版〈德意志意识形态·费尔巴哈〉》，南京大学出版社 2011 年版，第 55 页。

第十章　劳动观念

本章内容提示：在经济哲学视域下，劳动观念的变迁不仅体现出中国现代性发育的特殊轨迹，更彰显出中国特色社会主义制度的优越性。对劳动观念进行经济哲学追问，可以为我们研判中国未来社会经济发展、人性伦理观念变革趋势提供积极的理论参考坐标。改革开放40年来的实践表明，劳动观念的嬗变主要体现为三个向度：一是劳动范畴的外延扩大，内涵加深；二是市场化劳动关系的建立，使劳动伦理呈现复杂的形态；三是进入新时代以来，坚持人民主体地位成为劳动观念的核心价值。

本章关键词：劳动观念；改革开放；社会主义市场经济体制；经济哲学；现代性反思

劳动是人类生存的基本方式，也是社会进步发展的根本动力，改革开放40年来，中国向现代市场经济和工业化社会全面转型，劳动作为社会存在的基础，在分工形式、空间范围、工作行为、伦理道德等方面都发生着剧变。对劳动观念进行经济哲学追问，可以为我们研判中国未来社会经济发展、人性伦理观念变革趋势提供积极的理论参考坐标。当前，站在新时代的起点重新反思劳动观念，可以发现无数劳动者的实践行为是改革开放走向成功和再度启航的根本动力。观念的变化总是随着实践的发展不断展现自己新的历史形态，如果把过去—当下—未来的线性时间归纳到劳动范畴的共时性判断中，马克思主义基本原理在中国特殊国情下的发展与创新依据就得以显现：历史并非被“我思故我在”的观念所构建，而是人的当下社会活动铸成了观念生成的根基，主导着观念演进的范式，因此，“我劳动故历史在”才是真实的历史演化模式，从这个意义上说，改革开放 40 年来的劳动观念嬗变过程，恰是一张反映真实的社会主义伟大实践的历史相册。

第一节　劳动范畴的学理性诠释

本文所要探讨的“劳动”，是指现代性社会所生成的特定范畴，它被马克思称为“最现代的社会的范畴”[①]。实际上，古典经济学较早地关注到劳动是现代性社会的基始性力量，亚当·斯密关于劳动—分工—专业化—现代社会生成的论点以经典的形式在经济学文献中经久不衰，亚当·斯密初步阐述了现代社会为什么存在劳动分工以及劳动分工对社会中知识形成的作用[②]，而新古典经济学则认为，劳动分工与知识的形成

① 《马克思恩格斯文集》第 8 卷，人民出版社 2009 年版，第 29 页。

② ［法］马库斯·C. 贝克尔著：《劳动分工与知识分工：企业演化理论的因果关系》，［德］乌韦·坎特纳，［意］弗朗哥·马雷巴尔主编，《创新、产业动态与结构变迁》，肖兴志、郭晓丹、郑明等译，经济科学出版社 2013 年版，第 53 页。

之间存在协同演化(co-evolution),知识内生性影响经济增长,分工促进了"干中学"(learning by doing)的过程,它有助于提高技能,增长专业知识的积累,通过这种积累,社会生产力不断提升,同时促进了市场的良性扩张,进而激发新一轮劳动分工。大卫·李嘉图时代在《政治经济学及赋税原理》中通过科学劳动的规定把一切领域的劳动通约为必要劳动时间,这赋予了现代范畴的劳动两个决定性意义:一是具有历史意义的时间注入,使劳动范畴具备了主观效用的因素,为边际革命奠定了基础;二是科学抽象方法的运用,使生产劳动进一步客观一体化为大机器时代最重要的本质——资本主义生产关系,并以这种生产关系为新的基点考察社会历史进程,促使经济学从关注财富积累转向关注资本积累。斯密和李嘉图的理论对于后世具有重要的启迪作用,黑格尔和马克思从中汲取了丰富的营养,尤其是成熟时期的马克思,将现代范畴的劳动作为构筑理论大厦的基石。当然,目前所流行的主流经济学,也正是在对古典经济学体系作断章取义的理解基础上完成的。譬如,杰文斯把劳动定义为:"心或身所忍受的任何含有痛苦的努力,而以未来利益为全部目的或一部分目的者。"[①]马歇尔则更为功利化地认为劳动"不是为了直接从工作之中取得欢乐,而完全或部分地是为了某种良好的目的而进行的脑力或体力支出"[②]。可见,以效率为核心的主流经济学,仅从资源配置的供给与产出层面片面地理解了古典经济学的要义,将劳动定义为一种纯粹获取利益的手段,丧失了其作为感性的人的存在方式与现代社会生成本体论依据的哲学向度,马克思对这种方法论进行过严厉的批判,并在此

① [英]杰文斯著,郭大力译:《政治经济学理论》,商务印书馆1984年版,第133页。
② [英]马歇尔著,朱志泰等译:《经济学原理》(上卷),商务印书馆1964年版,第84页。

基础上拓殖出了全新的理论体系：

首先，马克思把古典经济学对直观的劳动样态研究发展为具有强大历史感的劳动史观。恩格斯曾这样评价，马克思“在劳动发展史中找到了理解全部社会史的钥匙的新派别”①。劳动是人的本质，是人生命活动的对象化，是人追求自由定在的根本活动，因此，劳动所体现的绝不仅仅是简单的物质利益交换关系，而是在人创造物、交换物中所生成的社会关系，这种社会关系，曾一度被康德抽象为“物自体”，被黑格尔神秘化为“绝对精神”，而马克思则从劳动范畴中发现了人对自然、人与人的对象化关系以及以此构建出的历史性的社会生活世界。可见，恩格斯的评论凝练地概括出了唯物史观的本质特征。

其次，马克思从劳动范畴出发，运用诸多学科知识，把在黑格尔《法哲学原理》中仅仅作为“中介”地位的劳动，发展为以劳动为核心范畴的理论体系，找到了“主观意识转变为客观物质力量的机制”②。因此，劳动范畴的核心地位是马克思在对古典经济学和德国古典哲学继承批判基础上的重大发现，也是马克思超越德国古典哲学，走向政治经济学批判的关键一步。在《资本论》中，马克思揭示的就是以劳动为核心的处在具体生产关系中的人从经济生活到人类生活的全部内容，从而创造了以剩余价值理论为核心的政治经济学批判，以无产阶级解放为核心的科学社会主义理论和以实践为中心的哲学体系，可见，传统意义上的马克思主义三大学科的划分，实际上是具有内在关联的整体，其核心程式正是马

---

① 《马克思恩格斯文集》第 4 卷，人民出版社 2009 年版，第 313 页。

② 鲁品越：《鲜活的资本论——从深层本质到表层现象》，上海世纪出版集团 2015 年版，第 99 页。

克思对劳动范畴的全新理解。

最后，通过对劳动范畴内部矛盾的揭示，发现了人类历史进步的根本动力。马克思在《资本论》中揭示了人类在劳动过程中生成了相互依赖的本质关系，无论是对劳动的二重性、价值的二重性、交换的二重性等诸多关系矛盾运动的阐释，都深刻地体现出由特殊向一般转化的辩证法思维，这些关系在社会发展的动力维度被抽象为生产力与生产关系的矛盾运动，在人类社会形态更迭的历史趋势中表现为人类社会三形态的演进过程，这种过程完整地彰显出人类社会在不断转化与扬弃矛盾中走在合目的性与合规律性相统一的逻辑甬道里。

基于以上论述，笔者以为，对改革开放40年来劳动观念的研究，必须以现代意义上的劳动范畴为起点，把由计划经济向社会主义市场经济转型的历史过程作为研究的具体语境，用马克思主义劳动观作为指导，从中发现具有中国特殊性意义和世界历史普遍性规律的劳动观念变迁过程。

第二节 经典著作中劳动概念的现实延展

中华人民共和国成立以后，人民在党的领导下开启了社会主义建设征程，社会主义公有制经济基础的建立，是这一时期全体人民辛勤劳动的结晶。当然，由于受计划经济体制的制约，这一时期的劳动观念以马列经典著作中的概念为标尺，劳动形式和劳动观念呈现出时代独有的特征。

黑格尔在《法哲学原理》中详细阐述了概念与观念的区别,简言之,概念是对事物的本质抽象,而观念是特定历史形态下不同国家、不同民族在思想中把握概念时形成的诸多形态,是概念在现实世界中的延展。马克思对劳动概念的阐述,主要沿着"人与自然之间的对象性活动→社会生产实践活动→创造价值的源泉→世界不断生成的动力→人的本质属性"这一线索展开。但是,中华人民共和国成立以后,马克思经典文本中对劳动概念进行的诸多论述,在中国特定的社会结构和历史形态中呈现出独有的观念形态,这些观念形态可以从劳动的主体性质、劳动的价值取向、劳动产品的分配原则和劳动的组织方式等方面加以把握。

其一,作为一种身份的观念确证,劳动主要体现出农民和工人的社会主义主人翁地位。马克思在《资本论》中通过对英国资本主义社会进行解剖,发现了无产阶级是人类解放承担者的秘密,在马克思和恩格斯的经典文献中,"劳动者"一般指向于资本主义生产关系中的产业工人。面对中国特有的国情和革命现状,中国共产党人结合中国革命和建设实际,丰富和发展了马克思列宁主义,尤其是对农民和工人双重地位的确认,成为中华人民共和国成立后劳动者观念的重要特征。首先,农民作为社会主义中国的主要劳动者,其主人翁地位通过农业生产得以彰显。中华人民共和国成立之初,工业和农业的生产力水平都极为落后,尤其是农村经济在经历了十余年战火的摧残后,呈现出千疮百孔的局面,农业生产不但直接关系到当时近5亿人口的生存问题,也制约着工业生产的资源供给,因此,农村的生产劳动受到国家的高度重视。其次,作为社会主义国家的领导阶级,工人劳动成为领导阶级身份地位的象征。社会主义建设时期的工人劳动,主要体现为计划经济体制下的工业生产行为，这种行为在特定经济体制和政治体制下不但具备经济性维度，更呈现出政治性内涵，工人的生产活动体现了作为国家主人翁精神的优越性，劳动不但是一种责任，更是一种荣誉和权利，工人阶级作为国家的领导阶级，集中体现为在工厂参与管理、行使集体权利等行为。再次，虽然知识分子的精神劳动也被关注和接纳，但其性质仍作为工人和农民劳动的附属而存在，知识分子的劳动地位仍居于工人和农民之下。恽希良先生曾认为，虽然对社会主义知识分子的脑力劳动给予了充分的认可，但理论基点仍处在“对立”的模式上，即脑力劳动仍具有一定的资本主义性质，社会主义制度下两种劳动的对立仍要存续一定阶段。可见，当时对脑力劳动者的劳动地位与价值，仍未摆脱教条式马克思主义的束缚。

其二，计划经济体制下的劳动观念，体现为集体主义的价值取向。对劳动性质的定位在这一时期十分谨慎，由于私向度的劳动被计划经济体制所排斥，在劳动的价值属性层面，集体主义成为劳动观念的价值判断。在计划经济体制下，劳动光荣体现在集体劳动的节拍里，无论在理论层面还是宣传话语体系中，劳动作为一种概念，主要指集体劳动，而与私有制、个人所有制等一系列范畴相关的劳作，很难被直接认定为“劳动”行为。集体劳动观念主要有三个层面。首先，集体主义劳动是全体人民的劳动，无论是工人、农民、干部还是解放军战士，都是劳动的参与者。值得关注的是，当时的干部参加集体主义劳动被认为是社会主义制度区别资本主义制度的一大特征，这种观念对于改进党的工作作风至今仍有积极的借鉴意义。其次，集体主义劳动体现出劳动的社会主义性质。由于受计划经济体制的制约，当时普遍认为社会主义制度的建立，会使劳动性质天然地发生改变，生产劳动中的剥削成分已经消失，劳动已经成为社会必要劳动，具有直接的社会性质，劳动者的劳动已从私有劳动转化为社会公共劳动。最后，认为劳动已成为集体主义下的一种自觉劳动。由于社会主义制度的建立，经典理论中的自觉劳动状态已经达成，劳动由“异化劳动”转化为自由自觉的劳动，“自觉自愿的劳动纪律代替了强迫劳动纪律是人类历史上的伟大转变”①。这种观念成为当时社会经济生活和人的思想状态的真实写照。

其三，以平均主义观念为分配原则的劳动，忽略了个人的创造性与主动性。在社会主义建设时期，平均分配被视作劳动产品的分配准则，“一大二公”被作为实现劳动平等的手段。首先，劳动分配只注重劳动的性质，忽略了量的差异和劳动形式的差别。譬如在农村，以“工分”作为核算劳动量的单位，只关注性别的差异而忽视了以个人为单位的具体劳动量的区别，同时，“工分”作为一种抽象的衡量单位，主要以时间进行计量，无法体现劳动在空间和形式的巨大差异，造成了实质的不公平，为后期“大锅饭”现象埋下了隐患。其次，平均主义的分配忽视人的差异性与个性化，把人的欲望、需要与能力视为无差别的质料，这种人群组成的劳动共同体，实际上还没有告别抽象的意义，劳动效率更无从谈起。最后，平均分配的劳动观念直接导致了对社会主义价值取向的误读，到了计划经济体制后期，贫穷反倒成为社会主义劳动者的“荣誉”。

其四，“劳动竞赛”成为劳动组织形式的观念。列宁在 1918 年指出：“社会主义不仅不窒息竞赛，反而破天荒第一次造成真正广泛地、真正大规模地运用竞赛的可能，把真正大多数劳动者吸引到这样一个工作舞台

① 千家驹：《为自己劳动和为社会劳动》，《经济研究》1955 年第 5 期。

上来，在这个舞台上，他们能够大显身手，施展自己的本领，发挥自己的才能。”[①]实际上，列宁关于社会主义劳动竞赛的思想，主要是为了驳斥资本主义国家对社会主义计划经济没有竞争、无法产生效率的指责，列宁系统地论述了计划经济体系可以运用劳动竞赛的方式提高生产效率，实现人的自由个性的途径。劳动竞赛思想对中华人民共和国产生过深远的影响，劳动竞赛以计划、指令、命令等形式组织，主要是为了完成上级指派的指令性计划任务，这种竞赛与市场竞争有着巨大的差异。首先，竞赛的目的是以公有制组织生产任务的完成为目的，忽略了个人在竞赛中的利益获得。其次，竞赛模糊了微观领域与宏观领域的差异，它主要是为了完成既定的任务，产品并非用于个人的交换，而是全部上缴给上级组织，因此，效率无从谈起。最后，竞赛的后果只有名次的差别，竞赛者既不需要承担不利的后果，也没有物质上的激励，对竞赛优胜者的奖励，更多地体现为政治地位的提高和精神上的鼓舞。

总之，这一时期的劳动观念具有时代特有的烙印，它一方面反映出广大劳动者为中华人民共和国建设事业做出的巨大贡献与牺牲，为改革开放奠定了坚实的物质基础，另一方面也造成了对社会主义事业理解上的偏差，实践的经验与教训倒逼着党在探索社会主义建设的曲折道路上不断摸索前行。

---

① 《列宁选集》第 3 卷，人民出版社 1972 年版，第 392 页。

第三节　改革开放推动劳动观念实质性提升

改革开放以后，社会主义市场经济开始孕育，广大劳动者在党的领导下依靠自己的勤劳智慧，走出了一条兴旺发达的中国特色社会主义道路。随着党和国家政策的全面进步，劳动关系由行政隶属型向市场契约化转型，劳动观念也发生着历史性变迁，劳动范畴的外延扩大，内涵加深。

其一，伴随着真理标准问题讨论的深化，计划经济体制下一系列观念的束缚被打破，劳动观念的破冰从探讨简单劳动和复杂劳动的关系问题开始。马克思曾在《资本论》中指出："比较复杂的劳动只是自乘的或不如说多倍的简单劳动，因此，少量的复杂劳动等于多量的简单劳动。"[①]在改革开放以前，由于片面地理解了这句话，理论研究只注重简单劳动的重要性。实际上，马克思所运用的方法是从抽象到具体的深入，这句话并非将两种劳动只做量的对比，而是为了抽象出具有一般意义的劳动价值论所运用的研究手法，质言之，简单劳动和复杂劳动的通约只能在抽象劳动层面进行，但是在具体层面，两者具有相对性的特征，需要辩证地加以理解。由于生产力水平处于不断进步的过程中，两种劳动始终处于历史性状态，原先的复杂劳动可能会因为科技水平的提高成为简单劳动，一个时代的复杂劳动可能成为另一个时代的简单劳动，可见，许多作

① 《马克思恩格斯文集》第5卷，人民出版社2009年版，第58页。

为结果的简单劳动背后，体现的是复杂劳动发展的历史过程，这个过程本身代表了人类历史前进的阶段性特征。因此，随着生产力水平的进步，复杂劳动会不断向简单劳动转化，而简单劳动的内涵也会不断加深。改革开放以后，通过对市场交换实践的反思，人们认识到，在处理复杂劳动和简单劳动之间的关系时，应格外注重知识进步、科技成果的转化等诸多方面，而这些方面均离不开市场经济的推动，在现实经济运行过程中，通过市场经济的中介作用，推动复杂劳动不断向更有内涵的简单劳动转化，才更能体现现代市场环境下劳动的技术性、交换的普遍性和社会主义劳动的进步性。

其二，重新看待生产性劳动和非生产性劳动。改革开放以前，非生产性劳动被认为具有资本主义属性，带有天然的剥削性质，改革开放以后，这种观点已经不能体现历史进步趋势。于光远先生撰文指出："认为在社会主义制度下只有生产物质资料的劳动才是生产劳动，其他就不是，而且把生产物质资料的劳动又狭窄地理解为直接处理劳动对象的劳动。这种在解放初期从苏联那里学来的这个理论，加上我国有一些人在处理实际问题上的错误见解，在实践上给我国经济建设带来了很大的损失。按照这种理论，我国商业和服务业、我国科学教育文化事业理所当然地不能受到应有的重视，在这些部门中从事劳动的人，理所当然地不能被承认为工人阶级的一部分。"①对非生产性劳动地位的肯定，为社会主义市场经济体制的全面发展提供了巨大的理论支撑，一方面，市场经济下重要的经济活动因素即第三产业具有了合法的社会地位，它们不再

① 于光远：《社会主义制度下的生产劳动与非生产劳动》，《中国经济问题》1981 年第 10 期。

是“投机倒把”的违法行为，而成为社会主义市场经济资源配置中最有活力的一个组成部分，另一方面，非生产性劳动使劳动者的范围有了充分的延展，劳动者不再局限于工人和农民，而是覆盖到了广大人民群众，尤其是为了个人生活而劳作的小生产者、商人也具有了劳动者地位。

其三，对精神劳动的肯定，标志着广大知识分子地位的确认。改革开放以前，广大知识分子的地位十分尴尬，知识分子的精神劳动也被定位为一种具有剥削属性的工作。改革开放以后，党的知识分子政策迎来了历史性转折，知识分子被确认为工人阶级的一部分。蒋学模先生曾指出：“精神产品就是科学、艺术、文学、政治思想、哲学思想等观念形态的产品，而精神生产和精神劳动就是以创造精神产品为目的的生产和劳动。它是一种创新的生产和劳动。”在社会主义制度下，精神劳动与物质劳动同等重要，呈现相互依赖、相互制约、共同促进的关系。① 20 世纪 80 年代以后，知识经济的全面来临使精神劳动逐渐成为主导物质生产的内生驱动力，“即使物质劳动对整个社会生活还具有基础性作用，然而它的决定性作用正被以科学技术为代表的精神劳动所取代”。② 精神劳动地位的肯定对改革开放的推进有两个重大的意义：一是直接促进了科学技术在国家建设中的主导作用，邓小平将之总结为“科学技术是第一生产力”；二是广大知识分子的地位最终得以肯定，社会对教育与科研工作者的劳动有了正确的认识，肯定了他们的劳动是创造社会财富、塑造人类美好心灵的活动，广大知识分子和教育工作者迎来了事业的春天。

改革开放前期关于劳动范畴的探索，给社会主义市场经济的发育带

---

① 蒋学模：《论社会主义的精神生产、精神劳动和精神产品》，《学术月刊》1984 年第 1 期。

② 袁杰：《论唯物史观语境中物质劳动和精神劳动的地位》，《哲学研究》2016 年第 2 期。

来了思想解放与思想启蒙，这些探索有力地突破了原有的界线，使劳动范畴从抽象的集体劳动观念逐步走到了体现个人价值的现实层面，劳动观念的变化折射出劳动形式已经从单一的劳动转化为多元化的劳动，经济运行模式开始走向以公有制为主体，多种经济成分并存的多元结构。然而，由于劳动范畴的打开，实践生活的不断丰富，观念层面的冲突也开始呈现。1981年5月29日，人民日报刊发的《一场承包鱼塘的争论》，引发了关于雇用几个工人才算资本家的讨论，这则消息背后实际隐藏着诸多令人深思的难题，劳动观念层面呈现两个维度的张力。

一个维度是，雇佣劳动的出现使人们不得不面对社会主义初级阶段内劳动力成为商品的问题。改革开放以后，社会主义市场经济体制蓬勃发展，市场经济的运行使越来越多的“承包鱼塘问题”涌现，“解放思想必须真正解决问题”①，问题倒逼着人们加以反思和变革。经过实践的检验和思想的交锋，人们认识到，社会主义市场经济下，劳动产品仍然以商品的形式存在，劳动者付出的劳动必须以货币形式加以报酬，这就形成相对等量劳动的交换，劳动力成为商品是社会主义市场经济体制下的客观存在，是当下历史前进过程中的必然。随着这一问题的破冰，雇工问题也就迎刃而解了，一方面，社会主义初级阶段低水平多层次的生产力状况决定了必然存在多种经济形式和多种经营方式，另一方面，社会主义市场经济的发育，也需要广大劳动者通过有利益回报的劳动加以驱动。

另一个维度是，个人劳动与社会利益之间的关系成为社会的突出问题。社会主义市场经济以每个劳动者的现实利益为驱动，鼓励个体价值

① 《邓小平文选》第2卷，第279页。

的发育，在改革大潮中，个体劳动开始受到重视，劳动者对自身劳动价值的重新认知，成为其取得社会价值的基础，个体劳动成为个人获取财富，创造美好生活的来源，因此，每个人的个性也开始蓬勃发展，财富的扩张使人的个性找到了现实中的定在①，但是，由于主体性意识的不断膨胀，人们开始忽略社会秩序的意义，个人侵害集体利益的行为时有发生；同时，知识分子的劳动地位虽然得到了肯定，但知识产权保护意识淡薄，大量侵害版权的行为开始成为社会的突出问题；最后，多元化的劳动形式，导致农村与城市的贫富差距，城市在社会主义市场经济的强力推动下不断崛起，农村依然固守着小农经济的劳动观念，城乡之间的观念对立，成为这个时期特有的时代标签。

总之，改革开放促使劳动范畴全面打开，广大劳动者在政策的激励下过上了富足的生活，中国特色社会主义制度在每一个具体劳动者的推动下彰显出其制度的优越性，同时，实践的发展速度之快让人措手不及，诸多矛盾开始暴露，改革开放步入了新的历史阶段。

---

① 黑格尔在《法哲学原理》中指出，财产权是人的自由实现过程中最重要的一环。财产权是自我意识在现实的物质世界找到规定性的标志，黑格尔将之称为自由的“定在”，在这个过程中，自我意识从纯抽象的状态进入了有规定性的状态，因此，财产权的确立与扩张，意味着人的自由定在的确立与扩大，同时，人的个性也在这个过程中不断发育。可见，财富是人的自由个性实现的一个重要环节。参见［德］黑格尔著，范扬、张企泰译：《法哲学原理》第一章“所有权”，商务印书馆 2013 年版，第 50～64 页。

第四节　社会主义市场经济体制的确立促使现代劳动观念不断充盈

党的十四届三中全会确立了社会主义市场经济体制，促使劳动形式发生了诸多变化，社会主义市场经济带来的人性解放与资本解放，不断解构着中国几千年的落后的劳动形式。劳动产权之间的自由交换，已成为中国现代性社会的重要特征，雇佣劳动关系已成为社会主义市场经济下人与人之间普遍的经济联系，“劳动关系从国家化、行政化向企业化、契约化加速推进，基本实现了市场化和法治化”[①]，劳动观念也在中国现代性发育中不断充盈。

其一，劳动主体范围扩大，劳动阶级属性得到最大化的延展，广大人民的劳动积极性被彻底激活，“不断实现最广大人民的根本利益提出了新的理论要求”[②]，也为劳动主体范围的打开提供了重要的合法性依据。据统计，1991 年，全国个体工商户 1 417 万户，从业人员 2 258 万人；私营企业 10. 78 万户，从业人员 184 万人；外商投资企业 3. 72 万户，从业人员 165 万人。[③] 广大私营企业主、合资企业主、个体经营户等原先被排斥在无产阶级以外的劳动者，在身份上具有了社会主义性质。党的劳动主体

① 宋士云：《改革开放以来中国企业劳动关系变迁的历史考察》，《当代中国史研究》2018 年第 1 期。

② 《十六大以来重要文件选编》（上），人民出版社 2005 年版，第 380 页。

③ 张厚义等：《中国私营企业发展报告 NO. 3（2001）》，社会科学文献出版社 2002 年版，第 6，12，32，43 页。

政策的历史性转变,及时化解了诸多阻力,凡是参与到社会主义建设中和拥护社会主义制度的劳动者都获得了平等的劳动地位,都能享受平等的劳动权利和政治地位。

其二,各类劳动成果受到普遍尊重,"劳动者光荣"观念成为社会的主流意识。首先,知识分子的精神劳动产品受到重视与保护。知识产权问题受到全社会的关注,知识分子的劳动样态、劳动成果越来越具体地展现在社会面前,人们认识到,精神劳作是一项艰难而系统的工作,精神产品不但具有现实的使用价值,而且对整个社会的进步更具推动作用,2005年成立的"国家知识产权战略制定工作领导小组",标志着我国把知识产权保护作为一项国家战略进行考量。其次,劳动者的合法权益受到重视。市场经济条件下经济活动层次复杂,劳动关系的特征从原有的长期性、单一性、依附性转变为短暂性、复杂性和独立性,劳动者的权益既不再受"单位"的制约,同时也丧失了"单位"的保护,这一时期,国家连续出台了《劳动合同法》《就业促进法》,为完善我国劳动合同制度、明确劳动合同双方当事人的权利和义务、保护劳动者的合法权益、构建和谐稳定的劳动关系提供了有力的法律保障。有研究表明,"《劳动合同法》降低了农民工的工作时间长度达23%,提高了农民工拥有各项社会保险的比例为10%~26%"①。最后,劳动成果的分配制度改革不断加大。原先计划经济体制下的平均分配被打破,按劳分配和按要素分配共存,广大劳动者可以根据个人利益选择分配形式,分配方式不再是由单向度的命令或指令构成,而是雇佣关系双方协商的结果。

① 杜鹏程等:《劳动保护与农民工福利改善——基于新〈劳动合同法〉的视角》,《经济研究》2018年第3期。

其三,劳动成为一种国际化理念。随着改革开放的不断扩大,劳动国际化成为这个时期的重要观念,首先,劳动产权的交换不仅成为国内普遍的经济活动,更成为一种国际化行为。改革开放使中国制造的产品得到国际认可,劳动产品成为中国形象的标志,大量带有中国特色、中国元素的产品在世界上塑造了全新的中国形象,尤其是针对第三世界国家的产品出口,很大程度上解决了当地的物资匮乏难题。其次,国际务工交流频繁,大量劳动者开始选择出国谋取职业。与计划经济体制下的劳动观念相比,劳动者不再对国外务工环境加以敌视,国家也开始有针对性地引导和鼓励劳动者外出务工。在外出务工劳动人员中,既有层次较低的纯体力劳动者,也有广大知识分子、技术人员。现在看来,当时的大规模国际劳务输出,为我国后来的社会主义现代化建设提供了坚实的人力资源基础。

随着改革开放的深化,固有的藩篱不断被打破,中国已经成为高速发展的现代化社会,与此同时,现代性症候也暴露在社会面前,尤其是劳动环境、生存环境和劳动伦理等问题备受挑战。

其一,劳动量的飙升带来了 GDP 的飞速发展,但在质上却呈现粗放型、复制化的缺陷。首先,GDP 在一定程度上是通过牺牲广大劳动者利益所换取的,尤其是数亿农民工群体的体力劳动,从劳动量的积累上推动着社会财富的增加,但大部分体力劳动者的劳动力十分低廉,劳动者的生活环境和工作环境没有得到相应的改善。其次,资本逻辑的展开,粗放型的经济发展模式伴随着高消耗、高污染的代价推进,国民劳动资源透支使用,人与自然关系紧张,造成自然伦理不断弱化,劳动者的生存环境遭遇到了极大的挑战。与此同时,由于劳动者的消费动力不足,透支资源的增长模式已经危及国家长远发展。最后，粗放型的劳动还表现在简单的产品的复制层面，一方面，大量私营企业的兴起，充分活跃了市场经济，带来了物质生产的极大丰富，但大部分生产都是简单模仿型的复制产品，质量无法得到保证，创新精神受到制约，“假冒伪劣”产品成为时代词语；另一方面，虽然知识产权保护日益受到重视，但是高质量的精神产品生产依然匮乏，盗版光碟、盗版软件层出不穷。经济发展在高增长的同时遭遇了严重的“瓶颈”。

其二，劳动伦理成为社会关注的焦点问题。所谓劳动伦理，是指“在劳动关系领域以劳动关系双方内心信念为基础的、调整劳动关系双方相互关系的行为原则和规范”①。它既是一个经济范畴，更是一个哲学范畴，主要关注劳动者的权利和义务、内在需求以及劳动道德观念。改革开放以后，各类资本在中国迅速发展壮大，资本逻辑的普适性在中国有了特殊的表现，改革开放带来了传统自然经济的解体，但强大的文化基因使劳动者在习俗上还处在巨大的历史轮盘的惯性之下，新一代城市劳动者还未剪断“人对人的依赖”的脐带，就被卷入“人对物的依赖”市场经济体系中。世俗主义、价值通约主义、经济个人主义与传统的小农经济意识形态相互冲突，导致伦理观念十分复杂。首先，弱势群体成为特定劳动者的代名词，这折射出劳动分配差距过大，劳动者在分配领域还不能受到公正对待的社会现实；其次，“过劳死”现象的出现，反映了雇佣者对劳动力的过度使用，忽视劳动者休息、疗养等一系列权利的后果；再次，各种劳动心理障碍层出不穷（譬如屡发的富士康员工跳楼事件），表

① 夏明月：《劳动伦理研究》，人民出版社2012年版，第142页。

明社会对劳动者心理健康、情感关怀的漠视;最后,各类劳动纠纷现象普遍发生,比如,国家编制内人员辞职问题、劳动保险与劳动合同效力问题、劳动者兼职问题等一系列计划经济体制下不存在的现象,在社会主义市场经济实践中得以暴露,深度考验着国家的法律制度和政策体系。

上述问题可以集中概括为以劳动力为代表的要素供给格局的改变和资源环境约束增强的挑战,面对这些问题,党中央及时地总结中国发展实践,借鉴国外发展经验,适时地提出了科学发展观,以人为本作为科学发展观的核心,将劳动者的人格尊严、经济利益、身心健康、工作生活环境、代际公平和情感关怀作为经济发展的核心地位加以确立,成为劳动观念的再一次飞跃。

第五节 坚持以人民为主体地位的新时代劳动观念

历史从根本意义上说是劳动者自己的事业,新时代"是全国各族人民团结奋斗、不断创造美好生活、逐步实现全体人民共同富裕的时代,是全体中华儿女勠力同心、奋力实现中华民族伟大复兴中国梦的时代,是我国日益走近世界舞台中央、不断为人类做出更大贡献的时代"。[①] 这段话意味深长地表明,新时代条件下的劳动观念,其核心价值是坚持人民主体地位,实现全体劳动者的福祉。

其一,共享理念的生成,使劳动者能够更为公平地分享自己的成果,

① 习近平:《决胜全面建成小康社会 夺取新时代中国特色社会主义伟大胜利——在中国共产党第十九次全国代表大会上的报告》,人民出版社 2017 年版,第 11 页。

劳动人民的获得感成为判断新时代劳动价值的标准。首先,劳动群众是历史发展的真正主体,不但创造着物质财富和精神财富,同时创造着新的社会关系,因此,“人民至上的执政理念是具体的而不是抽象的,坚持人民主体地位必须要具体化和实践化”①。可见,实现以人民利益为中心的发展,使劳动者共享劳动成果,才是展现社会主义市场经济的正确性、彰显中国特色社会主义道路必然性的根本标志。改革开放40年来,劳动者最根本的利益——生存权、发展权得到了维护,广大劳动者对社会主义制度的理想真正成为现实的美好生活,充分证明了改革开放是全体劳动者正确的选择。其次,社会生产力的变革,使劳动者共享经济发展成果从理念转化为现实。德国社会学家希尔德布兰德曾以交换方式的不同把社会发展划分为“自然经济→商品经济→信用经济”②,而共享经济就是基于信用基础上,把物的当前价值与未来价值通过共享信息,实现对物的使用权的共享与再分配。借助互联网技术和金融网络的普及,共享消费已延展到生活的各个方面,从共享单车到共享办公、共享服饰、共享租车,共享模式迅速成为新时代中国的一种普遍和基本的消费模式。这种模式的积极意义在于,劳动者能够跨越时间和空间界线,实现劳动成果的多次使用,资源配置的效率得到质的提升,极大地改善了劳动者的生活质量。最后,劳动者的个人梦想与国家发展的理想融为一体。最近,习近平提出的“劳动最光荣、劳动最崇高、劳动最伟大、劳动最美丽”的四个“最”,准确地凝练出新时代劳动观念的特征。改革开放是基于中国历史发展的时空坐标,遵循历史合规律性和合目的性相统一原

---

① 金民卿:《马克思主义中国化研究文稿》,社会科学文献出版社2018年版,第427页。
② 陈岱孙:《政治经济学史》(上),吉林人民出版社1981年版,第233页。

则，这既是中国共产党智慧的顶层设计，又是亿万劳动者的鲜活实践。中国共产党人所追求的财富路径，靠的是劳动人民的实践动力论，利用社会主义的先进制度和先进政党的作用，把党的根本宗旨与人民群众利益加以契合，使“强国”与“富民”之间有机地统一起来。在新时代，每个劳动者生存与发展的自觉、个人活力激发与财富创造的自觉，决定着国家强大的基础与条件，中国梦就是每个劳动者的现实追求，是在先进的制度下将个人劳动、创造和生命的勃发充盈在社会有机体中，中华民族的伟大复兴和劳动者的共同富裕只能在广大劳动者勤劳奋斗的基础上实现。

其二，在新发展理念的指引下，劳动伦理得到重点加强，人与自然、人与人的和谐关系成为社会广泛认同的伦理观念。首先，“绿水青山就是金山银山”的发展理念，使劳动形式、消费行为等一系列经济活动都有了重大的转变。一是在劳动的对象方面，赋予自然以道德关怀，把人的伦理与自然伦理统一考量，在处理当下利益与未来发展、环境保护等张力问题时，能够主动放弃短期利益，为未来的劳动提供长远保障，这点可视为新时代劳动观念的重大历史进步。二是工匠精神的弘扬，不但体现出劳动者整体素质的改善，更反映了劳动者人文素养和精神品质的提升，彰显了新时代中国工业发展的后发优势。其次，劳动者的情感关怀成为社会共识。进入新时代以来，新生代劳动者对生活质量的追求使劳动方式、表达形式、处理问题的模式都发生了变化，劳动者素质的提升、精神生活的关怀、城市治理的进步、城市高效率地运转等一系列问题成为有机的整体，尤其是在义务与责任、契约与奉献、个体与整体、诚信与人本、公平与效率等方面，更加强调相互耦合。最后，劳动伦理更为注重劳动的发展与中国传统精神的注入。劳动观念的演化，离不开家族相似的历史观念溯源，观念的更新更是历史性与共时性的坐标叠加，在新时代背景下，中国优秀传统文化的当代转化与创新发展，给劳动观念注入了新的正能量。

其三，各类劳动法律制度的完善使劳动者的地位和权益归入了被法所确认的属性中，劳动者和劳动产品不可侵犯，以及产权受法律保护成为新时代重要的劳动观念。在中国特色社会主义制度下，法治的基础是维护劳动者的主体地位，进入新时代以后，依法治国理念的全面推行，人民在依法劳动、依法享有劳动成果方面有了重大的历史进步，尤其是《物权法》等一系列民事法律制度的完善，使劳动成为被法确立和保障的对象。法治之于劳动者的关系已非可有可无的外部联系，而是处于本质地位的内生属性。党的领导、依法治国、人民当家做主成为有机的统一体，社会主义市场经济与法的同构，体现出党的领导、劳动者创造财富并共享财富、人民当家做主三者相一致的中国特色社会主义制度优越性。

其四，涉外劳动观念更为宏观和理性。随着全面深化改革的不断推进，中国的经济发展水平与发达国家的差距不断缩小，涉外劳动观念也随着新时代的到来变得更为宏观和理性。首先，从国家层面分析，“一带一路”、成立亚洲基础设施投资银行等一系列倡议的施行，促使中国劳动者的贡献对世界经济产生了强大的助推作用。新时代的涉外劳动观念，更加彰显了合作共赢的先进理念，中国不断地将其具有核心竞争力的劳动技术、劳动产品输出到国外，不但帮助广大不发达国家发展经济，而且广泛参与到发达国家核心产业的合作与竞争中。与此同时，中国的“和合”观念也广播到了世界各地，中国精神的独特优势受到国际社会一致认可。其次，以个人为单位的外出劳动更为理性，进入新时代后，单纯体力劳动的务工者已经不是外出劳务的主要群体，“我国科技队伍规模是世界上最大的，这是产生世界级科技大师、领军人才、尖子人才的重要基础”①。一大批技术人员、学者和高学历的学生成为到国外进行科研活动的主力军，这个现象背后折射出这样一个事实：中国的发展已经告别改革开放初期粗放式的模式，国家的核心竞争力空前提高，社会主义现代化的实现不再是遥不可及的梦想。

进入新时代以后，伴随着社会主要矛盾的转化，劳动观念的演化趋势也逐渐清晰：其一，把劳动者权益的保护放在首要位置。随着中国国力的不断增强，涉外劳动纠纷日益频繁。近期美国再次挥舞贸易制裁的大棒，对中国经济进行制裁，这个严重的问题背后表明，中国的崛起并非西方所情愿接受的事实，作为世界上最大的劳动市场，西方资本主义国家仍然把中国定义在资源掠夺与产品倾销的概念中，中国产品的广泛输出让美国倍感“疼痛”，而贸易保护主义再度盛行，中国劳动者和劳动产品在知识产权、利益分配、法律保护等方面仍没有受到国际社会公平公正的对待。在这种情形下，国家应从宏观层面制定有利于中国劳动者的政策与法规，加强劳动者的知识产权保护意识与自我防范的安全意识教育，在国际竞争中坚定地维护国家经济主权和劳动者的正当权益，瓦解西方二元对立的意识形态对我国劳动者的歧视与伤害，使人类命运共同体真正成为全世界劳动人民的共同理念。其二，加大对弱势劳动群体的权益保护与利益分配的倾斜。如今，中华人民共和国成立初期的劳动者

① 习近平：《习近平谈治国理政》第二卷，外文出版社 2018 年版，第 275 页。

大多已经步入晚年，他们为中国的建设付出了大量的心血，做出了巨大的牺牲，新时代的伟大成就离不开他们当年抛家舍业、艰苦奋斗的辛勤劳作，他们奠定了中华人民共和国的成长根基，但是，这些劳动者已经没有市场竞争的能力，很多人的生活还不富裕甚至比较拮据，国家应当通过有目的的顶层设计和社会调节，使这些劳动者享受到便捷、安全和持久的社会养老、医疗保健等公共服务，全社会也应当树立对离退休劳动者生活、情感关怀的价值理念，使每一代劳动者都能在晚年过上体面和有尊严的生活。此外，国家应当通过进一步的政策引导，鼓励知识分子、技术人员赴边远山区和边疆地区劳动服务。新时代的重要目标是彻底解决困扰中国几千年的贫困问题，精准扶贫的重点地区是边远的山区和边疆地区，那里不仅有生活贫困的群众，更有祖国未成年的下一代，在那里，为了教育祖国的下一代，许多知识分子付出了艰辛的劳动，领取着微薄的报酬，国家应当通过制度层面的调节，大幅增加这部分劳动者的收入，给予他们相应的政治待遇和社会保障，更好地实现劳动者平等、劳动光荣的社会主义核心价值理念。

第十一章　创新观念

本章内容提示：综观改革开放 40 年，不同的时代有不同的主题，创新观念因而具有鲜明的阶段性特征：改革开放前的创新主要是革命的激情和苦干精神的显现，其内在动力源于领袖感召下的激情；1978—1992 年，十一届三中全会唤醒了党和人民对创新的理性思考，中国人开始自觉把握世界历史进程，创新更趋理性化、开放化；1992—2012 年，国家创新战略的提出使创新在实践领域全面展开，创新更为科学化、体系化；自十八大以来，全面实施创新驱动发展战略，建设创新型国家，创新作为系统性工程，凸显了创新观念的全面性、系统性和人民性。从创新观念的发展轨迹来看，创新离不开中国共产党的领导和整个国家的转型；创新须有人民性，需要调动全国人民主动参与创造历史，创新成果要为全民所共享。

本章关键词：创新观念；改革开放；现代性

习近平在博鳌论坛开幕式上发表了《开放共创繁荣 创新引领未来》的主旨演讲，其中提出："中国人民坚持解放思想、实事求是，实现解放思想和改革开放相互激荡、观念创新和实践探索相互促进，充分显示了思想引领的强大力量。”①题旨鲜明地指出了我国改革开放的推动器——解放思想和改革开放、创新观念和实践探索。在进入新时代，站在决胜全面建成小康社会、夺取新时代中国特色社会主义伟大胜利的时代高地，总览改革开放40年的历程，创新观念的发展轨迹体现了中国人在创新认识上的三大提升：一是从经验的、情绪的创新转变为自觉把握世界历史进程，主动将中国的社会发展置于世界的历史坐标中进行考量；二是从精英创新到大众创新，动员广大人民群众参与创造历史的积极性；三是创新从“点”到“面”，再到“体”，进入新时代，我国大力实施创新驱动发展战略，着力建设创新型国家。每个时代都有要解决的问题和要完成的任务，不同的时代境遇打造了不同的创新观念和创新实践，需要分阶段进行探讨。

第一节　1978年以前：创新更多的是革命的激情和苦干精神的显现

为避免落入苏联模式的窠臼，毛泽东主张走独立自主的发展道路，对社会主义建设的初步探索就是创新。中国共产党解放了劳苦大众，确立了人民当家做主的地位，激发了他们对美好生活的向往以及开展社会主义建设的豪情。创新的动力源自对伟大领袖的感召，以获得荣誉为目

① 摘自新华网：www.xinhuanet.com，2018年4月10日。

的，充满了情绪化。因而，这时期的创新主要是革命激情和苦干精神驱动下的创新，是一个传统习俗社会下的发展方式革新，表现为集体劳动过程中以工人、农民为主体力量所迸发的发明创造。这时期的革命激情有两层含义：一不是来自书本的逻辑，而是在感性的实践中探索；二是人民群众对共产党正确领导的感召，对主人翁地位的体现，最大化地调动了他们的创新智慧，在生产中涌现出许多新模式、新方法。

一、“一化三改”时期，工业化建设浪潮下的创新

为尽快建立社会主义制度，毛泽东在新民主主义革命完成后，提出了发展社会主义工业化的过渡时期总路线，同时进行了对农业、手工业、资本主义工商业的社会主义改造，即“一化三改”，其中工业化是主体。举国上下参与工业化建设的浪潮激发了工人阶级的创新积极性，涌现出大量的小发明、小创造、小革新和车间小能手。为推进工业化建设，全国总工会发出“进一步开展增产节约劳动竞赛，保证全面完成国家生产计划”的号召，激发了工人阶级的创新热情。鞍钢技术革新能手王崇伦发明和改进了“万能工具胎”，1 年完成了 3 年的劳动定额。大同煤矿工人马六孩和他的伙伴们创造了一套巷道快速掘进法，大大提高了劳动生产率。青岛青年女工郝建秀的细纱工作法在纺织系统全面推广，各地棉纺厂不断刷新生产记录。“每一秒钟都为创造社会主义社会而劳动”——这种伟大时代精神的感召，反映了工人阶级献身社会主义工业化的豪情壮志，鼓舞着各行各业的人以高涨的革命热情为社会工业化而忘我奋斗。

在农村，为早日实现“耕田不用牛”，“楼上楼下，电灯电话”的生活，以及大力配合工业化发展的需要，改造落后的生产关系，开展互助合作，在有条件的地方进入初级农业合作社。农业合作社对生产方式进行了改造，如采用合理密植、兴修水利、灌溉施肥等现代化农业生产技术，提高劳动生产效率。共青团在农村成立了青年突击队，在抗旱、防涝、积肥、灌溉、除害虫方面都起到了模范带头作用。在开展垦荒和增产节约运动的浪潮中，大量知识分子也投入轰轰烈烈的农业现代化建设中，最有代表性的是百万知识青年开发北大荒；上海青年志愿者在江西开垦荒地建立“共青社”。对社会主义现代化建设的革命激情激励着成千上万的青年人奔赴农村广阔的天地，开展各种创新活动。这主要源于人们对主人翁地位的响应和忠于毛主席、忠于党的革命赤诚，它最大限度地调动了个人的主观能动性，最大化地激发了人们的积极性和创造性。

二、十年社会主义建设时期艰苦奋斗、奋发图强的创业精神

毛泽东提出要独立自主、自力更生，建立独立完整的工业体系和国民经济体系，实现“四个现代化”的总任务。在总目标的指引下，各族人民意气风发，“有条件要上，没有条件创造条件也要上”，斗志昂扬地投身于热火朝天的社会主义建设。以王进喜为代表的大庆石油工人、科技人员和干部坚持“三老”“四严”“四个一样”[①]，铸造了不怕吃苦的铁人精神。

---

① 即对待事业，要当老实人，说老实话，办老实事；对待工作，要有严格的要求、严密的组织、严肃的态度、严明的纪律；白天和黑夜干工作一个样，坏天气和好天气干工作一个样，领导在不在场干工作一个样，有没有人检查干工作一个样。

鞍钢在厂长孟泰的带领下开展技术革新运动，建立了“孟泰储焦槽”，每年可节约上万吨焦炭。同时，外在压力也促进了国内的技术创新。从当时的国际环境来看，以美国为首的资本主义阵营对中国进行了封锁。苏联也背信弃义，撤走了它在中国的全部专家，逼迫还债，社会主义建设道路陷入了困境，迫使我们自力更生，走自主创新道路。在苏联停止对我国供应大型轧辊的情况下，孟泰带领鞍钢进行了联合技术攻关，成功自制了大型轧辊，突破了苏联的封锁，填补了冶金史的空白。王崇伦组织了一千多名职工和五百多名技术能手协作攻关，克服了三十多项技术难题，对金属生产工艺进行了改进，如金属切削方面的“群钻”。

在农村，山西昔阳县大寨大队在陈永贵等共产党员的带领下，以毛泽东思想为指引，凭借艰苦奋斗的创业精神，治山治水，在“七沟八梁一面坡”的不利条件下战胜了自然灾害，改变了靠天吃饭的落后面貌，铸就了战天斗地的大寨精神。在全国掀起的“工业学大庆”“农业学大寨”的热潮下，河南省林县人民在县委领导下，在“大寨精神”的鼓舞下开凿出一条“惊天地、泣鬼神”的人工天河——红旗渠，彻底告别了农田缺水、“水贵如油”的历史，创造了人间奇迹，铸就了吃苦耐劳的红旗渠精神。这一时期还涌现出一批先进个人事迹，如沈阳军区的雷锋在平凡的工作岗位上“甘当螺丝钉”，勇于奉献，乐于助人。河南兰考县委书记焦裕禄带领全县人民摆脱贫困面貌，鞠躬尽瘁，“生也沙丘，死也沙丘”，展现了一个优秀共产党员的光辉形象。这时期的创新源于强大的精神力量，“与天斗，与地斗，其乐无穷”的革命激情。这种创新精神虽然从现在来看具有一定的局限性，但在当时生产落后、技术缺乏、国际封锁的条件下，最大限度地调动了全国人民的激情，是建设社会主义的必由选择。

三、独立自主、艰苦奋斗精神驱动下的科学技术创新

为尽快建立国家独立完整的工业体系，实现“四个现代化”，以毛泽东为核心的领导集体非常注重科学技术的应用与创新。周恩来发出“向现代科学进军”的动员令，毛泽东号召全党努力学习科学知识，集全国之力编制出《一九五六— 一九六七年科学技术发展远景规划纲要》。同时，毛泽东非常重视知识分子的作用，宣布他们是工人阶级的一部分。还成立了科学规划委员会，使我国科学事业进入一个有计划的新阶段。为赶上世界科学先进水平而奋斗，使举国上下为之振奋。以钱学森、李四光、钱三强、华罗庚、邓稼先、茅以升等为代表的一批著名科学家放弃海外优越的生活条件和工作环境，为祖国的科学事业做出了重大贡献。

地位的提升使知识分子以高涨的热情投入科学研发中。如以邓稼先为核心的“两弹一星”团队，在 1964 年成功爆炸了第一颗原子弹，在 1967 年成功研制出氢弹。除原子弹和氢弹外，在个别高精尖领域取得重大突破，万吨水压机、中程导弹、人工合成胰岛素、超音速歼击机、核导弹发射试验成功、第一次地下核试验成功、“人造卫星”成功发射、核潜艇研制成功、每秒百万次集成电路电子计算机研制成功、回收发射人造卫星成功。高精尖技术的创新是当时最大的创新，中国国防尖端科学技术的研制进入全面自力更生的新阶段，一批批科学家勇敢地站出来，制造出了中国人自己的“两弹一星”，是中国人民在极端落后的条件下所进行的自主创新。在毛泽东独立自主、自力更生的号召下，科学技术创新坚持走自己的路，建立了自己的科学家队伍和相对完善的科研体系，建立了

现代化的国防事业和完整的工业体系，完成了工业化的原始积累。

第二节 1978—1992年：思想解放运动唤醒了对创新观念的深刻反思

“文革”结束后，国际国内环境发生了新的变化。国际上，在第二次世界大战中战败的日本重新实现了经济腾飞；为加强贸易往来，西欧实现了经济一体化；美国在向后工业社会过渡。在这种背景下，中国何去何从？是继续国内的阶级斗争，还是实行改革开放，融入世界？在国内，拨乱反正，重启社会主义经济建设的决定遭遇到“两个凡是”的阻挠，因此必须回答究竟应该用什么样的态度来对待无产阶级先驱文化真理这一问题。必须来一场思想上的大解放，才能真正回答“什么是社会主义，怎样建设社会主义”这一根本性命题。

一、指导思想的创新

思想解放运动唤醒了对创新观念的深刻反思，标志着中国共产党人在新时期的伟大觉醒，促进了新时期从理论到实践的伟大创造，也促使中国人民踏上了建设中国特色社会主义的新征程。创新精神推动了波澜壮阔的创新实践。解放思想，首先从批判“两个凡是”开始。

(一)"解放思想"对"两个凡是"的颠覆

"文革"结束后,拨乱反正和重新恢复社会主义建设的诉求遭到了党内"两个凡是"的限制和阻挠。要彻底澄清人们思想的混乱,首先需要解决这样的问题:究竟应当怎样对待毛泽东的指示?判定历史是非的标准到底是什么?由此在党内引发了一场关于真理标准问题的大讨论。以邓小平为核心的党中央认为,毛泽东思想是一个完整的思想体系,要掌握贯穿其中的科学观点和科学方法,而不能断章取义。邓小平重申了我党坚持实事求是的优良传统,提出实践是检验真理的唯一标准,打破了思想上的僵化和个人崇拜,将人们的思考引入国家应该向何处去,如何搞好社会主义现代化建设的重大课题上。思想上的解放,使人们冲破了教条主义的禁锢。十一届三中全会开启了中国的现代性,具有两个划时代的意义:第一,它将党和国家的工作重点转到以经济建设为中心,这意味着在发展路径上,"经济"将取代"政治"而成为社会发展的主轴,经济合理性将成为社会的行事原则;第二,中国社会发展的动力将从"荣誉驱动"(如争当先进)转变为"欲望驱动"(如追求财富),从而宣告了一个世俗化和物质化的时代即将来临。

(二)创新与封建主义思想残余之间的博弈

创新的动机源于对未来收益的追逐,体现为一种开拓进取、永不满足、勇于颠覆的"浮士德精神",它需要不断地突破自我、超越自我极限的文化。但封建主义思想含有大量的明哲保身和不思进取的消极思想,如"枪打出头鸟""知足常乐"等怠惰的想法,不利于社会上开拓精神的普及，缺乏勇于颠覆的创造性。封建主义思想残余重视人情关系，忽视规则、契约，强调“三分处人，七分处事”，极易滋生“不正之风，漠视社会规则和道德，因而是法治意识的重大障碍。没有界限分明的社会规则，无法处理工业化条件下的责、权、利关系，难以形成有效的市场秩序，而这是微观领域创新的前提条件。在实践中，封建残余意识利用党和国家体制上的某些弊端得到了合法的繁衍和滋生……对社会出现的新生事物，对新的伦理道德价值观的发展，对代表着时代发展趋势的一切改革的设想和实践，对人们新的生活方式、思维方式、交往方式的建立，同样起着消极的阻抗作用”。① 因此，中国要走向现代化取决于何种程度上告别封建残余思想和古老习俗社会的影响。社会主义现代化能否成功，离不开体制改革深度推进过程中继续深入彻底反封建。②

（三）“科学技术是第一生产力”

指导思想创新的另一表现是“科学技术是生产力”的提出。邓小平认为，中国要走现代化的建设之路，必须依靠科学技术，并且明确提出“四个现代化，关键是科学技术现代化”，从而奠定了科技创新推动经济发展的基调。我国的经济发展必须依靠科学技术，它直接衍生出的命题就是如何对待掌握科学知识的知识分子。因此，中国要走向现代化取决于何种程度上尊重知识、尊重知识分子的创造精神。邓小平号召尊重脑力劳动，尊重人才，推翻了“文艺黑线专政论”和“教育黑线专政论”。

---

① 张雄：《论20世纪我国反封建主义的深入发展》，《创新：在历史与未来之间》，商务印书馆2010年版，第70页。

② 张雄：《论20世纪我国反封建主义的深入发展》，《创新：在历史与未来之间》，商务印书馆2010年版，第58页。

1978年3月召开了全国科学大会，肯定了为社会主义服务的知识劳动者是劳动人民的一部分。大会做出了我国社会主义科学技术事业发展进入新阶段、向现代科学技术现代化进军的号召，动员全党大办科学。会议上通过了《1978—1985年全国科学技术发展规划纲要(草案)》，提出了“到本世纪末赶上或超过世界水平”的目标。中国科学院院长郭沫若因此激动地说：“我们民族历史上最灿烂的科学的春天到来了。”作为培养知识分子的摇篮——大学，也在这一时期得到恢复，这意味着我国人才培养模式重新步入了健康发展的轨道。

二、经济体制创新

邓小平曾说：“为了有效地实现四个现代化，必须认真解决各种经济体制问题。”[①]改革开放重启了发展社会主义经济的道路，将坚持社会主义性质不变和提高劳动人民的积极性结合起来，不断推进经济体制创新。在经济体制创新上，再次走了“农村包围城市”的道路。

(一)农村经济体制创新

经济体制创新最先在农村取得突破性进展，这是一个逐步推进的过程。安徽省率先在土地使用管理上实行了“分地到组，以产计工”的责任制，打破了平均主义大锅饭。四川省实行了“以产定工、超额奖励”的试验；云南省楚雄彝族自治州等地推广包产到组的管理责任制；广东省在

① 《邓小平文选》第2卷，人民出版社1994年版，第161页。

农村社队普遍推行“五定一奖”的经营管理制度。为从根本上提高农民的生产积极性，安徽省凤阳县小岗村进行了突破常规的探索，他们实行了包产到户和包干到户的家庭联产承包责任制，农民生产的东西，“在保证国家的，留足集体的，剩下都是自己的”，农民获得了较高的自主权。农村经济体制创新的另一重要后果是乡镇企业的异军突起。人民公社制度的取消为农村商品经济的发展创造了有利环境，取消农副产品统购统销政策，重启市场的作用。由于存在土地成本和劳动力成本上的天然优势，乡镇企业逐渐繁荣起来。这一时期形成了以集体经济为主的苏南模式和以私人经济为主的温州模式。苏南模式依靠政府力量发展集体经济，如无锡的红豆集团；温州模式则依靠农民自己的力量发展个体私营企业，如浙江萧山民营企业家鲁冠球的万向节厂。这两种模式代表了改革开放之初，在市场经济制度尚未完全确立的前提下，农村经济发展在坚持社会主义的基础上，对经济模式的一种探索和创新。

（二）城市经济体制创新

农村经济体制改革的成功，推动了城市的经济体制改革，其中最有代表性的是国有企业管理制度创新。在坚持公有制经济主导地位不变的前提下，为搞活国有企业，实行了经济责任制，其最终目的是把企业和职工的经济利益与承担的责任和实现的经济效益联系起来，增强广大干部职工的主人翁意识。起初实行“划分收支、分级包干”，多收可以多支的新财政体制。虽然经济责任制并未触及国有企业经营问题的根本，也存在诸多局限性，但它迈出了冲破高度集中的计划管理模式的第一步。国有企业的积弊主要在于内部管理和与政府的关系方面，要真正根治国有企业的体制弊端，还需要更大幅度的改革。为搞活国有企业，采取了承包经营责任制，这是国有企业在内部管理上的一次创新和尝试，它奖责分明，增强了企业自我改造和自我发展的积极性。还尝试了租赁经营责任制和股份制，上海飞乐音响向本企业和社会公开发行股票，表明我国在探索企业经营制度上突破了"资社之争"的形式化束缚，股份制作为一种经营模式并不必然与资本主义联系在一起，社会主义也可以用，从而使思想进一步得到解放。为扩大对外开放，创办了经济特区和建立了"三资企业"。

第三节　1992 — 2012 年：国家创新战略的提出以及创新实践的全面展开

党的十五大指出迎接新世纪科技革命的挑战，要把科技进步和创新发展作为更重要的战略，把发展教育、培养人才放在优先的战略地位。胡锦涛在党的十七大报告中明确指出："提高自主创新能力，建设创新型国家是国家发展战略的核心，是提高综合国力的关键。"随着改革开放进入新阶段，创新得以提升。这一时期确立了社会主义市场经济体制，开创全面改革开放新格局，对创新的认识也逐渐成熟化和体系化，创新机制和创新制度不断完善。

一、从“科教兴国战略”到“建设创新型国家”：创新地位的战略提升

党的十五大提出了科教兴国战略，反映了科学技术对我国现代化建设的推动作用日益重要。根据十五大《关于加速科学技术进步的决定》，实施科教兴国战略，要全面落实科学技术是第一生产力的思想，坚持教育为本，把科技和教育摆在经济、社会发展的重要位置，增强国家的科技实力及向现实生产力转化的能力，提高全民族的科学文化素质，把经济建设转移到依靠科技进步和提高劳动者素质的轨道上来。这是保证国民经济持续、快速、健康发展的根本措施，是实现社会主义现代化宏伟目标的必然抉择，也是中华民族振兴的必由之路。江泽民曾说：“创新是一个民族进步的灵魂，是一个国家兴旺发达不竭的动力。一个没有创新能力的民族，难以屹立于世界先进民族之林。”[①]为促进科技创新，党和国家进行了一系列的配套改革，建立了健全的表彰激励机制，从荣誉和物质两个方面调动科技人员的积极性。十六届五中全会提出要建设创新型国家，加快国家创新体系建设。主要有三点：第一，将自主创新作为国家战略，走中国特色自主创新道路；第二，对国家创新体系做出详细部署，含技术创新体系、知识创新体系、区域创新体系等；第三，培养具有创新精神的人才队伍。在此期间，围绕重要学科前沿和战略必争领域取得了一批重大自主创新成果，载人航天、探月工程、超级计算机实现重大

① 中共中央党史研究室：《中国共产党的九十年》，中共党史出版社 2016 年版，第 824 页。

突破。

二、创新实践的全面展开

创新地位的国家战略提升，使创新精神在实践中全面推行开来。自主创新能力将作为调整产业结构、增长方式转变的中心环节，推动建设资源节约型、环境友好型社会。注重激发全民族的创新精神，大力推进理论创新、制度创新、科技创新。在全社会发展创新文化，培育创新精神，将创新作为一种精神文化，倡导敢于创新、勇于竞争和宽容失败的精神，使创新想法得到尊重，这一切都得益于市场经济体制的建立。

（一）社会主义市场经济体制的构建

社会主义市场经济体制的构建是理论与实践的重大创新。创新本是市场经济一题中应有之义，市场竞争中“优胜劣汰”的生存法则会自动激发企业家的创新动机。社会主义市场经济体制建立的重要意义在于为市场主体提供合理追逐利润机会的激励，理顺能够充分发挥人们聪明才智的体制，让人们不断扩大的逐利欲自发推动创新在各个领域蓬勃发展，是微观领域创新的根本前提。以经济理性为主轴促使创新蓬勃发展，其主要内容有三方面：一是所有制结构创新。党的十五大明确提出，多种所有制经济共同发展是我国社会主义初级阶段的一项基本经济制度，将非公有制经济定位为我国社会主义市场经济的“重要组成部分”，并提出了“混合所有制”的概念。二是企业制度创新。为适应市场经济条件下的社会化大生产，逐步形成了以市场经济为基础、以公司制度为核心的现代企业制度。三是融资体系创新。新成立一批股份制银行，打破了国有银行的垄断地位。在资本市场上进行了股权分置改革，逐步解决了流通股与非流通股之间“同股不同权、同股不同价”的问题。建立了多层次的资本市场，以满足不同水平、不同层级的企业需求。

（二）实践领域的创新

继续沿着上一阶段以城市为重点的体制改革，创新在实践领域全面展开。

1. 以城市改革为先导

以城市为先导的改革，主要包括国企改革和所有制改革。党的十四大以后，按照建立社会主义市场经济体制的要求，国有企业从先前的修修补补式的改革转变为转换机制、制度创新的彻底式改革。按照“产权清晰、权责明确、政企分开、管理科学”的现代企业制度，把深化国企改革与企业改组、技术改造和加强管理结合起来进行试点。按照现代企业制度，政府将从企业经营中完全退出，将企业培育成自主经营、自负盈亏的法人实体和独立的市场竞争主体。在试点现代企业制度的同时，还进行了“优化资本结构”的试点。通过破产、兼并等形式帮助建立国有企业优胜劣汰的市场竞争机制，还分离了国有企业的大量社会功能，补充企业资本金、分流富余人员，以加强企业的市场定位。为搞活国有企业，起初实行了“抓大放小”策略，之后又实行了“国退民进”，以腾出空间发展民营经济。

国有企业还进行了公司制和股份制改造。为建立现代企业制度，国有企业改组为有限责任公司和股份有限公司，以公司财产为限承担责任。国有企业通过不断“减负”，积极探索增强企业竞争力的途径。具有标志性的事件是国有企业中亏损最大的纺织行业通过压缩，淘汰落后产能、分流下岗职工，摆脱困境。此后，在东北老工业基地，对大量国有企业进行了类似的改革，使全国国有企业扭亏为盈。

2. 农村经济发展模式创新

随着社会主义市场经济的发展，以交换为媒介的经济交往模式逐渐成为社会的主导模式，促进我国在农业管理体制和产业结构上进行调整。首先是农村在农业生产上出现了产业化经营，将生产、经营、服务连成一体，即将生产环节与销售环节联系起来，延长产业链条，增加附加值，实现节约化效益化经营。这样降低了单个农户生产上的分散性和所面临的市场风险，有利于形成规模化经营，是我国在市场经济背景下对农村经济发展模式的一个重大创新。此外，积极推进小城镇和乡镇企业建设，构建多层次的市场结构。江泽民曾说：“认真总结经验，进一步发展乡镇企业，进一步发展小城镇，应当作为农村经济社会发展的一个重点。”自改革开放以来，乡镇企业为农村经济的市场化、非农化做出了很大贡献，降低了农业人口数量，增加了社会财富，形成了有特色的产业，如义乌小商品城。但乡镇企业在布局上较为分散，不利于区位优势的形成和产业结构升级。而小城镇建设能够形成完整的空间结构，促进产业的聚集，从而克服这一弊端。两者相互融合，有利于形成一定区域内的经济增长极，辐射周边地区，带动农村经济发展。小城镇和乡镇企业建设对于统筹城乡发展，转变增长方式，优化产业结构和促进城乡之间生产要素的流动发挥了重要作用，也是推动城市化进程的中的另一重大创新。

（三）科学技术创新

20 世纪 90 年代以后，科学技术日新月异。党中央提出了科教兴国战略，将科学技术创新提到国家战略的高度，并在科技体制建制方面进行了重大创新。主要表现在：一是突出自主创新，走“产学研”科学创新之路。在学习、引进国外先进技术的同时，着力提高国家的自主研发能力，既能借鉴人类已有的先进成果，使我国的科学技术发展融入世界先进行列，又能根据我国国情体现弯道超车的后发优势。二是逐渐形成了一套完善的科技创新体系，主要表现在：在项目选择上，坚持“有所为、有所不为”的方针，突出重点，选择能够跃居世界前沿、对国民经济和社会发展具有重大带动作用的课题。在人才机制上，组织专门队伍，齐心协力，重点攻关。在管理体制上，实行“稳住一头，放开一片”的方针。三是重视知识在创新体系中的应用。1998 年批准中科院组织实施“知识创新工程”“技术创新工程”和“211 工程”等，形成了国家创新体系的总体战略布局。从结果来看，组织实施了国家重点科技攻关计划、高技术研究发展计划、重大科技成果推广计划、自然科学基金以及“火炬”计划、“星火”计划等，从知识着手，提高科学技术的知识含量。同时确定了科技的发展方向是基于经济建设的目的，科学技术要为解决经济社会发展中的热点、难点、重点为导向，根据世界经济、科技发展趋势，合理部署科技发展工作。

第四节 自十八大以来：创新观念的全面性、系统性及人民性

十八大决定全面实施创新驱动发展战略。习近平曾说："国际经济竞争甚至综合国力竞争，说到底就是创新能力竞争。谁能在创新上下先手棋，谁就能掌握主动。我们要大力实施创新驱动发展战略，加快完善创新机制，全方位推进科技创新、企业创新、产品创新、市场创新、品牌创新，加快科技成果向现实生产力转化，推动科技和经济紧密结合。"[①]创新是一个系统性工程，要将其真正落到实处，需要调动全国人民的积极性和创造性，建立完整的创新机制，在宏观环境上不断地深化改革，建立良好的生态环境。

一、创新是系统性工程

十八届五中全会提出"必须把创新摆在国家发展全局的核心位置，不断推进理论创新、制度创新、科技创新、文化创新等各方面的创新，让创新贯穿党和国家的一切工作，让创新在全社会蔚然成风。"需要注意的是，创新驱动发展战略是一个系统工程，需要理顺宏观环境与微观政策、理论创新与实践创新之间的逻辑关系。从宏观环境看，经济建设、政治建设、文化建设、社会建设、生态文明建设，着眼于全面建成小康社会、实

---

① 中共中央文献研究室：《习近平关于社会主义经济建设论述摘编》，中央文献出版社2017年版，第125页。

现社会主义现代化和中华民族伟大复兴的“五位一体”，框定了“实现什么样的发展、怎样发展”这一重大战略的走向，为创新实践指明了方向。在思想上，中国特色社会主义道路自信、理论自信、制度自信、文化自信的“四个自信”，提供了创新的精神力量，使创新在突破封闭僵化的老路时，避免走改旗易帜的邪路。“四个全面”战略布局体现了结合实际、继往开来、勇于创新、独具特色的思想，一方面回答了怎样坚持和发展中国特色社会主义，另一方面为实践领域的创新提供了理论指导，不忘初心。在进入新时代，党提出了五大新发展理念“创新、协调、绿色、开放、共享”，其中创新居于首位。创新是实现民族复兴和中国梦的核心力量。习近平在十九大报告中强调要加快建设创新型国家，指出创新是引领发展的第一动力，是建设现代化经济体系的战略支撑。① 在宏观经济环境上，坚持对外开放，推行“一带一路”倡议。

二、创新观念的人民性

创新观念的人民性主要体现为调动广大人民群众主动参与创新的积极性和创新成果的全民共享。新时代是属于每个人的，每个人都有出彩的机会，因而创新不是属于少数精英，而应该具有大众性。李克强曾提出“大众创业，万众创新”的口号，“鼓励创新，宽容失败”是对创新创业的精神激励。在迈进新时代，加快建设创新型国家的背景下，应该调动全中国人的创新精神，着力打造人人创新的社会氛围。但要将创意、创

① 习近平：《决胜全面建成小康社会 夺取新时代中国特色社会主义伟大胜利》，人民出版社2017年版，第31页。

造及时转化为创新行动，需要资金支持。因此，在市场经济语境中，万众创新的实现需要便捷的融资渠道和科学技术的应用。就融资渠道而言，传统的银行体系和资本市场由于进入门槛高，并不适合中小企业创业。而风险资本注重项目本身的可发展性和企业的成长性，更为看重未来的风险收益，两个创新最显著的领域即网络经济和共享经济，都是在风险资本推动下发展起来的。著名的风险资本公司红杉资本在中国投资的企业包括新浪网、阿里巴巴、京东商城、唯品会、聚美优品、奇虎360等[①]，中国网络购物浪潮的兴起正是因为有这些资本的支持。在共享经济背景下发展起来的共享单车，如ofo、摩拜等都得到了这些风险资本的支持。网络在创造经济发展新模式、新业态方面发挥了重要作用，还有一种新型的发展模式——众筹，利用互联网募集资金，具有门槛低、多样性、注重创意的特点，让小企业、艺术家或个人的想法有了付诸实践的机会。

创新就是要满足全体人民不断提高的需求，创新成果须为全民所共享，才能最大限度地调动人民创新的积极性，这需要在分配领域坚持分配正义。我国的分配问题不是源于市场的优胜劣汰，而多是由制度造成的，主要集中在初次分配领域，那么在二次分配中就要予以矫正。主要可从两个方面进行：一是提高社会救助力度。利用政府的转移支付功能，提高社会救助力度，保障社会中的弱势群体。一个社会中弱势群体的生活状况反映了一个国家对人民的态度，我国作为人民当家做主的社会主义国家，更应该体现这一点。二是利用公共资本，加大社会公共产

① 向松祚：《新资本论》，中信出版社2015年版，第72页。

品的投入。随着市场的发展，政府应更多关注公共产品。公共资本来源于大众，应最终服务于大众，服务大众的渠道就是加大公共产品的投入。近年来，国家推动下的城市化进程发展迅猛，在农业人口市民化的转型中出现了很多问题，最突出的是住房、教育、医疗，这都需要大量公共资本。

三、打造良好的宏观环境

创新需要不断地深化改革，习近平说实施创新驱动发展战略是一个系统工程。科技成果只有同国家需要、人民要求、市场需求相结合，完成从科学研究、实验开发、推广应用的“三级跳”，才能真正实现创新价值、实现创新驱动发展。① 要将科技成果顺利转化为现实生产力，需要破除科技创新链条上的诸多体制机制关卡，将创新和转化之间的各个环节紧密连接起来。这需要深化科技体制改革，破除一切制约科技创新的思想障碍和制度藩篱。其中最重要的是处理好政府和市场的关系。在深化改革的过程中，让市场在资源配中起决定性作用，同时也要更好地发挥政府的作用，加强统筹协调，大力开展协同创新，集中力量办大事，抓重大、抓尖端、抓基本，形成自主创新的强大合力。② 这是因为，资本的逐利本性往往以个人私利为出发点而不顾社会整体。放任资本的私人性将会使经济发展更为不平衡。

① 中共中央文献研究室:《习近平关于社会主义经济建设论述摘编》，中央文献出版社 2017 年版，第 135 页。

② 中共中央文献研究室:《习近平关于社会主义经济建设论述摘编》，中央文献出版社 2017 年版，第 136 页。

创新尤其需要重视产权改革。十九大在谈到经济体制改革时，曾特别提到“经济体制改革必须以完善产权制度和要素市场化配置为重点，实现产权有效激励、要素自由流动、价格反应灵活、竞争公平有序、企业优胜劣汰”。其中，产权是核心要素。对于企业而言，创新是企业的生命线，只有不断地创新，才能在市场竞争中立于不败之地。产权是对创新者的劳动的尊重和保护，搭建属于市场经济的财产关系，有利于形成合理的市场秩序。此外，还需要重视产权的平等性。我国的企业结构较为特殊，国有企业占有很大比重，但作为国民经济重要组成部分的私营企业需要在产权保护上获得与国有企业同等的地位。虽然我们已经在这方面取得了很大进步，如承认“公有制经济财产权不可侵犯，非公有制经济财产权同样不可侵犯”，但仍需细化。

创新还需要良好的政治生态环境和自然生态环境。在政治生态上，需要加强党的思想政治建设，坚持以人民为中心，坚持新发展理念，把人民对美好生活的向往作为奋斗目标。要坚持从严治党，建立反腐败机制，坚定不移“打虎拍蝇”，纯净政治生态。在自然环境方面，创新需要与自然生态环境和谐发展。经济创新必须走绿色发展道路，在此基础上的创新才是理性的、科学的。“既要金山银山，也要绿水青山”，加强生态文明体制改革，建设美丽中国，既要在如何增加物质财富方面发挥积极的创新性，也要在提供优质生态产品方面发挥创造性，以满足人民日益增长的优美生态环境需要。构建以市场为导向的绿色技术创新体系，推进资源全面节约和循环利用，将创新与市场、自然与效益、私人产品与公共产品有效结合起来。

第十二章 发展观念

本章内容提示：发展是人类永恒的主题，对中国这个最大的发展中国家来说，意义更是非同凡响。回顾中华人民共和国成立初期乃至改革开放40年，中国人发展观的跃迁表现在：由阶级斗争推动的发展观走向新时代的“五位一体”的发展观；从追求单纯的数量增长走向追求原创性、质量型的发展；从空间看，发展已超越民族国家的范畴，成为人类命运共同体的共同诉求。这些代表了一个最大发展中国家对发展的最新思考，它将对人类的和平发展具有重要影响。

本章关键词：发展；发展观；新发展理念

发展在现代性的语境中看似是不证自明的，但它首先是历史性的，我们不能用它来解释、评价任何对象性存在，它本身就需要解释、解构，本身就需要为自身辩护，通过内在的否定性来推动发展观本身的发展。西方发展观起源于古希腊哲学，泰利士就提出：万物不是静止的，而是变化、运动、发展的；赫拉克利特更是提出“一切皆流”“一切皆变”的命题。亚里士多德提出“万物皆动变”的思想，并在《范畴篇》中指出运动有六种，即生成、毁灭、增加、减少、变化和位移，后来合并为生灭、增减、变化、位移。生灭是本体存在与不存在的变动，增减是数量的变动，变化是性质的变动以及关系和其他一些属性的变动，位移是空间的变动。[①] 另外，他的“四因说”尽管是探讨如何全面认识事物，但也为西方发展观提供了第一个“矩阵”，其中质料因是事物生成变化的基础，动力因是事物变化发展的推动者，目的因是事物变化发展的终极目标。他认为：“形式因、动力因和目的因三者常常可以合并。因为‘是什么’与‘为了什么’是同一的。”[②]他认为世界就是由潜能向现实发展的过程。这些论述都为人类对发展的理解提供了重要哲学依据。总之，古希腊的数学、物理学（主要是关于时空、运动等的思想）以及哲学等对后来西方的发展观具有奠基性作用，也对西方发展模式产生了决定性影响。

随着工业革命等的来临，发展观念经过古希腊哲学超验的阶段，到达康德先验哲学的阶段[③]，再到黑格尔的“绝对”阶段，西方近代的发展观念进入成熟期。黑格尔第一次把自然的、历史的和精神的世界描写为一个不断运动、变化和发展的过程，并试图揭示这种发展的内在联系，从而系统地阐述了辩证法的发展观。恩格斯对此给出了高度评价：“他是第一个想证明历史中有一种发展、有一种内在联系的人。”[④]但是，黑格尔所说的发展是绝对精神的自我运动，是意识精神的发展，不是社会存在的发展，所以他的辩证法的发展观本质上是唯心主义的。尽管黑格尔的“内在否定性”思想把康德的外在的否定变成一种“内在性”，并认为可以

---

① 汪子嵩等：《希腊哲学史 3》（上），人民出版社 2003 年版，第 177－178 页。

② 汪子嵩等：《希腊哲学史 3》（上），人民出版社 2003 年版，第 457 页。

③ 康德以“天意”来定义人类历史进步的先验逻辑。

④ 《马克思恩格斯文集》第 2 卷，人民出版社 2009 年版，第 602 页。

在更高的肯定中重新确立自身，从而呈现一种“螺旋形的上升”，但说到底还是一种“精神现象学与解释学”，不是真正的社会存在实践论的注解。

黑格尔发展观的核心思想包括：发展是有规律的，发展是必然性与偶然性的碰撞。

（1）发展是现代性表述的核心概念。它包括精神、财富、市民社会等一系列范畴。

（2）发展是国家与市民社会的矛盾运动，是存在、本质、概念论的逻辑的发展过程，这是黑格尔绝对哲学、绝对观念的演绎。

（3）发展是辩证的否定运动，发展的动力是其内在的矛盾。

（4）发展的历史就是精神自身的矛盾运动。与经济发展相比，黑格尔更看重精神的发展，他的“世界历史”思想充分予以了证明，这与马克思主义的观点完全不同，马克思认为：发展是人类实践活动感性的对象化的历史。

（5）黑格尔的发展观尽管方法是辩证的，但体系是保守的，是为当时普鲁士封建政权的合法性做辩护的。

马克思认为，黑格尔发展观是头脚倒置的“颠倒”。《德意志意识形态》把斯密世俗的时空与黑格尔精神反思的时空变成无产阶级的唯物史观的时空观，即历史的前提是人，要从货币史、商业史、工业史等来理解历史。马克思主义批判地吸取了黑格尔关于发展的合理思想，在唯物主义基础上创立了科学的辩证法发展观。

唯物辩证法主张从事物的内部、从一事物与他事物的关系去研究事物的发展，把事物的发展看作事物内部的必然的自己的运动。事物发展的根本原因，不在事物的外部，而在于事物内部的矛盾性。是否承认事物内部的这种矛盾性和“自己运动”的原则，是唯物辩证法的发展观与形而上学发展观的根本区别。首先，马克思主义的发展观念扬弃了传统发展观抽象性的特质，强调其实践性；其次，这种实践性不是个体的，而是群众性的社会变革、改造与进步；再次，这种发展观念的指向是人的解放与发展。这是人类历史上关于发展观的一场革命。列宁认为：“马克思的全部理论，就是运用最彻底、最完整、最周密、内容最丰富的发展论去考察现代资本主义。自然，他也就要运用这个理论去考察资本主义的即将到来的崩溃和未来共产主义的未来的发展。”①

第一节　1949 — 1978 年：革命的发展观念

作为一个人口最多的发展中国家，一个代表最广大人民根本利益的执政党，发展是党执政兴国的第一要务。我党对发展的认识与理解经过了两个重要历史阶段，即 1949 年到 1978 年，1978 年到现在。

对于一个刚刚站起来、脱胎于贫穷落后的农业国，迫切要求改变一穷二白面貌的国家来说，发展是头等大事。尽管有《论十大关系》、中共八大以及《关于正确处理人民内部矛盾的问题》等一系列正确的思想与观点，但由于社会主义建设对中国共产党来说是一项全新的探索，因此当时我党在革命与改革、政治与经济、致富与贫困、农轻重、积累与消费、

① 《列宁专题文集(论马克思主义)》，人民出版社 2009 年版，第 255 页。

冒进与反冒进等重大问题上举棋不定，以极“左”来反右，以“斗私批修”来否定正常的个人利益，以“政治挂帅”来代替一切工作。正像毛泽东所说：“我们对于社会主义时期的革命和建设，还有一个很大的盲目性，还有一个很大的未被认识的必然王国，我们还不深刻地认识它。”①表现在发展观中，既存在合理正确的思想，也存在许多不合理、不科学的唯心主义因素。当然，如同中共中央《关于建国以来党的若干历史问题的决议》所指出的，这不全是毛泽东个人的因素，全党也有一定责任，具体表现为：

(1)“任何事物的发展都不是直线的，而是螺旋式地上升，也就是波浪式发展。……事物的发展总是不平衡的。”②在此基础上，中共八大提出“统筹兼顾、综合平衡”的思想。1961 年毛泽东提出：“现在看起来，社会主义建设不要那么十分急。十分急了办不成，越急就越办不成，不如缓一点，波浪式向前发展。”③都要以对立统一规律予以说明，“所谓发展就是诸对立物斗争的结果”④。这是毛泽东关于发展的哲学思考。

(2)把发展理解为必然性。因为社会主义必然要比资本主义先进，社会主义必然要埋葬资本主义(“两个必然”)，但这与马克思提出的“两个必然”存在本质差异。当时仅把发展理解为一国建成社会主义，受苏联模式的影响，关门搞建设(当然也是当时外部环境所决定的)，在此基础上形成了“独立自主、自力更生”的发展道路。

(3)把发展理解为“革命发展观”“以阶级斗争为主要推动的发展

① 《毛泽东文集》第 8 卷，人民出版社 1999 年版，第 198 页。
② 《毛泽东文集》第 8 卷，人民出版社 1999 年版，第 120－121 页。
③ 顾龙生：《毛泽东经济年谱》，中共中央党校出版社 1998 年版，第 533 页。
④ 《毛泽东文集》第 8 卷，人民出版社 1999 年版，第 326 页。

观”。1958年9月毛泽东提出:“发展钢铁工业一定要搞群众运动,什么工作都要搞群众运动,没有群众运动是不行的”①;1963年9月《关于农村社会主义教育运动中一些具体政策的规定(草案)》中提出:“阶级斗争,革命运动,是促进生产发展的动力,是为生产斗争服务的。只有解决了阶级斗争中的问题,正确处理了人与人之间的关系,群众的生产积极性才能真正地发挥出来,生产才有广阔发展的余地。”②

(4)把发展理解为革命的激情、意志和冲动。如“大跃进”,“赶英超美”,“人有多大胆,地有多大产”,“跑步进入共产主义”。1958年2月18日毛泽东在中央政治局扩大会议上提出:“冒进是发动群众的,是马克思主义的,反冒进是不依靠群众的,非马克思主义的。”③当时提出了“多、快、好、省建设社会主义”的总路线,核心是“快”,就是急于求成,过于急躁冒进。

(5)把发展理解成生产关系的不断变革,搞“一大二公”,极大影响了生产力的发展。由于对社会主义本质认识不清,当时甚至认为“穷则革命、富则变修”,毛泽东曾说:“因为穷,就要干,要革命,要不断革命。富了,事情就不妙了。中国现在不富,将来富了,也一定会发生问题。”④

从上述内容可以看出,毛泽东关于发展的思想是复杂多变的,他本人认为:“对搞建设,我们是懵懵懂懂的。接着搞第一个五年计划,对建设还是懵懵懂懂的,只能基本上照抄苏联的办法,但总觉得不满意,心情

① 《中华人民共和国经济大事记》,北京社科出版社1984年版,第225页。

② 《农业合作化重要文件汇编》(下),中共中央党校出版社1981年版,第735页。

③ 《党史研究》1987年第1期。

④ 《毛泽东读社会主义政治经济学批注和谈话》,第902页。

不舒畅。”①所以这一阶段是我党感性的发展观念的特殊时期，有发展的意识（如提出“四个现代化”发展目标），但没有形成较成熟、稳定的科学理性发展观。但是，我们不是历史虚无主义者，习近平指出：“以毛泽东同志为核心的党的第一代中央领导集体，为新时期开创中国特色社会主义提供了宝贵经验、理论准备、物质基础。……为当代中国一切发展进步奠定了根本政治前提和制度基础。”在理解两个重要历史时期时，习近平认为：“我们党领导人民进行社会主义建设，有改革开放前和改革开放后两个历史时期，但本质上都是我们党领导人民进行社会主义建设的实践探索。”②我们既不能用改革开放后的历史时期否定改革开放前的历史时期，也不能用改革开放前的历史时期否定改革开放后的历史时期。

第二节 1978 — 1992 年：改革的发展观念

1978 年后，我党经过拨乱反正，主要任务发生重大变化：（1）由阶级斗争转向以经济建设为中心；（2）由发动广大人民搞运动转为协调、整合各阶级、阶层的关系，进而构建社会主义和谐社会；（3）由主要抓敌我矛盾转入主要解决人民内部矛盾；（4）由阶级斗争为纲转向全面加强社会主义民主法制建设；（5）由封闭逐步走向全面改革开放。在认真总结自 1949 年中华人民共和国成立后 30 年经验教训的基础上，我党恢复解放思想、实事求是的思想路线，从国情出发，发展观念也不断地“与时俱

① 《毛泽东文集》第 8 卷，人民出版社 1999 年版，第 117 页。

② 《十八大以来重要文献选编》（上），中央文献出版社 2014 年版，第 111－112 页。

进”，进入第二个历史时期，先后经历了“改革发展观”“先进发展观”“科学发展观”“新时代发展观”等几个重要阶段。

在1992年“南方谈话”中，邓小平正式提出的“发展才是硬道理”，既是对以往中国社会主义建设的经验教训的深刻总结，也是对时代主题的精准把握。它把发展定义为时代主题，把发展纳入唯物史观的正确轨道，把发展理解为尊重客观规律，靠党的基本路线、靠改革开放来保证。邓小平的成功就在于精准抓住了中国国情，从此，中国正式由革命时代进入了发展的新时代。

邓小平的“改革发展观”具有以下内容及特点：

（1）把发展定义为时代主题，从战争与革命的时代正式进入和平发展的时代。邓小平认为，发展不单单是一国的事情，“要从全人类的高度来研究发展问题”。中国的发展是和平力量的发展，是制约战争力量的发展。“中国把自己的发展看作是对人类贡献的问题”。

（2）发展的动力是“改革”，“没有改革就没有今后的持续发展”“发展中国家不搞开放，就发展不起来”。中国特色社会主义必须靠改革开放，从而赋予邓小平的发展观念以鲜明的时代特征，其中对外开放是我国的基本国策，中国的发展离不开世界，为此，设立四个“经济特区”，全面对外开放。发展模式主要是社会主义市场经济，发展战略是“三步走”，发展路径是一部分人、地区先富，最终达到共同富裕。

（3）邓小平的“改革发展观”的精神实质是“解放思想、实事求是”。邓小平说：“发展生产力，不解放思想是不行的”，“讲发展，第一要有一个长期的战略设想，第二每走一步都要小心谨慎。既要大胆，坚持现行的方针和政策，又要步伐稳妥。要求过急，往往是犯大错的根源。”[1]并且明确提出中国特色社会主义所处的历史方位是“社会主义初级阶段”。

(4)衡量、评估发展的标准是“三个有利于”：是否有利于发展社会主义社会的生产力，是否有利于增强社会主义国家的综合国力，是否有利于提高人民的生活水平。这样就彻底与过去“姓社姓资”“左”的标准告别。邓小平还提出“中国解决所有问题的关键是要靠自己的发展”。贫穷不是社会主义，发展太慢不是社会主义，最终提出“共同富裕”思想。

习近平指出：邓小平理论“第一次比较系统地初步回答了在中国这样经济文化比较落后的国家如何建设社会主义、如何巩固和发展社会主义的一系列基本问题”，它是中国特色社会主义理论体系的开创之作。

第三节　从“先进发展观”到“科学发展观”

一、先进发展观的引领

当中国的经济体制改革取得重大突破，经济发展取得巨大成就之后，特别是当国际共产主义运动面临重大危机，新的问题、矛盾接踵而至，当时主要表现为物质发展与精神进步的脱节，党风、政风、社会风气等存在许多问题，贪污腐化、官僚主义等现象蔓延滋长。实践需要新的

① 《邓小平年谱(1975－1997)》(下)，中央文献出版社 2007 年版，第 1253 页。

发展观念引领与指导，中国特色社会主义理论需要进一步推进与创新，在发展观念上突出表现为通过“先进性”来引领、拉动经济社会发展，从“三个代表”重要思想我们可以看出：当中国的发展基本解决温饱问题后，面对经济全球化与科技日新月异的发展，中国共产党提出用“先进生产力”（主要指以最新科学技术来拉动生产力发展）、“先进文化”（主要指代表社会前进方向的文化，即面向现代化、面向世界、面向未来）来推动新一轮的发展。

“三个代表”重要思想提出“发展是党执政兴国的第一要务”，其中心思想包括：

第一，“对每个国家来说，悠悠万事，唯经济发展为大。发展不但关乎各国国计民生、国家长治久安，也关系到世界的和平与安全”。

第二，“必须坚持用发展的办法解决前进中的问题”。“能不能解决好发展问题，直接关系人心向背、事业兴衰。”

第三，“发展必须相信和依靠人民，人民是推动历史前进的动力。要集中全国人民的智慧和力量，聚精会神搞建设，一心一意谋发展”①。

第四，要正确处理改革、发展、稳定的关系。改革是动力，发展是目的，稳定是前提；要把改革的力度、发展的速度和社会可承受的程度统一起来，在社会稳定中推进改革发展，通过改革发展促进社会稳定。

习近平指出：“三个代表”重要思想是中国特色社会主义理论体系承上启下的及其重要的组成部分。

---

① 《江泽民文选》第3卷，人民出版社2006年版，第538－539页。

二、科学发展观的指导

进入新时期，党的十八大将科学发展观上升为党必须长期坚持的指导思想，提出："面向未来，深入贯彻落实科学发展观，对坚持和发展中国特色社会主义具有重大现实意义和深远历史意义，必须把科学发展观贯彻到我国现代化建设全过程、体现到党的建设各方面。全党必须更加自觉地把推动经济社会发展作为深入贯彻落实科学发展观的第一要义，牢牢扭住经济建设这个中心，坚持聚精会神搞建设、一心一意谋发展，着力把握发展规律、创新发展理念、破解发展难题……不断实现科学发展、和谐发展、和平发展，为坚持和发展中国特色社会主义打下牢固基础。"①我党再一次全面聚焦发展问题。

科学发展观的主要内容包括：(1)发展是解决中国一切问题的总钥匙。发展对于全面建设小康社会、加快推进社会主义现代化，对于开创中国特色社会主义事业的新局面、实现中华民族伟大复兴，具有决定性意义。(2)坚持以人为本，不断实现发展成果由人民共享、促进人的全面发展。(3)坚持科学发展、和谐发展、和平发展；促进人与人、人与社会、人与自然的科学和谐发展。(4)科学发展观的精神实质是"解放思想、实事求是、与时俱进、求真务实"。(5)厘清增长与发展的关系：增长是发展的基础，没有经济数量增长，没有物质财富积累，就谈不上发展。但是增长并不简单等同于发展，如果单纯扩大数量，单纯追求速度，就会出现增

① 《十八大以来重要文献选编》(上)，中央文献出版社 2014 年版，第 6－7 页。

长失调，从而最终制约发展的局面。

这一阶段我党发展观的基本特征是与时俱进（主要表现为改革开放和顺应科技发展等方面），紧紧抓住发展的时代性、先进性、科学性，从而迎来我国改革开放 40 年的经济高速发展，但在中国经济总量跃居世界前列的同时，也产生了一系列中国式的现代性二律背反现象，如收入分配的差距拉大、腐败现象的滋生蔓延、环境污染等问题。改革开放初，邓小平就曾预言“发展起来的问题不比不发展少”。再加上中国发展的外部环境出现较大的不确定性，贸易保护主义抬头，“修昔底德陷阱”①已初露端倪，这就需要我们继续创新发展理念、发展模式、发展道路。

第四节　自2012年党的十八大以来："新发展理念"

一、新发展理念的性质及意义

发展理念要有前瞻性，它不应该仅是“密那法猫头鹰”，西方现代性是按照黑格尔式的逻辑运行的，而马克思主义哲学最大的特征就是强调实践性。首先，我们要关注发展的普遍性与特殊性：这里到底是走柏拉图的“理念”路线还是亚里士多德的自下而上的经验路线。关键要厘清共相与殊相的关系，强调“共相”就是强调西方的现代性，而认同亚氏的

① “修昔底德陷阱”：是指一个新崛起大国必然要挑战现存大国，而现存大国也必然会回应这种威胁，这样战争与各种冲突就变得不可避免。

观点是否就是认同还存在着另一种现代性方案（如中国道路、中国模式）？要想走出独立发展的道路，必须消解西方式的二元对立的模式（对内，消除两极分化，建立共享发展模式；对外，坚定实施“一带一路”倡议，构建人类命运共同体）。我们认为，不存在所谓普世的发展观，也不存在所谓终极的发展观念，每个民族、每个国家都要根据本国的国情，探索具有民族性、多样性的发展模式与发展道路，共同打造人类命运共同体。

其次，马克思在《资本论》中提出：“工业较发达的国家向工业较不发达的国家所显示的，只是后者未来的景象。”①有人认为马克思在这里提出了后发优势观点。如何辩证地看待西方的先发经验？人类历史至今，只有以希腊、罗马文明为基础的西方文明实现了复兴，主要靠的是西方的现代性，但事实证明，现代性本身又是二律背反的。我们现在也在致力于中华民族的伟大复兴，靠什么？当然靠中国特色社会主义道路，通过“四个自信”，目的是从一种“他者型”发展模式转变为一种“主体型”发展模式。

唯物辩证法是“关于自然界、人类社会和思维的运动和发展的普遍规律”，是马克思主义的核心与灵魂。发展的内在否定性在于：一切事物都内含着自我否定性（黑格尔），这是事物前进与发展的内在动因。党的十九大报告首次不提 GDP 增长目标本身就预示着我们党开始从注重数量、速度的增长向注重质量、效益增长的转变。从高速度发展到追求高质量发展。最好的发展应该是适度的发展：发展不必遍地开花，不必“赶英超美”，更不要“四面出击”，那种“粗放型”的发展可以休矣。美国发展

① 《马克思主义经典著作选读》，人民出版社 1999 年版，第 102 页。

伦理学家古莱认为：发展使手段绝对化，“问题不是反对发展，而是反对许多当代先进社会的伪发展。以上述目标与原则来衡量，许多发达国家达到的不是真正的发展而是大规模异化与伪发展”①。我们已经逐渐告别“大跃进”式的增长时代，正式进入新发展时代。

最后，随着中国经济步入新常态，特别是发展不平衡、不充分的问题，它需要新的发展观念的创新与引领。在总结40年来改革开放实践的基础上，特别是面临中国经济进入新常态，我们面临人口红利渐失、“中等收入陷阱”、基尼系数高企等一系列现实问题，新发展理念是由我国当下的基本国情决定的，社会主义初级阶段是我国目前最大的国情，这就决定了发展一方面现在还是我国的中心工作和任务，但另一方面我们也要看到：我国的发展不平衡不充分的一些突出问题尚未解决，发展质量和效益还不高等不足（党的十九大把这表述为我国当下社会主要矛盾）。新发展理念是由我国当下所处的历史方位决定的，党的十九大明确提出：我国已进入中国特色社会主义的新时代。“这个新时代，是承先启后、继往开来、在新的历史条件下继续夺取中国特色社会主义伟大胜利的时代，是决胜全面建成小康社会、进而全面建设社会主义现代化强国的时代，是全国各族人民团结奋斗、不断创造美好生活、逐步实现全体人民共同富裕的时代，是全体中华儿女勠力同心、奋力实现中华民族伟大复兴中国梦的时代，是我国日益走近世界舞台中央、不断为人类做出更大贡献的时代。”②新时代在中华人民共和国发展史上、中华民族发展

---

① 转引自［美］古莱：《残酷的选择：发展理念与伦理价值》，社会科学文献出版社2008年版，第238页。

② 《光明日报》2017年10月28日。

史上、世界社会主义发展史上、人类社会发展史上都具有重大意义。党的十九大提出的“习近平新时代中国特色社会主义思想”主要解决的是：新时代坚持和发展什么样的中国特色社会主义，怎样坚持和发展中国特色社会主义。所以，新时代需要新发展理念的引领，它是我党与时俱进的最新成果与标志。党的十九大坚持以人民为中心的发展思想，再次强调了创新、协调、绿色、开放、共享的新发展理念，进一步完善中国特色社会主义建设发展的主线、总体目标、总体布局、总体任务。

二、新发展理念的主要内容

（一）创新

一种发展观是否具有生命力和活力，只有把发展的基点放在创新上，形成促进创新的体制架构，才能打造全新的有别于其他发展模式的中国模式。创新注重解决的是发展的动力问题，是我们党与时俱进精神的突出表现，即在国际竞争加剧和国内经济新常态的形势下，更多依靠创新驱动，更多发挥创新精神，更多汇聚创新力量，摆脱传统经济发展的瓶颈与束缚。党的十九大报告提出：“创新是引领发展的第一动力，是建设现代化经济体系的战略支撑。”以往对中国经济发展诟病较多的是走模仿乃至抄袭的道路，但经过 40 年的发展，我国已初步摆脱单纯模仿的路径依赖，摘掉了“山寨中国”的帽子，自主创新的比重逐步上升。美国国家科学基金会发布报告显示，中国已成为世界第二研发大国，科技研发开支已接近欧盟的总和。中国的成功经验就是国家支持，即举全国之力，资源配置向科技创新倾斜。习近平说："我们最大的优势是我国社会主义制度能够集中力量办大事。这是我们成就事业的重要法宝。过去我们取得重大科技突破依靠这一法宝，今天我们推进科技创新跨越也要依靠这一法宝，形成社会主义市场经济条件下集中力量办大事的新机制。"①目前，根据世界发布的《2017年全球创新指数》：我国在国内市场规模、知识型工人、提供正规培训的公司占比、知识影响力、高技术出口减去再出口在贸易总额中的占比、创意产品出口在贸易总额中的占比等多项指标方面，排名均居世界第一，中国已成功跻身全球创新领导者行列。科技进步对经济增长的贡献率从2012年的52.2%提高到2017年的57.5%，有力推动了产业转型升级。另外，天宫、蛟龙、天眼、悟空、墨子、慧眼、海翼、大飞机等重大科技成果相继诞生。同时也要看到，我国的基础科学研究仍然薄弱，原创性技术、颠覆性创新相对不足，而我国科技成果转化率平均只有15%，远低于发达国家40%的平均水平，产业化更是不足5%。不少领域关键核心技术受制于人，如芯片，每年从国外需进口2 300亿美元的各类芯片，习近平提出：核心技术不能受制于人，我们必须更加有效地集成科技资源，加快在核心、重点领域内的技术突破。党的十九大规划了未来几十年我国创新发展的新领域新方向，即建设科技强国、质量强国、航天强国网络强国、交通强国、数字中国、智慧中国！

（二）协调

协调，注重解决的是发展的不平衡问题。这里提出的协调与科学发

① 《光明日报》2017年7月3日。

展观提出的协调既有联系，又有区别，除了原有的五大统筹外，本次新提出的协调发展更强调找出改革开放 40 年发展中的短板，在补齐短板上加大力度，通过补齐短板进一步挖掘发展潜力、增强发展后劲。协调发展就要统筹兼顾、注重平衡、保持均势，把分散的部分系统化，把发散的局部功能整体化，把薄弱区域、领域、环节补起来，形成均衡发展结构，增强发展后劲。习近平强调：下好“十三五”时期发展的全国一盘棋，协调发展是制胜要诀，必须全力补齐短板，着力提高发展的协调性和平衡性。① 协调发展强调要尊重客观规律，强调事物间的联系，坚持对立统一，坚持两点论与重点论的统一，协调发展不是搞平均主义，而是强调发展机会公平，注重资源配置的公平与均衡；树立协调发展的理念，还必须牢牢把握中国特色社会主义建设的总体布局，正确处理发展中的各类重大关系，增强发展整体性。习近平指出：协调“是发展两点论和重点论的统一，是发展平衡与不平衡的统一，是发展短板和潜力的统一，我们要学会辩证法，善于弹钢琴，处理好局部和全局、当前和长远、重点和非重点的关系，着力推动区域协调发展、城乡协调发展、物质文明和精神文明协调发展，推动经济建设和国防建设融合发展”。② 协调发展不是单一的发展，而是一种多元发展，强调的是整体性、综合性和内在性的发展聚合。协调不同于西方经济学中的“均衡”的思想，均衡的过程是“帕累托改进”，而“协调”则更可能是“卡尔多改进”。“均衡”强调发挥市场作用，而“协调”还注重政府、组织、社会等“非市场”力量。“协调”是达成目标条件下相互关系的理想状态，既定目标下，“协调”是唯一的最优均衡解。

① 人民网，2016 年 5 月 25 日。

② 《人民日报》2016 年 1 月 19 日。

中国社科院研究员蔡昉认为:“过去的改革叫作‘帕累托改进’,一定会给某个群体带来好处,同时不伤害其他任何群体。这种改革机会现在已经很少了。这时候很重要的是看改革的整体收益是不是正的,是不是很大。如果答案是肯定的话,就可以形成‘卡尔多改进”,即可以用总的改革收益补偿一部分可能在改革中受损的群体。”①市场不是万能的,它不可能自发调节各类资源要素的配置,特别是在分配领域,这方面政府可以起主导作用。

(三)绿色

绿色,注重解决的是发展的生态环境问题。工业文明的颜色是黑色,即主要依赖煤、铁、石油,尽管也带来了巨大的经济增长,但同时带来的生态环境污染人类至今无法克服。40年来我国的发展在生态环境方面付出了巨大代价。推进绿色发展,将促进中国模式从低成本要素投入、高生态环境代价的粗放模式向创新发展和绿色发展双轮驱动模式转变,能源资源利用从低效率、高排放向高效、绿色、安全转型,节能环保产业将实现快速发展,循环经济将进一步推进,产业集群绿色升级进程将进一步加快,绿色、智慧技术将加速扩散和应用,从而推动绿色制造业和绿色服务业兴起,实现“既要金山银山,又要绿水青山”。绿色发展已成为我国走新型工业化道路、调整优化经济结构、转变经济发展方式的重要动力,成为推动中国走向富强的有力支撑。绿色发展比较以往提出的可持续发展更贴近中国文化,西方文化二元对立的思想把人与自然放置

① 《上海证券报》2014年9月12日。

于对立对抗的状态，而中国古代提出的“天人合一”理念却另辟蹊径，在此基础上，中国共产党人提出绿色发展新理念，其主要内容包括：(1)生态是发展的底线。习近平强调：“环境就是民生，青山就是美丽，蓝天也是幸福。要像保护眼睛一样保护生态环境，像对待生命一样对待生态环境，把不损害生态环境作为发展的底线。”[①]2015 年 6 月，习近平在贵州调研时提出：要守住发展和生态两条底线。这不仅是对贵州经济社会发展的明确要求，也是对全国各地的殷切希望。(2)既要“金山银山，也要绿水青山”。绿水青山可带来金山银山，但金山银山买不到绿水青山。我们既要 GDP，又要绿色 GDP。(3)改善生态环境就是发展生产力。面对我国日益严重的水土流失、土地沙化、草原退化以及耕地逼近 18 亿亩的国情，习近平提出：“生态文明建设事关中华民族永续发展和‘两个一百年’奋斗目标的实现，保护生态环境就是保护生产力，改善生态环境就是发展生产力。”[②]这是一种 21 世纪的“天人合一”的新表述。笔者认为，中国发展观念、中国模式应该是树状的，这棵东方古树吸天地之灵气、采明之精华，经过几千年的生长发展，终究会成为参天大树，“前人栽树，后人乘凉”，不但要惠及子孙后代，而且要泽及世界。这就需要我们大力宣传绿色发展的新理念，既为子孙后代营造一个可持续发展的优美生态环境，也对世界的和平发展做出应有的贡献，与其他各国共同铸就世界民族之林。党的十九大提出：“建设生态文明是中华民族永续发展的千年大计。必须树立和践行绿水青山就是金山银山的理念……实行最严格

① 《习近平总书记系列重要讲话读本》(2016 年版)，人民出版社 2016 年版，第 233 页。

② 《习近平总书记系列重要讲话读本》(2016 年版)，人民出版社 2016 年版，第 233－234 页。

的生态环境保护制度，形成绿色发展方式和生活方式，坚定走生产发展、生活富裕、生态良好的文明发展道路，建设美丽中国，为人民创造良好生产生活环境，为全球生态安全做出贡献”。

（四）开放

开放，注重解决发展的国内外联动问题，完善互利多赢、多元平衡、安全高效的开放型经济体系。在总结40年我国对外开放的经验教训的基础上，中国的对外开放既不是西方资本主义原始积累式的零和游戏，也不同于东亚、拉美式的依附性增长，而是立足于独立自主、自力更生，走出了一条具有中国特色的对外开放的道路。在强调依靠自身力量和改革创新实现发展的同时，坚持对外开放，学习借鉴其他发展模式；顺应经济全球化发展潮流，坚持与世界各国互利共赢和共同发展，以对外开放的主动赢得经济发展的主动、赢得国际竞争的主动、赢得后发优势；同国际社会一起努力，推动建立以合作共赢为核心的新型发展模式。我国的开放正在从引进来到引进来和走出去并重的重大转变，新一轮的对外开放我们要正确处理国际主义与爱国主义的原则，正确处理引进外资与对外投资的关系，正确处理进出口的平衡问题，更强调互利共赢的模式，打造人类命运共同体。开放带来发展，封闭必然落后。中国开放的大门永远不会关上，只会越开越大，党的十九大提出：发展更高层次的开放型经济，要以“一带一路”建设为重点，坚持引进来和走出去并重，遵循共商共建共享原则，加强创新能力开放合作，形成陆海内外联动、东西双向互济的开放格局。中国将以更加开放的胸襟、更加包容的心态、更加宽广的视野、更加坚定的步伐走向世界，积极开展中外文化交流，在学习互鉴中共同发展。2018年4月10日习近平在海南博鳌论坛中提出，中国将在扩大开放方面采取一系列新的重大举措：一是大幅度放宽市场准入，二是创造更有吸引力的投资环境，三是加强知识产权保护，四是主动扩大进口。40年前，我们以“四个特区”的设立拉开中国改革开放的大幕，今天我们将以海南自由港的扩大开放为突破口，迎来全国新一轮开放的大好局面。

（五）共享

共享，注重解决的是发展的价值目标问题，即发展最终是为了解决社会公平正义问题，最终为了造福广大人民群众。改革开放初期，我们就提出社会主义本质论，即通过一部分人、一部分地区先富起来，最终实现共同富裕。回顾前40年的发展，我国的确实现了一部分人、一部分地区先富起来，但这只是社会主义初级阶段的部分成果，而且也产生了许多消极影响，新一轮的改革开放，我们及时引入“共享”的新理念，进一步强调发展为了人民、发展依靠人民、发展成果由人民共享。目的是打造习近平总书记2013年3月17日提出的“共同享有人生出彩的机会、共同享有梦想成真的机会、共同享有同祖国和时代一起成长与进步的机会”[①]的体制机制。党的十九大进一步提出，“打造共建共治共享的社会治理格局，”使广大人民群众在共建共享中有更多的成就感、获得感、幸福感，更加契合中国梦、更加契合社会主义本质。我们从原来的共产到共享，最后到共富，也反映了我们从社会主义到共产主义整个奋斗的历史过程。

① 《习近平谈治国理政》，外文出版社2014年版，第273页。

共享发展还存在一个国际向度，即世界各国都应该共同享受发展成果。它也是试图打破西方传统的二元对立模式或零和博弈的游戏规则，是五大发展新理念中最有中国特色的显现。2013年3月23日，习近平在访问俄罗斯时提出："我们主张，各国和各国人民应该共同享受发展成果。每个国家在谋求自身发展的同时，要积极促进其他各国共同发展。世界长期发展不可能建立在一批国家越来越富裕而另一批国家却长期贫穷落后的基础之上。只有各国共同发展了，世界才能更好发展。那种以邻为壑、转嫁危机、损人利己的做法既不道德，也难以持久。"[①]可见，我国的发展观已变成面向世界、面向未来的关涉人类命运共同体的发展观。

最后要强调的是，创新、协调、绿色、开放、共享的发展理念既是手段，又是目的，它们相互依存、相互促进，是一个辩证统一的有机的联合体。它是我们新一轮改革开放的最新的指导思想。我们在实际运用中首先要坚持系统的观点，注重整体性与相关性，要齐头并进，兼顾各方，不能单打独斗、顾此失彼；要坚持两点论与重点论的统一，既要抓主要矛盾，区分轻重缓急，又要顾及次要方面，抓大带小；要遵循对立统一规律、量变质变规律、否定之否定规律，善于把握发展的普遍性与特殊性、渐近性与飞跃性、前进性与曲折性，既求真务实，又勇往直前。

新发展理念是新时代中国发展的灵魂与核心，除此之外，新时代发展思想还包括：(1)发展既要靠"摸着石头过河"，更要靠顶层设计。党的十八届三中全会提出："加强顶层设计和摸着石头过河相结合，整体推进

① 《习近平谈治国理政》，外文出版社2014年版，第273页。

和重点突破相促进，提高改革决策科学性，广泛凝聚共识，形成改革合力。”并且正式成立中央全面深化改革领导小组（2018 年 3 月后又升格为中央全面深化改革委员会），习近平亲自担任组长，负责改革总体设计、统筹协调、整体推进、督促落实。（2）发展要依靠“四个全面”来推动，即全面深化改革、全面建成小康社会、全面依法治国、全面从严治党。（3）提出“高质量发展”理念与思路，即坚持质量第一、效益优先，以供给侧结构性改革为主线，推动经济发展质量变革、效率变革、动力变革，提高全要素生产率。

习近平提出：“人类社会发展史告诉我们，通过人为强制、超越发展水平和自然禀赋推动的社会进程，最终是要付出代价的。”①“中央明确不要简单以地区生产总值增长率论英雄。”这些都说明我党已全面认识到持续健康发展和生产总值增长的关系。“党的十八大以来，以习近平同志为核心的党中央着眼新的发展实践，深入推进党的理论创新，在发展目标、发展动力、发展布局、发展保障等方面形成了一系列新理念新思想新战略。新发展理念，体现了对新的发展阶段基本特征的深刻洞悉，体现了对社会主义本质要求和发展方向的科学把握，标志着我党对经济社会发展规律的认识达到了新的高度，是我国经济社会发展必须长期坚持的重要遵循。”②新发展理念承载着几代中国共产党的理想和探索，它秉承了中国人民站起来、富起来、强起来的历史发展逻辑，寄托着亿万人民的期盼，也标志着我们对社会主义的认识、对人类社会发展的认识逐渐从必然王国迈向自由王国。如果说改革开放 40 年的经济增长使中国模

① 《十八大以来重要文献选编》（上），中央文献出版社 2014 年版，第 591 页。
② 《习近平总书记系列重要讲话读本》（2016 年版），人民出版社 2016 年版，第 132 页。

式出场，那么新发展理念才真正使中国模式无遮蔽性并具敞开性，所以新发展理念的提出不但使中国模式澄明，而且也使中国特色社会主义道路澄明，并且具有一定的世界性意义，它是中国智慧、中国力量、中国方案的最新表述，代表了中华民族对全世界和平与发展大业的巨大贡献。

新时代发展观念具有的新思路与新特点：在原有“四项基本原则”的基础上，十九大特别强调要坚持中国共产党领导（“中国特色社会主义最本质的特征是中国共产党领导，中国特色社会主义制度的最大优势是中国共产党领导”）、坚持社会主义基本经济制度、坚持发挥市场经济与政府的作用，推动“新四化”发展和发展开放型经济等。当然，对发展观的认识与理解是随着改革开放的实践不断深化与加强，列宁认为：“发展似乎是在重复以往的阶段，但它是以另一种方式重复，是在更高的基础上的重复。”经过 40 年的高速发展，中国的发展也步入新常态新阶段，具体表现为：（1）由粗放到集约，即从原来的要素驱动到现在的创新驱动；（2）由国内转向国外，即从原来注重本国的发展到现在强调互惠共赢，关注人类命运共同体；（3）由国强到民富；（4）由追赶型的“后发式发展”模式转为寻求自身特色的主体性发展理念、道路、模式。

为此，党的十九大报告进一步丰富完善了新发展理念，它包括三个层次：首先，突出发展的重要性，“发展是解决我国一切问题的基础和关键”；其次，突出科学发展和五大新发展理念，“发展必须是科学发展，必须坚定不移贯彻创新、协调、绿色、开放、共享的发展理念”；最后，进一步强调以人民为中心的发展思想，“努力实现更高质量、更有效率、更加公平、更可持续的发展……保证全体人民在共建共享发展中有更多获得感，不断促进人的全面发展、全体人民共同富裕。"[①]不忘初心，方得始终。2018 年 2 月 25 日，中国共产党中央委员会关于修改宪法部分内容的建议中特别指出要"贯彻新发展理念"，这在中华人民共和国历史上还是首次，表明我们党是一个想发展、能发展并且一定能发展好的执政党，表明我们正式全面进入发展的新时代。

① 《光明日报》2017 年 10 月 28 日。

第十三章　资本观念

本章内容提示：资本的诞生使人类具有了聚集和安排生产要素从而获得一种更大收益的可能。至于这种“聚集”与“安排”是否与“制度”形式相关，在人类历史尤其是中国近代史上引起了较大的分歧与争论。作为历史发展一般规律性的结果，西方资本主义在“资本的太古形式”——商业资本的基础上，经过几百年的发展，积累了坚实的生产力基础，在“极为广阔的领域”得以确立，资本的历史使命得以充分显现；而在“两半”社会基础上，通过“三大改造”而“行向社会主义”的中国，如何对较低的生产力基础进行“再安排”，推动生产力的发展从而以某种“革命性”方式使社会主义这一“全人类所共趋的历史目标”的优越性充分呈现为民族复兴的具体而现实的支撑力量，是一个艰辛的、革命性的、伟大的探索历程。以十一届三中全会为标志的改革开放，标志着中国共产党人发展经济社会指导思想的转变，这直接导致一种对传统社会生产模式和生存模式告别的有力尝试，民族的发展被觉醒了的自觉性意识置于世界历史发展进程中来设定。这种具有革新精神和开放意识的觉醒具有发展的反思性、民族的整体性和视阈的世界性。在这种革故鼎新的力量推动下，从认识上破除了社会主义与市场经济不兼容的教条，在实践上大胆推动了社会主义与市场经济相结合的探索，从而形成了体制性释放效应，形成了社会主义特有的“私有资本”和“公有资本”的“批判”与“建构”的张力关系。在改革开放40周年之际，本文梳理了社会主义改革开放过程中资本观念的嬗变轨迹，试图探析其中的内蕴与这段不平凡的改革历程中的经验与启示。

本章关键词：改革开放；40周年；公有资本；私有资本；中国特色社会主义市场经济；经济哲学

资本自诞生以来，在自我增值的本能驱动下疯狂扩张，创造了人类历史上增长最快的生产力，也开创了一个新时代——“资本一出现，就标志着社会生产过程的一个新时代”[①]。对于创造人类历史上最高生产力的资本，不乏各种溢美之词，被神话为“别无选择”和“普遍永恒”。马克思运用唯物史观和剩余价值论，用近40年的时间，反复论证了资本的“历史性”和“有限性”，深刻洞察了资本主义制度必然会由“一个自由人的联合体”所替代的必然性。然而，在中国的特殊历史语境下，资本的历史使命和历史前途引发了一系列的现实思考：资本的“极限”或“消亡点”在哪里，以及如何回应中国特色社会主义的“市场”“资本”等重要问题。马克思主义认为，资本主义中的合理成分和文明面，既是资本主义的文明成果，同样也是建立社会主义的重要基石，不能简单地在制度的对立

① 《资本论》第1卷，人民出版社2004年版，第198页。

中予以否定。甚至,社会主义还要继承资本主义中的合理成分,尤其是建立在薄弱的生产力基础之上的中国,还要利用,甚至发展这些合理因素,来夯实社会主义基石、强化社会主义的优越性,为民族复兴做好充分的生产力储备。

第一节　马克思主义的资本观

在《新帕尔格雷夫经济学大辞典》中,资本被定义为一种在私人占有生产资料的情况下利用市场力量来完成生产要素集合任务的制度。就词源来说,"资本"一词在拉丁语中是 Caput,而 Cap 是人体最重要的部位——"头部"。也就是说,拉丁语中的"资本"是作为家庭财产(牲畜)的计量性质。这与罗马的人口财产调查统计方式相同,caput 作为财产的计量单位来使用。[①] 经过几个世纪的历史演变,到了 12—13 世纪,"资本"概念才逐渐成熟,被赋予资金、款项、存货以及生息本金等含义。及至 18 世纪,现代意义的"资本"经法国经济学家杜尔哥的完善才诞生。至此,资本才逐渐成为一个被"驯化"了的成熟概念。

在经济思想史上,由于缺乏唯物史观的指导,他们很少也不可能从社会历史的角度去考察由资本所凝结起来的人与人之间的关系,所以也就把握不了资本本质上是一种关系。譬如,重商主义把资本与资本的货币形式等同起来,简单地把流通中的资本理解为资本的基本形式,简单

---

① [英]肯尼思·麦克利什主编,查常平等译:《人类思想的主要观点:形成世界的观念》,新华出版社 2004 年版,第 192 页。

地把货币理解为财富。重农学派从流通领域转向生产领域来理解资本，他们以自然秩序为最高信条。庸俗经济学派则出于为资本家利益辩护的目的，将古典经济学理论庸俗化，只描述资本主义经济制度的表面现象，否定劳动价值论和剩余价值论。新古典经济学在对资本范畴的理解上也是流派纷呈，众说纷纭。奥地利学派经济学家庞巴维克的“迂回生产”理论认为“资本是用作获利的生产出来的产品集合体”[①]。瓦尔拉认为“可以被多次使用的——就是所谓耐久性的财货”都是资本。[②]《21 世纪资本论》的作者法国学者托马斯·皮凯蒂从他的资本定义出发来判断资本的条件，“资本指的是能够划分所有权、可在市场中交换的非人力资产的总和，不仅包括所有形式的不动产（含居民住宅），还包括公司和政府机构所使用的金融资本和专业资本（厂房、基础设施、机器、专利等）”。由此，他认为，资本有两个基本条件，一是其所有权可以析分和转让，二是可以在市场上进行交易。[③] 对资本的诸多认识，呈现如下几个特征：其一，对资本的认识比较朴素、直观，主要从生产资料、物以及技术经济关系的角度来认识资本，而不是从社会历史的角度去考察资本的社会关系。随着资本主义生产方式规模的扩大，在政治上的地位固化和法律

---

① ［奥］庞巴维克著，陈瑞译：《资本实证论》，商务印书馆 1964 年版，第 84 页。

② 转引［奥］庞巴维克著，陈瑞译：《资本实证论》，商务印书馆 1991 年版，第 69 页。

③ ［法］皮凯蒂著，巴曙松等译：《21 世纪资本论》，中信出版社 2014 年版，第 46 页。

化、制度化，才逐渐反思和积淀出现代意义的资本，才从其“牲畜”[①]的基本含义抽象为财产单位。其二，资本概念逐渐生成，其内涵逐渐明晰，并且逐渐透过“器物”层面，看到资本所具有的那种组织生产的历史作用，从而在认知上呈现为一种逐渐掌控的“驯服”状态。其三，资本概念的发育催生了资本主义社会制度的体系性成熟。虽然“资本”的内涵在近代古典政治经济学家那里还没取得一致认可，也没从用法上统一起来，但“随着货币向资本的转换，神性的人向俗性的人的转变，近代以资本为轴心的社会制度在发育”。其四，从技术经济角度对资本主义经济运行过程进行了全面深入的研究。他们考察了资本的生产过程，并逐步揭示出“投入→产出→再投入”的循环规律，进而发现了资源配置问题。在利益支配世界的意志驱动下，西方进入了财富体系扩张的时代。[②] 应该说，这些认识通过资本的扩张意志、人格化特征等深刻地揭示了资本的运行逻辑，对货币与资本的区别，资本的运动、资本的增值方式等问题的认知都得到进一步深化。应该说，西方由于资本主义的逐渐成熟、兴盛和创造了人类有史以来最高的生产力，对资本概念的把握与认知是十分深入的。

---

① 在《马克思恩格斯全集》第30卷中，马克思辛辣地讽刺道，“如果谈到在古代人那里还没有出现的‘资本’这个词[虽然在希腊人那里，ὰ　αία（不加息的原始资本）一词相当于拉丁语的 prinicipalis summa rei creditae（借贷的本金）]，那么至今还带着自己牲畜群在亚洲高原上放牧的游牧民，就是最大的资本家了，因为资本最初的含义是牲畜，所以至今在法国南部，往往由于缺乏资本而订立的分成制契约恰恰例外地被称为 Bail debestes a Cheptel（牲畜租赁契约）。假如用说得很蹩脚的拉丁语来表达，那我们的资本家或 Capitales Homines（首脑人物）便成了‘qui debentcensum de capite’（应缴纳人头税的人）”。《马克思恩格斯全集》第30卷，人民出版社1995年版，第509页。

② 张雄：《财富幻象：金融危机的精神现象学解读》，《中国社会科学》2010年第5期。

马克思从唯物史观视角来把握资本，深刻地指出，资本本质上是一种社会生产关系，“资本不是一种物，而是一种以物为媒介的人与人之间的社会关系”[①]。并且，他从人类历史发展的长河和趋势中认识资本，指出资本的“历史性”，从而破解了资本“永恒的符咒”，为共产主义揭示了其实现的历史必然性和实践路径。他毫不留情地斥责资本“永恒论”是“抽掉了使资本成为人类生产某一特殊发展的历史阶段的要素的那些特殊规定”[②]，指出资本有其内在否定性，有历史的边界。马克思对资本的理解包含了如下几层意思：其一，资本是历史进步的表现，代表了一种文明趋势，创造了巨大的社会生产力。作为追求增值的客观结果，资本在其不到一百年的时间所创造出来的生产力，超过以往所有时期的总和，从而创造了一个“伟大的时代”，“同以前的奴隶制、农奴制等形式相比，都更有利于生产力的发展，有利于社会关系的发展，有利于更高级的新形态的各种要素的创造”[③]。其二，资本具有与科学技术、形而上学三者耦合起来，形成工人、科学技术以及资本不断地联合的趋势。资本追求增值的本性，驱使工人、科学技术以及资本不断联合起来，从而在创造出“前所未有的社会生产力”“资本的趋势在于……尽最大可能增加劳动的——或者生产部门的——使用价值的多样化，所以，资本的生产一方面力图发展和提高生产力的强度，一方面又追求劳动部门的无限多样化，也就是追求生产的全面性，使自然界的一切领域都服从于生产”[④]。其三，资本在提供重要的物质基础促进人的全面发展的同时，其强大的

① 《资本论》第1卷，人民出版社2004年版，第877－878页。
② 《马克思恩格斯全集》第30卷，人民出版社1995年版，第214页。
③ 《马克思恩格斯全集》第46卷，人民出版社2003年版，第927－928页。
④ 《马克思恩格斯全集》第47卷，人民出版社1975年版，第555页。

通兑能力产生了资本幻象，导致了资本拜物教、商品拜物教。资本主义社会是一种以货币为基础的社会，在极大地促进生产力并带来物质丰裕和文明的同时，也带来了异化、对抗、单向度、物象化。资本过分放大的通约能力和通兑能力使得人与物的关系奇迹般地颠倒过来，人与人的关系逐渐退隐，并逐渐演变为物与物的关系，物的逻辑统领人的逻辑。其四，资本在促进生产力飞速发展的同时，由于其自我调节作用，一方面其“绝对界限”被不断激活，另一方面其内在否定性又得以不断累积，为进入下一历史阶段做准备。资本与生俱来具有一种突破时间、空间限制，突破地域限制，突破国界限制的本能冲动，试图以强大的通约逻辑来冲破基因携带的四种界限①，如果据此把资本主义“永恒化”，抑或“神话”，那毫无疑问都是错误的。一方面，资本内在否定性决定了资本的“有限性”，“资本主义生产方式在这里陷入了新的矛盾……由此只是再一次证明，它正在衰老，越来越过时了”②；另一方面，还要看到，资本主义必将为一种更符合社会发展趋势的制度形式所取代，必将在其内部孕育着为其掘墓的新的生产力量。

---

① (1)必要劳动是活劳动能力的交换价值的界限；(2)剩余价值是剩余劳动和生产力发展的界限；(3)货币是生产的界限；(4)使用价值的生产受交换价值的限制。参见《马克思恩格斯全集》第46卷(上)，第400页。

② 《马克思恩格斯全集》第25卷，第289－292页。

第二节　1949—1978年：社会主义制度的自我确证与资本理解的矛盾性与摇摆性

在“两半”社会（半殖民地半封建社会）基础上新生的中华人民共和国，经过艰辛的探索，走出了一条“不通过资本主义制度的卡夫丁峡谷”而实现“非资本主义”的历史前途的道路。但是，由于资本的发育不充分，生产力的水平还较低，这样的基本国情下，如何建设社会主义，如何发展社会主义，是摆在共产党人面前的现实问题，只能一方面坚持马克思主义关于社会主义社会的基本原理，努力把马克思等经典作家所描绘的理想社会付诸现实，另一方面又在以苏联为范本，建立了否定资本、否定商品交换，并且以指令性计划代替市场机制的“纯而又纯、公而又公”的社会主义国家。在此阶段，中国共产党在如何认识和对待资本这个问题上，总体上处于认知的矛盾和实践上的摇摆状态，主要采取了以政治运动的方法通过阶级斗争和行政干预（计划经济）来变革生产关系，资本未成为推动现代国家建设重要经济工具。

其一，对于刚刚成立的中华人民共和国，能不能利用资本，如何利用资本，革命导师的经典著作中没有现成的理论指导，也没有他国的成功先例可循，只能边建设边探索，边探索边总结，总的方针是以不同政策区别对待各种资本主义。新民主主义国家建立后，面临的一个重要问题就是，新民主主义如何向社会主义过渡？是在条件成熟之时，“一步到位”消灭私有制建立起社会主义制度，还是“逐步实现”“和平长入”社会主义？毛泽东在继承列宁的《社会民主党在民主革命中的两种策略》基本思想的基础上创造性地把民族资产阶级包含在民主革命的队伍中，把民族资本作为新民主主义经济的重要组成而得以保留和发展。而帝国主义在华资本、官僚资本则采取了没收的方式而成为社会主义性质的国营经济。

其二，“三大改造”（中华人民共和国成立后，由中国共产党领导的对农业、手工业和资本主义工商业三个行业的社会主义改造）过程中以及改造完成后对民族资本主义采取限制和引导并举的伸缩性政策，总的来说，在积极利用资本来补生产力先天不足的课，民族资本主义在一定程度上得到恢复和发展。在“三大改造”中后期，一方面，出现了追求“一大二公”具有较高“纯洁度”的社会主义趋势，选择了高度集中的计划经济体制；另一方面，在国民经济逐步恢复的基础上，为适应生产力的发展要求，又在释放城乡资本主义经济的积极性，以促进国民经济恢复。1952年，周恩来认为共产党要把握好这样一个辩证关系，就是要看到“中国的民族资产阶级有一个特点：从新民主主义到社会主义，它既是我们的朋友，又是要被消灭的阶级”①。1953年，毛泽东也提出“对民族资产阶级，可以采取赎买的办法”②。同年，他又提出，要根据“利用、限制和改造”的指导方针改造资本主义的工商业，引导到国家资本主义道路上来。针对“三大改造”过快完成所带来的问题，毛泽东1956年提出“可以消灭了资本主义，又搞资本主义”③的设想。1958年，他又指出：“商品生产不能与

① 《周恩来选集》下卷，人民出版社1984年版，第93页。
② 湖北省党史委：《毛泽东在湖北》，中共党史出版社1993年版，第40页。
③ 《毛泽东文集》第7卷，人民出版社1999年版，第170页。

资本主义混为一谈……不要怕,我看要大大发展商品生产。”[①]这些观点有其历史合理性,对指导战后经济恢复和发展具有积极意义。

总之,从新民主主义的建立到社会主义改造及其之后的历史过程中,总体上强调了资本剥削的一面,以社会主义的“纯洁度”来取代资本的剥削之恶。对资本的认识还相对片面,夸大了财富分配中的两极分化作用,没有建立反思型的资本观念,采用行政命令和计划的方式取代资本的市场配置资源方式,从而只有极少数领域才以货币来进行计算和流通,资本的存在范围和作用空间都极大地萎缩,极致的“计划”形成了僵死的生产力束缚。

第三节 1978—1992年:发展道路的自我反思与资本理解的反思性与开放性

对马克思主义的坚持,对毛泽东思想的坚持,必须在具体的时代语境下来理解和坚持,必须具备世界眼光,把握时代脉搏,体现时代精神,必须深层次地触及当下老百姓的所思所想所求,通过大胆的创新来创造高的生产力以满足人民的需求。十一届三中全会的召开、解放思想大讨论等,突破了“两个凡是”等错误理论对人们的思想禁锢,深化了对社会主义发展规律、建设规律的认知,为正确认识资本、认识市场做好了思想准备。

① 《毛泽东文集》第7卷,人民出版社1999年版,第439页。

一、社会发展进入自我反思阶段，扫除了社会主义与资本、社会主义与市场的认识误区，为建设市场经济发展社会主义资本做好了思想准备

1976年10月延续了十年的“文革”被终结。但是，很多人囿于“两个凡是”，对社会主义的僵硬理解造成对市场经济的误解。邓小平多次旗帜鲜明地提出，要正确认识毛泽东思想，要看到“毛泽东思想是个思想体系，是发展了的马克思主义”①。“两个凡是”不符合中国社会发展需要、更不符合马克思主义，有必要进行思想大讨论以完整准确地理解毛泽东思想。《实践是检验真理的唯一标准》的发表以及思想解放大讨论，使马克思主义的理解重新回到正确的路线上来，为深化资本与资本主义、资本与社会主义的关系认知做好了思想准备。这场大讨论的实质是社会主义怎么建设，建设中如何体现人民群众的新需要，如何针对这种需要，建设与之匹配的经济制度等问题。进一步的，思想的解放包括在世界文明的宏观尺度上认识以资本的资源配置为核心的西方经济制度文明的问题，以及能否借鉴西方经济制度文明等问题。

① 《邓小平文选》第2卷，人民出版社1993年版，第43页。

二、对社会主义本质的反思性回答，突破了用计划与市场作为区别社会主义和资本主义的传统观念，创造性地把市场经济同社会主义结合起来，使发展社会主义资本成为促进经济社会发展的重要手段

马克思主义经典作家把社会主义与高度发达的社会生产力相关联，认为社会主义的本质与现代生产的社会本性相关，因而，社会主义的一般本质表现在生产力的巨大推动作用上。也就是说，在他们看来，发展生产力是社会主义本质的应有之义。邓小平认为解放生产力、发展生产力在具体的历史环境中会有不同实现手段和途径，“革命是解放生产力，改革也是解放生产力。推翻帝国主义、封建主义、官僚资本主义的反动统治，使中国人民的生产力获得解放，这是革命，所以革命是解放生产力。社会主义基本制度确立以后，还要从根本上改变束缚生产力发展的经济体制，建立起充满生机和活力的社会主义经济体制，促进生产力的发展，这是改革，所以改革也是解放生产力。过去只讲在社会主义条件下发展生产力，没有讲还要通过改革解放生产力，不完全。应把解放生产力和发展生产力讲全了”①。邓小平抓住了社会主义的根本任务是发展生产力这个核心问题，创造性地提出了在社会主义发展资本，以资本的力量来促进社会发展的重要论断。

---

① 《邓小平文选》第3卷，人民出版社1993年版，第370页。

三、对资本的生产性回答，认识到资本并非资本主义所独有，而是“一切商品经济所共有”，逐渐建构以资本为核心的资源配置体系

在马克思看来，资本在技术层面上是生产的因素，在社会层面上是一种社会关系。因而，马克思在分析资本的时候，没把资本当作资本主义所唯一具有的，他把资本置于更为广阔的人类历史发展历程中来认识，“资本的太古形式是经常发展货币的商业资本”①，“资本在历史上更为古老的自由的存在方式”②。他实际上认为，资本并不是资本主义所独有的，“货币经济是一切商品生产所共有的”③。马克思进而指出：“资本是生产的；也就是说，是发展社会生产力的重要的关系。只有当资本本身成了这种生产力本身发展的限制时，资本才不再是这样的关系。”④以邓小平为核心的第二代领导人看到了资本历史进步性，看到了资本与技术的结合对生产力的推动，看到了资本运动过程中对人的全面发展的推动……正是基于这样的认识，第二代领导集体试图建立一种以资本为核心进行资源配置的市场机制，以此促进生产力的发展，“我们过去一直搞计划经济，但多年的实践证明，在某种意义上说，只搞计划经济会束缚生产力的发展。把计划经济和市场经济结合起来，就更能解放生产力，加

① 《马克思恩格斯〈资本论〉书信集》，人民出版社 1976 年版，第 134－135 页。

② 《资本论》第 3 卷，人民出版社 2004 年版，第 362 页。

③ 《资本论》第 2 卷，人民出版社 2004 年版，第 133 页。

④ 《马克思恩格斯全集》第 46 卷（上），人民出版社 1980 年版，第 287 页。

速经济发展”[①]。为保证市场化改革不会导致“改旗易帜的邪路”。邓小平特别强调把建立社会主义市场经济同“坚持四项基本原则”联系起来。

总之，这是关系国家未来和民族命运的改革启动和路径探索阶段，通过深入历史、深入思想的反思，达到了“结束过去，开辟未来”[②]的效果，使我们党恢复并深化了关于社会主义本质和如何建设社会主义等基本问题的认识。在这一历史阶段中，中国人的资本观念发生了四个方面的转变：其一，辩证地把握资本，观念的把握上具有了反思性，改变了过去把资本与资本主义等同，把计划与社会主义等同的片面观点。中国人在一个更加宏大的历史叙事中，深刻地认识到马克思所讲的“极为相似的事情，但在不同的历史环境中出现”，也会引起“完全不同的结果”，认识到社会主义也可以搞市场经济，也可以通过创造性转化，把资本的积极作用向有利于人民幸福、有利于民族复兴的方向引导与转化。其二，不是抽象地在意识形态框架下讨论资本，不是把资本看成空洞的、抽象的概念，不是抽去了具体形式和载体的意识形态的批判对象，而是把资本对生产力的解放与促进作用放在具体的时空背景下，与具体的政治制度相结合来考量。通过这一历史唯物主义的视野，资本得以“祛魅”。并通过社会主义初级阶段的制度设计，以社会主义框架下的各项具体经济制度、具体经济政策而不断释放生产力发展的巨大效能。其三，逐渐从货币的静态流通兑换功能向能带来新价值的作为增量的货币概念转化，逐渐认识到资本的社会关系编码功能和社会经济活动的塑造功能。深刻地认识到资本在商品生产、商品流通、财富分配体系中的社会关系的联

① 《邓小平文选》第3卷，人民出版社1993年版，第148—149页。

② 《邓小平文选》第3卷，人民出版社1993年版，第292页。

结性，看到了其对社会结构、人们内心体验的编码功能。其四，以更加开放的心态来看待资本和资本主义的文明面，正确认识资本主义文明与社会主义文明之间的关系。开始学会将资本置于整个世界历史进程的角度来认识，从世界文明史的角度思考资本，从西方经济制度的文明面与社会主义制度优越性相结合的一面来思考资本。

第四节 1992—2012年："批判"与"建构"中的"私有资本"和"公有资本"

随着改革开放的深入，利用资本的文明性来发展社会主义，逐渐成为共识，尤其是党的十四届三中全会通过的《关于建立社会主义市场经济体制若干问题的决定》，以党的文件的形式正式认可了资本和市场经济在社会主义建设中的地位。

一、在市场经济框架下，激发社会主义市场经济"私有资本"和"公有资本"的巨大生产性力量，让"私有资本"和"公有资本"充分涌流，共同促进社会生产力飞速进步的局面

过去，学界大多把马克思的资本逻辑批判简单地归结为资本增值逻辑的批判，亦即"对'资本逻辑'这个资本主义社会的内在灵魂和最高原

则的否定和批判”①。事实上，马克思并非采取绝对否定的态度进行资本逻辑的批判，他也不主张超越历史进程和基本国情绝对排斥资本关系。相反，马克思认为：资本在实现自身的历史普遍性的过程中具有一种不可遏制的能量，是这种能量推动着资本实现自身的历史普遍性。资本将摧毁一切阻碍自身实现其历史普遍性的力量而实现自身。最后，只有资本本身，即完成自身的全部历史普遍性的资量。因而，如果单纯地把马克思的资本观归结为资本逻辑的批判，就容易造成对马克思主义资本主义批判性与无产阶级解放的价值诉求之间的呼应关系，从而使“超越资本”这一历史承诺理所当然地成为历史唯物主义的当代使命。

作为继承了马克思主义，并以其为行动指南的政党，肩负的不是抽象地继承马克思主义，而是要在具体的历史语境中，把马克思主义与具体实践情境相结合，从而创造出具有中国特质的马克思主义来指导自己的实践。就经济领域而言，就是不断完善邓小平所言的“政治经济学的初稿”②。在党的十五大报告中，江泽民创造性地提出了“公有资本”的概念，这意味着资本逻辑的文明意义在社会主义被创造性地运用。社会主义公有资本的提出，既是对马克思主义资本观的理解和实践上的深化，也是其丰富和发展，“通过公有经济对资本内在基因进行重组和再造，使其发生质上的变化，从而成为公有经济崭新的存在形式和表现形态，进而在市场经济的总运行过程中发挥普照之光的作用，使资本所有权收益转化为公有经济的果实”③。

① 白刚、付秀荣：《作为资本逻辑批判的历史唯物主义》，《求是学刊》2011年6期。
② 《邓小平文选》第3卷，人民出版社1993年版，第83页。
③ 杨志：《资本的二重性与公有资本》，《当代经济研究》1999年1期。

社会主义市场经济中既有“私有资本”，还有“公有资本”，我们可以从二重性的角度来把握两者关系。其一，公有资本与私有资本有其“资本一般”（能够带来剩余价值的价值）的共性，如杨志教授等在《社会主义公有资本论》中总结的，“在市场经济体制中，资本是资源配置的主体、经济运行的主体、财产分配的主体”①，从而两者都呈现资产的经营性、价值的增值性、市场的竞争性、形态的多变性、运行的风险性、流动的国际性等共同特征，尤其在社会主义制度背景下，无论资本姓“私”还是姓“公”，都具有非资本主义的一面，都能服务于提高人民生活水平、提高综合国力、提高社会生产力等历史目标。其二，我们更要看到两者的差异，例如，所有制基础不同，在生产中所结成的人与人关系不同，剥削性及剥削程度不同、增值目的不同，剩余价值的占有关系不同等。尤其要看到，社会主义公有的张力结构对于社会主义事业的巨大作用：（1）公有资本通过国家和集体控股，扩大了公有资本的支配范围，增强了公有制的主体作用②；（2）公有资本带来的增值部分（剩余价值）归劳动者（或部分劳动者）共享，是实现共同富裕的经济源泉；（3）通过市场经济来发展公有资本关系，为社会主义高级阶段不断实现公有资本对非公有资本关系的扬弃，逐步实现公有资本关系的一体化，最终实现资本关系的全部历史普遍性从而完成对全部资本关系的扬弃创造条件。

---

① 杨志、赵秀丽等：《社会主义公有资本论》，中国人民大学出版社 2015 年版，第 1 页。

② 《高举邓小平理论的伟大旗帜》，红旗出版社 1997 年版，第 19 页。

二、建立和完善现代企业制度，打通公有资本与私有资本之间的通道，逐渐构建起完善的资本实现形式和完整的流通体系

建立公有制与市场经济相结合的产权清晰、权责明确、政企分开、管理科学现代企业制度是整个经济体制改革的关键环节，是资本配置资源促进要素流动的重要环节。资本作为生产要素，只有按照价值规律的要求合理流动，才能发挥其效益，才能使其有生命。在党的十五大会议上，江泽民提出，要创新社会主义企业制度形式，建立以实现公有资本所有者权益为目标、以资本为纽带、具有较强竞争力的企业集团。其一，对国有大中型骨干企业进行规范的公司制改革，在规范改制的基础上尽可能推进股权多元化。其二，探索国有资产管理的有效形式，构造国有资产营运主体。以家庭联产承包责任制的实行加速农村经济市场化的进程。这种“统分结合、双层经营”的农村家庭联产承包责任制的推行，给整个农村经济带来了巨大的活力，促进了乡镇企业的崛起和农村富余劳动力的迅速转移，极大地增加了农民收入，加速了农村经济市场化的进程。以扩大自主权、转换经营机制为基本内容的企业改革，加速了企业走向市场的步伐。在四川不同行业六家代表性企业试点的基础上，国务院1979年7月颁布了《关于扩大国营工业企业经营管理自主权的若干规定》等系列文件，以改革现行管理体制，放权让利、扩大企业自主权，到转换企业经营机制，把国有的、集体的企业逐步从一个个计划经济下的生产车间式的企业改造成为独立经营、自负盈亏、自我完善、自我发展的经

济主体，为建立社会主义市场经济体制提供了微观基础和组织保证。

三、在看到资本巨大生产力的同时，还要从资本的负面因素与影响中深刻地把握资本的二重性问题

社会主义初级阶段，无论是“私有资本”还是“公有资本”，经过社会主义制度改造，就其历史任务而言，都是服务于人民的；与此同时，无论是“私有资本”还是“公有资本”，本质上依然是资本，不可避免地存在着资本本身所具有的历史局限性。因此，在看到资本强大的生产性作用的同时，也要看到资本的负面性，要把资本逻辑置于社会主义法律框架、社会主义核心价值观、社会主义企业的社会责任等具有积极意义的行为边界之内。我们知道，资本功能上的通兑性可以投射到精神和人性向度，在现实社会中不断驱动着人的生存欲望、生命的冲动、渴求、执迷乃至疯狂，在彰显人类社会历史进化与提升符号的同时，也彰显它给人性的伸展、人性内在维度及人与人之间关系改变的明证。其一，资本能够把人的和自然界的显在的和隐藏的本质力量通过其体系而变成纯抽象的观念，并在不可阻挡的通兑性中不断虚化、放大，最终成为幻象；同时，资本也把意识的、虚化的幻象不断转化为现实的本质力量和能力。随着人们越来越认识到资本的通兑性对人们生活的保障作用，一些人越来越沉浸在消费主义、享乐主义的所带来的物质和主观感受，金钱至上、货币万能逐渐抽离了生命的意义和生活的本质。其二，随着资本的“主导性力量”从产业资本和商业资本转向更具投机性和贪婪性的金融资本，资本扩张呈现出不同于以往的“脱域性”，逐渐从经济领域渗入政治、思想、文化和

意识形态等领域，以通兑一切的浪潮奔涌而至。其三，市场被神化，注入了诸如神灵的力量，赋予了市场无所不能的虚幻力量。如今，宏观调控下的市场发挥的作用越来越大，但也有人无视社会主义制度优势，单纯地把改革开放所取得的伟大功绩完全归功于市场，鼓吹西方那一套经济理论和管理方式。

总的来说，在社会主义处级阶段，同时存在“私有资本”和“公有资本”。由于社会主义中国没有经历完整的资本主义历史阶段，需要给生产力补课，就不得不把“批判”和“建构”有机地统一起来，面临着对“私有资本”和“公有资本”进行“批判”与“建构”的理论探索与实践发展的双重任务。党的十四大提出的建立不断完善的市场经济体制，为“私有资本”和“公有资本”发挥了资源配置基础性作用，以“三个有利于”标准保持了逻辑批判与逻辑建构的必要张力。

第五节　自2012年以来：深化改革，“让一切劳动、知识、技术、管理、资本的活力竞相迸发”

自十八大以来，中国改革开放进入“深水区”，党的十八届三中全会通过的《中共中央关于全面深化改革若干重大问题的决定》提出：“全面深化改革的总目标是完善和发展中国特色社会主义制度，推进国家治理体系和治理能力现代化。必须更加注重改革的系统性、整体性、协同性，加快发展社会主义市场经济、民主政治、先进文化、和谐社会、生态文明，让一切劳动、知识、技术、管理、资本的活力竞相迸发，让一切创造社会财富的源泉充分涌流，让发展成果更多更公平惠及全体人民。”以习近平同志为核心的新一届领导集体，深刻地认识到社会主义资本能最大化地激活市场要素，发挥资源配置的能量以及激发劳动者创造财富的积极性，在《关于〈中共中央关于全面深化改革若干重大问题的决定〉的说明》中，习近平对此给予了充分肯定，“使市场在资源配置中起决定性作用和更好地发挥政府作用。这是这次全会决定提出的一个重大理论观点。这是因为，经济体制改革仍然是全面深化改革的重点，经济体制改革的核心问题仍然是处理好政府和市场关系”①。在新的发展阶段，立足于我国处于并将长期处于社会主义初级阶段这个最大实际，坚持把发展作为解决问题的关键，坚持把改革作为发展的动力，“改革开放是决定当代中国命运的关键一招，也是决定实现‘两个一百年’奋斗目标、实现中华民族伟大复兴的关键一招，实践发展永无止境，解放思想永无止境，改革开放也永无止境，停顿和倒退没有出路，改革开放只有进行时、没有完成时。面对新形势新任务，我们必须通过全面深化改革，着力解决我国发展面临的一系列突出矛盾和问题，不断推进中国特色社会主义制度自我完善和发展”②。

一、让资本在社会主义阳光下最大化运行，把资本放在国家发展战略的大局来考量

走过了“站起来”和“富起来”两个历史阶段，如今正稳步走在“强起

① 《习近平谈治国理政》，外文出版社 2014 年版，第 75 页。

② 《习近平谈治国理政》，外文出版社 2014 年版，第 70 页。

来”的道路上，经历了片面的资本认知到深刻把握资本的辩证法，再到充分激发社会主义资本活力，不断释放出来的生产力表明：其一，中国当下的社会主义市场经济与现代资本有着客观的内生关系。中国市场经济的构建，是一种伟大的制度创新，是以社会主义制度为背景、以市场经济和宏观调控相结合、以资本力量的输出和人民利益的满足为依归的改革创新。由于这种创新的背景是社会主义制度的坚持，因而社会主义“公有资本”使传统的由少数利益阶层配置市场资源转向充分发挥包括公有资本在内的资本对市场资源起配置作用，使经济发展具有发展结果人民共享的最终结果。其二，资本是现代经济体的血液，是现代经济发展的润滑剂，因而经济发展与资本积聚相关联，资本的运行效果和增长效果直接与国家实力的强弱，直接与人民生活质量相关，“这乃是一个大国必须摆放在经济生命线上的重要视域。资本的强大意味着一个国家在世界拥有话语权的底气、占有世界市场份额的能力、控制全球经济财富积累和发展命脉的实力”①。其三，中国要实现民族复兴，必须使资本在制度范围内、在法律规制下最大化发展，只有资本的历史使命最大化，资本的生产力最大化，才能最快地实现“两个百年”奋斗目标，才能为人民群众最大化地实现满意度奠定坚实的物质基础。当下，虽然我们有着世界第二大经济体的体量，有着全世界最大的外汇储备，有着 40 年来最为可观的增长速度，然而，以近 14 亿人口的基础计算，中国人均占有资本量就会大大下降，且难以支撑崛起为现代强国的能力，正是从这个意义上来说，最大化推进资本在当下中国的发展任务仍然是艰巨的。

---

① 张雄：《自觉把握“全面深化改革”的历史寓意》，中国共产党新闻网，http://theory.people.com.cn/n/2013/1128/c49150-23686847.html。

在中国行将完成第一个“百年”而踏着坚定步伐迈向第二个“百年”之际，如何让资本在社会主义的阳光下最大化运行，这是中国当下非常重要的历史任务。2017年召开的党的十九大，更是把资本发展问题上升到了资本强国的“国家战略”高度。这一战略的提出有着如下考量：其一，以新时代社会主要矛盾的新变化为根据，不断扩大社会主义资本非资本主义的一面，满足人们追求美好生活的各种需要。十九大报告做出了我国社会主要矛盾已经转化为人民日益增长的美好生活需要和不平衡不充分的发展之间的矛盾的新判断。从“物质文化需要”到“美好生活需要”的变化，反映的是社会的进步和发展阶段的提高。资本的社会资源配置作用要从物质产品的丰富向民主、法治、公平、正义、安全等方面的需要满足转变。其二，以两个“毫不动摇”为坚守，向立体化、多层次的资本市场发展转变。十九大报告指出“坚持新发展理念”，“必须坚持和完善我国社会主义基本经济制度和分配制度，毫不动摇巩固和发展公有制经济，毫不动摇鼓励、支持、引导非公有制经济发展，使市场在资源配置中起决定性作用”①，在此基础上形成融资功能完备、基础制度扎实、市场监管有效、投资者合法权益得到有效保护的多层次资本市场体系。其三，做强做优做大公有资本，让社会主义资本充分涌流，为社会主义伟大事业创造巨大的社会生产力。也就是说，要发挥公有资本的公共属性优势，实现公有资本的公共属性与市场属性的有机融合，让公有资本成为社会保障、公共服务、经济安全等公共利益的强大支撑。归根结底，为确保资本的最优化运行、最大化发展、最终归属人民，主要有三点：一是朝

① 《决胜全面建成小康社会 夺取新时代中国特色社会主义伟大胜利》，在中国共产党十九次全国代表大会上的报告，人民出版社2017年版，第21页。

着资本积极健康的方向发展，继续推进市场制度创新；二是完善资本真正自由运行、发展的法制环境；三是“尽快推出既不伤害资本持有者利益，又能调动他们的积极性，还要使得资本在阳光下合理运行，并最终能够从根本上造福人民群众的社会分配原则、制度及政策”①。

二、以“一带一路”倡议和“自贸试验区”建设等打通国际国内资本涌流关节

全球金融危机后，国际秩序深度调整，区域经济一体化进程日益加快，新兴经济体参与全球治理的作用不断增强的关键时刻，中国正稳步走向世界舞台中央。为了应对全球政治经济格局的新变化、应对全球区域经济一体化的新形势，提升我国对外开放水平、实现我国区域经济平衡发展，中国面临的一个重要任务就是通过民族资本与国际流资本的转换，在促进国家间相互融合，建立更加紧密的经济联系的同时，为各国发展创造新机遇。这种转换探索以“一带一路”倡议和“自贸试验区”建设为重要标志，以习近平在博鳌亚洲论坛 2018 年年会开幕式上的讲话为重要历史坐标。这种转换会增加三个积极因素：一是扩大资本占有剩余空间的能力，二是赋予资本更为自由的发展条件，三是通过国际市场的融入带动国内资本市场制度的创新和资本贡献率的提高。② 其一，依托“一带一路”，建设多层面跨境合作，呈现向纵深发展趋势。“一带一路”

---

① 张雄：《自觉把握“全面深化改革”的历史寓意》，中国共产党新闻网，http://theory.people.com.cn/n/2013/1128/c49150-23686847.html。

② 张雄：《自觉把握“全面深化改革”的历史寓意》，中国共产党新闻网，http://theory.people.com.cn/n/2013/1128/c49150-23686847.html。

的推进是中国资本走出亚洲、走向世界的重要通道，在与“一带一路”沿线国家开展全方位合作过程中，资本市场风险共担、利益共享的体制优势不断显现，直接融资渠道和手段也不断丰富，市场化的方式配置金融资源更加成熟，国内优秀企业“走出去”的步伐更加稳健。与此同时，还提升了维护金融稳定的力量，在人民币参与“一带一路”产能合作中，人民币不断国际化，逐渐减少了对美元、欧元和日元的依赖，维护中国金融主权、维护国际金融稳定。其二，以建立“自贸试验区”深化对外开放。2013 年 9 月，上海自贸试验区挂牌。2016 年 8 月底，在辽宁、浙江、河南、湖北、重庆、四川、陕西等省市再设立 7 个新的自贸试验区，在更大范围进行改革创新实践和探索，建设更多改革开放的“试验田”，逐步构建全方位对外开放的新格局。这是自深圳特区设立以来最大的区域开放力度。按照党中央、国务院对自贸试验区“继续积极大胆闯、大胆试、自主改”“探索不停步、深耕试验区”的要求，“自贸试验区”的建立深化和完善了以负面清单管理为核心的投资管理制度、以资本项目可兑换和金融服务业开放为目标的金融创新制度、以政府职能转变为核心的事中事后监管制度，形成了与国际投资贸易通行规则相衔接的制度创新体系。其三，以习近平在博鳌亚洲论坛 2018 年年会开幕式上的讲话为标志，中国资本与国际资本的转换平台变得更大，转换渠道变得更加宽阔，转换机制变得更加健全。这次盛会大大加快了中国走向国际舞台的步伐，“我想强调的是，我刚才宣布的这些对外开放重大举措，我们将尽快使之落地，宜早不宜迟，宜快不宜慢，努力让开放成果及早惠及中国企业和人民，及早惠及世界各国企业和人民。我相信，经过努力，中国金融业竞争力将明显提升，资本市场将持续健康发展，现代产业体系建设将加快推进，中国市场环境将大大改善，知识产权将得到有力保护，中国对外开放一定会打开一个全新的局面”①。并且提出“大幅度放宽市场准入、创造更有吸引力的投资环境、加强知识产权保护、主动扩大进口”共四个方面的重要举措。

总之，自十八大以来，随着实践的深入和对马克思主义资本理论的更深理解，中国人的资本观念有了一个更深的认识和发展。其一，改革是由问题倒逼而产生的，又在不断解决问题中得以深化，具体表现为以下四个方面：一是改革实践的推进从由下而上变为自上而下与自下而上相结合的自觉变革；二是改革实践不再是局部的、条块的，而是变得越来越趋向于整体性、系统性；三是改革从表层向深层次改革迈进；四是对外开放由局部、有限度向全方位、多角度转变。其二，在释放资本原子裂变般的现代经济发展动能的同时，也积极构建与之匹配的“人对物的依赖”阶段所必须具有的精神到层面的核心价值观，以消解资本兑换、预付等方面所导致的拜金主义、拜物教、消费主义等。其三，通过社会主义制度的优越性，发挥“公有资本”在生产、分配等环节的功能，引导资本向金融普惠、金融共享发展，既“最大化”地发展资本，又尽可能地缩小由资本带来的社会两极分化问题，尽可能地把弱势群体的生存与发展置于资本的增长逻辑里，让人民有更多的幸福感、获得感。其四，资本刚性的增长逻辑被注入人文、人本的因素，使资本的增长使命与人民的生活质量、生命质量、与民族的复兴使命密切关联起来。

---

① 习近平：《开放共创繁荣创新引领未来》，在博鳌亚洲论坛 2018 年年会开幕式上的讲话。新华网，http://www.xinhuanet.com/2018-04/10/c_1122660064.html。

第六节　经验与启示

总之,就历史发展的趋势而言,社会主义作为具有社会进步意义、符合历史发展趋势的制度形态,既是资本主义的否定者与批判者,同时还是资本主义的继承者,“40 年来,中国人民始终上下求索、锐意进取,坚持立足国情、放眼世界,既强调独立自主、自力更生又注重对外开放、合作共赢,既坚持社会主义制度又坚持社会主义市场经济改革方向,既‘摸着石头过河’又加强顶层设计,成功开辟出一条中国特色社会主义道路”[①]。回顾这 40 年的基本实践之路,我们得出了以下体会和启示:

第一,我国资本观念以十一届三中全会的召开为重大转折坐标点。正是通过这次会议,人们的思想才得以解放,才从对资本的意识形态上的拒斥、批判、否定转向中国特色社会主义市场经济下对资本的“祛魅”、接受,甚至狂热的追求——当然,这种“狂热”的追求理应回到一个理性的追逐正确的“财富心理”的轨道上来。

第二,中国市场经济的构建,是以社会主义制度为背景、以市场经济和宏观调控相结合、以资本力量的输出和以社会主义公有资本的壮大导向共同富裕的改革创新。在如何建设社会主义的探索中,不断加深对社会主义发展规律和建设规律的认识,通过大胆的实践、摸索、总结,对资本的认识不断走向成熟,由拒斥资本、恐惧资本,到接受资本,再到疯狂

① 习近平:《开放共创繁荣创新引领未来》,在博鳌亚洲论坛 2018 年年会开幕式上的讲话。新华网,http://www.xinhuanet.com/2018-04/10/c_1122660064.html。

追逐资本，然后到理性地把控和驾驭资本。社会主义注重释放资本促进经济发展的一面，而对其物性、拜物性、金钱至上性等方面的消极作用加以规制和引导，发挥资本“阳光”“积极”的“正能量”。

第三，学会了唯物地、辩证地看待资本，以及资本的二重性；学会运用“从思想认识，到法律规制，再到以共产主义信念引导”，开创性地利用资本发展社会主义新局面。社会历史发展的“铁的必然性”揭示了社会主义公有制必将代替资本主义私有制。

第四，认识到要发展经济，提升人们的生活水平，提升人民的幸福感，实现伟大的民族复兴，必然依靠中国共产党这个“中国近代以来最伟大的创业团队”的领导，唯有在其领导下，才能以发展了的、中国化了的马克思主义来指导，才能以民族复兴国家兴盛作为最大发展公约数，通过“再创业”①来取得更加远大的发展。

第五，学会了以更加开放的眼光、更加包容的胸怀、更加成熟的理念，把中国放在地球村的视野下来认识其发展过程，更加成熟地处理与资本主义的关系，积极利用人类一切优秀文明成果发展社会主义。

① 宣言:《艰苦奋斗在创业》,《人民日报》2018 年 2 月 23 日。

第十四章　法的观念

本章内容提示：中国社会的现代性发育与法治观念密不可分，法的观念转变的思想轨迹，鲜明地反映出中国从前现代习俗为纽带的社会过渡到当下以市场经济为基础，以法律体系治理为原则的现代社会的伟大历史进程。具体而言，可以分为四个历史阶段：(1)1949—1978年：中华人民共和国的成立标志着社会主义新法的诞生，但是，计划经济体制的制约仍然没有使当时的中国生成现代意义上法的观念；(2)1978—1992年：思想解放推动现代法的观念的萌动；(3)1992—2012年：社会主义市场经济的建立促进了现代法的观念的高涨；(4)2012年以后，新时代的到来确立了社会主义市场经济本质上就是法治经济的观念，体现出法的时代性与执行力，使法的观念全面而完备地体现在现代国家治理体系中。

本章关键词：法的观念；现代性；改革开放40年；法治国家

当中国的改革开放全面进入新时代后，必须在历史视野中重新理解社会主义法的观念的生成逻辑，从而做出符合时代精神的实践选择。

“社会主义市场经济在本质上是法治经济”，这表明，处在人类社会第二大历史形态中的社会主义制度，必须承认市场经济与现代法治是一种内生关系，同时又要鲜明地彰显社会主义制度的价值属性。因此，通过对改革开放40年来法的观念进行全面的剖析，可以更明确地显示社会主义法治的优越性，从而为下一步全面深化改革提供理论与实践参考。

第一节　历史唯物主义视域中“现代意义的法”

黑格尔认为，现代社会形成于普遍的市场经济活动之上，而普遍的市场经济活动正是法的本质的展现，在此基础上，黑格尔逐步揭示了人身权、财产权、交换、货币、资本、市场经济等一系列概念的运动逻辑，达成了法的理论维度与实践维度的统一。马克思在吸收和批判黑格尔的基础上指出：“法的关系正像国家的形式一样，既不能从它们本身来理解，也不能从所谓人类精神的一般发展来理解，相反，它根源于物质生活关系。”[①]可见，现代意义的法与现代性发育密切相关，它是近代启蒙观念下的产物，其本质是市场经济的运行方式在意识形态和权力结构中的体现，而市场经济通过自身的法治化将经济理性的教条物化为具体的社会关系结构。因此，如何在当前社会主义市场经济条件下深度觉解马克思法的概念显得尤为重要，要求我们必须从马克思政治经济学批判原理的整体性来把握，从单纯技术向度的推演上升到最有价值的思考方式的追

① 《马克思恩格斯文集》第2卷，人民出版社2009年版，第591页。

问。

第一，在人类第二大社会形态所共有的有关生产力和市场经济一般规定的向度中洞悉法与市场经济同构的积极因素和历史推动作用。在马克思那里，社会存在自身就是历史的，对历史的理解不能脱离对当下经济生活的把握，必须从人的社会存在及历史转换本身求解人类历史发展的规律。现实的社会主义制度与现代性的发育密不可分，它仍是处在“人对物的依赖”阶段的社会。其中最重要的一条轴心逻辑在于：通过对“商品—货币—资本—财富”的生成链条进行全面解剖，揭示第二大社会历史形态的内在运行规律和本质特征，得出扬弃“第二阶段”步入“第三阶段”的实践径路，无论是资本主义还是社会主义，都是通往共产主义的必经环节。处在第二大社会形态的社会主义制度，需要在现代性运行的程式里找到自身发展壮大的动力，法与市场经济的同构正是这个动力的核心。它具体表现为以下三个环节：

其一，商品与交换是社会主义制度发展的前提。交换行为必须通过契约上升到法的层面，从而规制交换行为中的任意性，稳定市场各主体对交换行为带来收益的预期，在此基础上，交换行为的不断扩大得以保障，推动商品经济从偶然的因素成为普遍的事实，并因此开启了工业主义浪潮，人类社会发展的链条开始由追求单纯的使用价值的驱动向追求交换价值驱动转变，它直接瓦解了以“自给自足”为特征的自然经济基础，“人对物的依赖”关系因此得以生成：“这种相互依赖，表现在不断交换的必要性上和作为全面中介的交换价值上……毫不相干的个人的和全面的依赖，构成他们的社会联系……人的社会关系转化为物的社会关系；人的能力转化为物的能力。”[①]由此可见，建立在交换行为之上的，区别于自然欲望的需要体系，实质上是以契约为核心的法权体系具体物化的结果。而苏联高度集中的计划经济体制的失败与中国社会主义市场经济的成功证明，社会主义制度也须从这种需要体系之上起步。

其二，对资本的合理运用——当下社会主义市场经济成功的关键一步。资本不但是市场经济运行的核心质料，也是打开现代世界大门的一把钥匙，更是法的意识形态物化的核心要素。“资本一出现，就标志着社会生产过程的一个新时代。”[②]马克思对资本的批判是辩证而深刻的，一方面肯定了资本对人类社会进步的重要意义，另一方面基于资本的内在否定性批判资本，资本的内在否定性既是资本扩张的动力，又是资本最后走向消亡的根源，随着生产力水平的进一步发达，人类必将扬弃这一历史阶段而进入“自由人的联合体”这一更高级的社会形态，资本隐含着人类最终得以解放的重要因素。虽然资本逻辑的扩张导致诸多恶果，但它给人类社会发展带来的巨大动力至今仍需利用。因此，社会主义法治在对待资本这个问题上应当把握两个重要方面的内容：一方面注重法对于资本的积极正向的推动，营造有利于社会主义市场经济进一步发育，促进资本创造社会财富的法治氛围；另一方面要运用社会主义法治最大限度地限制资本的负面效应，使资本朝着有利于社会主义制度发展和人民整体利益提高的方向运动。社会主义市场经济的巨大成功正是在于既充分发挥了资本推动社会生产力进步的优势，又用社会主义制度的属性对资本加以导控。

① 《马克思恩格斯文集》第 8 卷，人民出版社 2009 年版，第 50—51 页。

② 《马克思恩格斯文集》第 8 卷，人民出版社 2009 年版，第 157 页。

其三，在社会主义制度下，法的观念要全面体现人民性。社会主义市场经济本质上追求共同富裕，其区别于资本主义市场经济的优越性在于，在以生产资料公有制为基础的社会主义市场经济条件下，人民在新的生产关系基础上形成了新型的合作关系，而社会主义法治正是这种新型关系在意识形态上的体现。它既完整地体现了人类社会第二形态中法的自由之本质，又受到社会主义制度追求整体性自由逻辑的规制，体现出中国特色社会主义制度追求人民性的本质特征。

第二，社会主义制度下，现代法的关系的意识形态基点是以劳动为核心而打造的。劳动范畴是马克思基于对西方现代性高度总结和批判的基础上提出的新世界观的起点，在马克思理论中处于核心地位："整个所谓世界历史不外是人通过人的劳动而诞生的过程，是自然界对人来说的生成过程，所以关于他通过自身而诞生、关于他的形成过程，他有直观的、无可辩驳的证明。"①虽然洛克第一次系统地提出劳动价值论，但由资产阶级学者打造的市场经济与法的理论体系的根本矛盾在于，人民群众通过劳动创造历史的同时，却失去了拥有和主宰劳动成果的权利，劳动虽然成为其构造理论的起点，但社会契约论的结果却是劳动者丧失了劳动成果的主权。马克思的任务是把被歪曲的事实加以澄明：通过对劳动者创造世界的主体地位与实际境遇的剖析，马克思确立了以劳动价值论和剩余价值论为核心的政治经济学批判理论体系，并在此基础上说明人类历史发展的矛盾及动力机制。

其一，尽管马克思对黑格尔法哲学批判的核心论点落脚于"不是国

① 《马克思恩格斯文集》第1卷，人民出版社2009年版，第196页。

家决定市民社会，而是市民社会决定国家”，但马克思解剖市民社会的最终结果却是对劳动范畴核心地位的发现。马克思通过对劳动和劳动者是市民社会形成的真正基础这一事实的澄清，发现了资本主义制度虚伪性的根源在于偏离了劳动的本质，从而触摸到特殊利益与普遍利益、个人权利与国家权力、个体价值与整体自由互动的人类历史脉动，跳出了以既成的人性假设论为原点的资产阶级理论窠臼，用历史生成的新范式重新审视西方现代性发育的全部过程，这正是马克思将市民社会称为“全部历史的真正发源地和舞台”①的重要原因。他指出：“丧失财产的人们和直接劳动的即具体劳动的等级，与其说是市民社会的一个等级，还不如说是市民社会各集团赖以安身和活动的基础。”②因此，社会主义市场经济与法的同构的过程，只有通过对劳动范畴的回归，才能真正彰显马克思政治经济学批判的核心要义。

其二，对劳动者权利的尊重与保护是唯物史观重要的价值判断。黑格尔法哲学标榜以自由的实现为最高目标，但其倒置的思辨模式却使劳动者反而处于最底层的地位。在黑格尔那里，劳动者丧失劳动成果的权利成为精神反思的质料，是自由实现的必经过程，因此，现实生活中劳动者悲惨的境遇、市场经济中的弱肉强食、法对市场经济的维护成为人类实现整体性自由理所当然的代价。因而，黑格尔的概念逻辑推演与历史实践本源的脱节，使其宣称的逻辑与历史相一致原则在现实世界反而陷入自相矛盾的悖论。而马克思的立场却截然相反，既然劳动创造了世界，那么创造和拥有本身就应当是一个有机统一体，这正是马克思所一

① 《马克思恩格斯文集》第1卷，人民出版社2009年版，第540页。

② 《马克思恩格斯全集》第3卷，人民出版社2009年版，第100－101页。

贯坚持的真正的逻辑与历史相一致，事实判断与价值判断相统一的方法论原则。须指出的是，在《黑格尔法哲学批判》中，青年马克思的主要任务是通过劳动—财产权的逻辑梳理，揭示法的客观性本质，成熟时期的马克思则更为深入地转向财产关系背后的生产关系领域，揭示法的经济性根源与阶级性本质之间的张力，并将其统一在历史唯物主义原理中。在社会主义法治体系下，通过对劳动者权利的尊重与保护，使社会主义市场经济中的物化关系体始终贯穿实现劳动者主权的价值属性，逐步走出区别于资本主义市场经济“物化—异化”结构的泥潭，真正体现具有社会主义性质的法权意识形态。

第三，社会主义市场经济与法的内生关系的生成，体现了实现无产阶级自由与解放的价值立场。卢卡奇在《历史与阶级意识》中认为，马克思“追求无产阶级的阶级目标同时也就意味着自觉地实践社会的、客观的发展目标，这些目标如果没有它的自觉参与只能仍旧是抽象的可能性、客观的限制”①。马克思对劳动范畴发掘的重要成果在于，指出无产阶级是实现人类自由和解放目标的承担者，而共产党人是这个阶级的领导者。这一点区别于以往任何一种抽象地谈论人的自由的理论，使人的解放实践运动真正落实到一个现实的社会阶级中，带有鲜明的阶级属性。在西方现代性发育过程中，市场经济与法的同构则体现为鲜明的资产阶级属性，对资本的崇拜使所谓的社会契约论成为天经地义的结果，无产阶级被剥削的事实被美化为自愿签订社会契约的行为，而契约则是当事人之间的法律。资产阶级学者至今不认可社会主义能够运用市场

① ［匈］卢卡奇著，李鹏程译：《卢卡奇文选》，人民出版社2008年版，第58页。

经济模式的理由显而易见：在社会主义制度下，由于阶级立场的不同，法与市场经济的利益导向发生根本的转变，财富机制由资本主义制度下的资产阶级财富论转变为人民财富论，社会主义市场经济与法的内生关系的性质也与资本主义制度下有了明显的区别。因此，维护无产阶级利益是社会主义市场经济与法治必须始终坚持并加以贯穿的内在要求，丢弃了这一点，社会主义市场经济也就丧失了其自身特有的价值属性。

可见，对改革开放以来社会主义法的观念的变迁研究，必须坚持以马克思主义理论为指导，在此基础上，找到中国法治社会运行的独有特征。

第二节　1949 — 1978 年：社会主义制度的发展与新法的探索

中华人民共和国的成立，标志着中国人民彻底推翻了“三座大山”，同时也宣告了以剥削阶级利益为核心的法律制度全面废止，极大地推动了中国社会的法制化和民主化进程，揭开了社会主义法制实践新篇章，意味着社会主义法的观念开始生成。当然，由于受苏联意识形态的影响，这一时期法的观念仍未跳出计划经济体制的束缚，因此，这一时期内法的观念与实践特征主要表现为以下两个维度：

第一，革故鼎新，确立社会主义新法。社会主义制度在中国的胜利，彻底结束了中国历史上以剥削阶级占统治地位的历史，随着新制度的诞生，以剥削阶级为中心的法律体系被彻底废除，以人民为中心的法律体系全面确立，确保了人民当家做主的地位。首先，构建新的社会主义法制体系，必须废止以国民党《六法全书》为代表的法律秩序，确立新的法制原则并进行新的法律实践。“《六法全书》同一般的资产阶级法律一样，宣扬所谓人人在法律方面一律“平等”，但实际上在统治阶级与被统治阶级之间、有产者与无产者之间、债权人与债务人之间并没有真正共同的利益，因而也不能有真正平等的法权。因此，国民党全部法律只能是保护地主与买办官僚资产阶级反动统治的工具，是镇压与束缚广大人民群众的武器。在无产阶级领导的以工农联盟为主体的人民民主专政的政权下，人民的司法工作不能再以国民党的《六法全书》为依据，而应该以人民的新法律为依据。”①这就归结到一个问题，法制如何建设，也就是说，在中华人民共和国实践的沃土上，需要加强法制建设，为新中国法制建设寻找新出路。其次，建立以宪法为核心的社会主义法律体系。中华人民共和国成立初期，在政治经济、社会事务处理的国家管理实践中，出现了办事没有统一根据，按照上级领导指示和文件行事，实际上还未走出偶然性和任意性的误区。因此，中国共产党开始重视并践行法制建设。毛泽东指导制定了“五四宪法”草案，坚持两个基本原则，即民主原则和社会主义原则：“我们的民主不是资产阶级的民主，而是人民民主，这就是无产阶级领导的、以工农联盟为基础的人民民主专政。人民民主的原则贯穿在我们整个宪法中。另一个是社会主义原则。我们现在就有社会主义。宪法中规定，一定要完成社会主义改造，实现国家的社会主义工业化。”②同时，毛泽东非常重视宪法的地位与作用：“一个团体要有一个章程，一个国家也要有一个章程，宪法就是一个总章程，是根本大

① 中央档案馆：《中共中央文件选集》第 18 册，中央党校出版社 1992 年版，第 150 页。

② 毛泽东：《毛泽东文集》第 6 卷，人民出版社 1999 年版，第 326 页。

法。用宪法这样一个根本大法的形式,把人民民主和社会主义原则固定下来,使全国人民有一条清楚的轨道,使全国人民感到有一条清楚的明确的和正确的道路可走,就可以提高全国人民的积极性。”他还强调,宪法通过以后,“全国人民每一个人都要实行,特别是国家机关工作人员要带头实行,首先在座的各位要实行。不实行就是违反宪法”①。共产党人根据革命和建设的实际需要,制定了法律法规千余件,以 1954 年《中华人民共和国宪法》的制定和颁布为标志,社会主义法制格局基本形成,初步奠定了社会主义法制基础。宪法的确立体现了这一时期法的观念具有以下几个特征:(1)宪法是民主制度化实现的重要形式;(2)社会主义性质的宪法是无产阶级专政的体现;(3)宪法在社会生活中是根本大法;(4)宪法与社会主义革命和建设的任务具有一致性;(5)宪法面前人人平等,人人必须遵守。通过宪法核心地位的确立,一系列法律制度有了社会主义灵魂,法不再是资产阶级压榨劳动者的工具,而成为全体人民共同建设社会主义国家,享有社会主义成果的根本保障。

第二,由于受苏联意识形态的影响,党的领导、法制建设、行政权力等一系列关系并未加以明确,进而导致法律在国家生活中的作用相对模糊,造成了法律虚无主义的错误。

“文革”的到来使社会主义民主法制建设严重倒退,甚至导致了法律虚无主义的灾难。其成因主要有:其一,党的正确路线没有得到彻底贯彻,错误提出“无产阶级专政下继续革命”的理论,导致对法制建设的否定。其二,党权与法制关系扭曲。党权取代法制,包办一切,重政策,轻

① 毛泽东:《毛泽东文集》第 6 卷,人民出版社 1999 年版,第 328 页。

法律，以政策代替法律，削弱了法律的权威，弱化了法制功能。其三，法律工具主义的影响，使法成为可有可无，可长可短的“工具”。

总之，社会主义性质法律制度的确立，从根本上保障了人民当家做主的地位，维护了人民群众的根本权利，彻底改变了剥削阶级占统治地位的社会关系。但是，由于当时国内外环境复杂，加之受苏联意识形态和封建残余思想的困扰，法的观念还呈现一系列问题：(1)对法律本质理解有所局限。由于受封建习俗社会的影响，这一时期法的观念过多强调法对阶级斗争的维护作用，忽略了法对权力的监督，使法的执行力受到一定的制约。(2)法律工具主义的存在。习俗、任性等因素使法的观念在具体落实中受到了干扰，甚至造成了较为严重的社会后果。(3)不重视法律文化的历史继承性规律，出现了某种简单化倾向，全面学习苏联法学理论，涉及西方法律思想中先进的技术性因素往往被忽略，甚至成为被批判的对象。

第三节　1978—1992年：思想解放推动现代法的观念的萌动

真理标准大讨论极大地推动了中国的思想解放，为现代法的观念萌动提供了思想条件，尤其是现代性的发育，打开了中国人的欲望闸门，在理解现代意义法的概念上深度改变了中国人的观念形态。思想解放运动确立了三个现代意义的核心范畴：一是现代意义的个人范畴，它是对人权的尊重，使人从前现代的抽象共同体中转变为现实的、独立的、有具体产权的个人。二是社会主义市场经济范畴，它使社会经济关系逐步告别了计划经济体制下依靠权力链接的形式，走向依据契约相互确立主体身份的社会关系时代。三是现代国家范畴，它把国家从“以阶级斗争为纲”的政治共同体中解放出来，而以经济建设为中心的确立迫切需要现代意义的国家制度予以规范。上述三个转变极大地推动了中国社会现代法律制度建设进程，在这个过程中，中国现代法的观念开始生成并迅速发展。

第一，思想解放运动牵引学界重新反思三对关系，给现代法的观念生成提供路标。真理标准问题的讨论促使中国学界对现代法的观念探讨不断深入，其中最为重要的成果在于重新反思了三对关系，给现代法的观念发展铺平了道路。

其一，重新反思法与权力之间的关系。在十年“文革”期间，由于党的正常组织生活和国家民主制度遭到了严重破坏，这种以习俗为依据的法治思想表现出极端主义的倾向，其后果就是权力取代法，导致了对公民权利的侵犯。“文革”的教训给学界反思提供了大量有价值的质料。通过不断的讨论，人们一致认为，权力不能脱离法的监督，权力的运行应回归到法的程序之中。在对这个问题讨论的基础上，学界提出了一系列对权力进行监督和规范的设想，比如，全国人大及常委会的职能如何加强，国家权力的运行程序如何在法的规定下加以规范，公检法和行政部门之间的关系如何理顺，公检法内部关系如何协调等问题，彻底扭转了法、权不分的落后观念。

其二，重新反思法的建设与历史进程相一致的关系。在十年“文革”期间，现代性的动力没有完全生成，现代意义上法的观念自然无法形成。人们对法的观念认识受习俗和苏联意识形态的影响，表现出诸多狭隘的因素，尤其在中国这样一个封建传统浓厚的社会，立法依据、立法技术、立法灵魂基本上离不开“家法族规”[①]，使法的观念在一定程度上表现出狭隘的民族主义倾向，诸多带有浓厚封建权力特征的观念弥漫在对法的理解中。思想解放运动使中国从封闭建设的思维中彻底惊醒，使学界集中思考法的观念如何与世界历史进程相一致，如何借鉴与运用现代法学技术与法学理念改造中国的法律框架，使中国快速建立现代法制体系，从习俗社会向现代文明社会转型。可以说，这场思想解放运动的一个重要意义在于，使中国再一次打开眼界，放眼世界，把中国的法治观念融入世界历史进程中。

其三，重新反思法的建设内部的诸多关系。十年“文革”的教训，在法的建设维度上表现为各种关系没有厘清，法制体系本身过于单薄，法的表述过于抽象，以及法在人民生活中的现实作用还无法落实等方面。针对这些问题，学界对法理方面的机制建设、法的程序运作、法律条文之间的相互关系、法的语言如何进一步精准地表达等方面进行了集中的研究，取得了丰富的成果，出台了一系列具有现代意义的法律制度。

第二，市场经济因素的不断增长，使现代意义上的法的观念生成有了可能。黑格尔曾在《法哲学原理》中系统论述了现代法与市场经济同构的过程，逐步揭开了人类实现自由的径路，进而揭示了人身权、财产权、他者、交换、货币、资本、需要的体系、市场经济等一系列概念的产生过程，在此基础上形成了市民社会和国家等伦理实体，因此，黑格尔实现了法的理性维度与实践维度的统一，扬弃了英法自然发生论图式下社会

① 曾宪义：《中国法制史》，北京大学出版社 2000 年版，第 3 页。

契约论自我分裂的悖论，将法的实现与市场经济的发育同构在伦理实体中。自改革开放以来，社会主义市场经济因素的发育使现代法的生成有了可能。

今天，当我们重新回顾历史，可以清晰地发现，这场思想解放运动极大地推动了社会主义现代法治观念的生成，它不但促使学界深入研究了当代中国符合广大人民利益的法的观念特征，而且对法治建设如何推动现代国家建设进行了原初的建构。从经济学角度分析，法治对社会主义市场经济的重要性体现在能够对商业风险加以规制和降低，稳定市场主体对交换行为所带来的未来收益的预期，市场经济是面向未来的经济运行机制，预期的稳定对于市场经济的良性运转有着极为关键的作用。从政治学角度分析，与“法治”相对应的是“人治”，即主要依靠个人的意志与权威取代规律和规范治理国家，“人治”并不排斥“法制”，但“法制”必须屈从于当权者的意志。个人或者某些团体可以超越法律之上。市场经济所要求的法治是法的权威性、平等性和普适性。它要求所有市场主体的经济行为都纳入法律的秩序，并由法律来调节。在 40 年的改革开放过程中，社会主义市场经济体制改革从六个方面促进了现代中国法的观念的发展：(1)构建了以“物权法”为核心的完备的法律制度，做到“产权明晰”，保护“公”“私”产权的合法地位不受侵犯。市场经济的每个领域都要有法律规范予以保障。(2)促进了法律是经济行为的权威这一认识。所谓法律面前人人平等，不仅要求公民个人和企业之间一律平等，还包括各政党、组织、社会团体都不得凌驾于法律之上，任意干涉市场经济运行。市场主体的活动，市场体系的维系，市场对资源配置决定性作用的发挥，国家对市场经济的宏观调控，都需要法律的规范、引导、制约和保障。(3)使司法机关不受干涉,独立使用法律。只有这样,经济领域法的普遍适用才能落到实处。(4)认识到法律的权威性、平等性与普遍性要有相应的制度保障。要维护法律的尊严,什么样的权力结构才是合理的、什么样的制度安排才是可行的,这些都要有完备的和运行良好的制度,不能靠呼吁、号召、劝诫等“软性”手段实现。(5)遵守国际法则,参与和主导国际经济规则的制定。市场经济是一种开放经济,一种与世界市场连为一体的经济,国际交往也要按照国与国之间约定的法则和国际惯例行事。(6)促进了法治文化的形成。市场经济是一种契约经济,需要人们以及整个社会都具有契约精神、契约意识、契约文化,而契约精神、契约意识、契约文化也就是一种法治精神、法治意识、法治文化。

第三,对现代国家制度的认可,推动了党和人民重新认识现代法制的作用与价值。党的十一届三中全会指出:“为了保障人民民主,必须加强社会主义法制,使民主制度化、法律化,使这种制度和法律具有稳定性、连续性和极大的权威,做到有法可依,有法必依,执法必严,违法必究。从现在起,应当把立法工作摆到全国人民代表大会及其常务委员会的重要议程上来。检察机关和司法机关要保持应有的独立性;要忠实于法律和制度,忠实于人民利益,忠实于事实真相;要保证人民在自己的法律面前人人平等,不允许任何人有超越于法律之上的特权。”①为此,法学界着重讨论了法律面前人人平等,人治与法治的关系,重点批评了轻视法律,取消法制的法律虚无主义思想。在此基础上,进一步克服了以“阶级斗争为纲”的法律思想,在马克思主义理论的指导下,通过开展对法的

① 《中国共产党第十一届中央委员会第三次全体会议公报》,《人民日报》,1978 年 12 月 24 日。

本质、起源、发展、运行、消亡等问题的研讨，深化了对法的本质与价值的认知，丰富和发展了马克思主义法制观，邓小平从民主和法制两手都不能削弱的角度，提出“民主和法制，这两方面都应该加强，过去我们都不足。要加强民主就要加强法制。没有广泛的民主是不行的，没有健全的法制也是不行的”[①]。在现代社会里，法律作为一种国家制定的规范体系，具有肯定性、普遍性、可预测性、结构完整性和强制性等特点，不仅可以保障公民的权利，而且可以创造一个正常的社会生活所需要的秩序，离开法制的参与，现代化的建设不仅是残缺的，而且是没有保证的。“搞四个现代化一定要有两只手，只有一只手是不行的。所谓两手，即一手抓建设，一手抓法制。党有党纪，国有国法。”[②]这段话充分表达了对法制重要性的认识和对法律虚无主义的否定。最后，通过对一系列范畴的界定，厘清了社会主义法律体系建立的原则与标准，为日后的法制建设铺平了道路。

总之，改革开放的到来冲破了“两个凡是”的长期禁锢，打破了“文革”期间“以权代法”的权力运行机制，生成了现代意义上的法律体系与法治观念，开辟了社会主义法治崭新的发展道路，深度改变了中国人法的观念形态。

① 邓小平:《邓小平文选》第2卷，人民出版社1994年版，第189页。
② 邓小平:《邓小平文选》第3卷，人民出版社1993年版，第154页。

第四节 1992—2012年：社会主义现代法治观念的全面打开与高涨

以1992年邓小平的"南方谈话"和党的十四大召开为标志，中国的法治建设进入了前所未有的快速发展期，随着社会主义市场经济的深入推进，中国社会从行政隶属关系向契约关系转型，中国人的法的观念越来越多地呈现现代性社会的特征，现代法律意识不断高涨，法律也逐渐走入中国人的日常生活中。这一阶段的法的观念主要呈现以下三个方面的特征：

第一，1993年党的十四届三中全会通过的《关于建立社会主义市场经济体制若干问题的决定》，使产权概念的确立和发展成为可能。社会主义市场经济的建立使得产权概念盛行，人们更加深刻地认识到现代意义的法与财产权之间有着重要的核心关联。财产权不仅是法的本质——自由实现的第一个步骤，也是现代市场经济的原初条件，财产权的确立对于市场经济的形成具有以下三个重要功能：一是使交换行为成为可能，二是在财产权的基础上建立起相互确认的人际关系，三是只有在个人财产权的基础上才能萌生真实的共同体。

当社会主义市场经济全面建立之后，通过法律形式确立产权对于中国社会的作用愈发重要，尤其是一大批个体工商户、私营企业、外商独资企业、合资企业、国有混合所有制企业的兴起，使人们意识到，对于产权的保护，离不开法的概念。综观这一时期的企业发展历史，可以发现这样一种令人深思的现象,中国的经济活动与法治建设呈现相互交融、共同发展的局面,如蒙牛、健力宝、海尔集团这样的知名企业,无一例外地在产权概念与法之间呈现密切的联系,可以说,每一个实际经济生活中的案例都推动着社会主义市场经济体制下法律制度和法的观念的发展。通过反思,人们认识到,法—产权—市场经济这三者之间呈现三个维度的核心关联:

其一,市场主体从事经济活动的目标就是创造财富从而拥有财富,有效率的制度安排的核心就是将市场主体创造财富的劳动与公平地获取报酬结合起来。产权的排他性质决定了产权主体独立地进行决策和经营,独立地承担决策后果——享受收益与接受亏损的能力。这是社会财富积累而带来经济增长的原初动力。而产权必须以法的形式确立,才能给市场主体稳定的心理预期。传统的公有制经济无法将人们追求物质利益最大化的追求内化为强大的自身动力,一方面,国有企业的经营和生产人员难以按照自己的贡献获得公平分配的权利,另一方面,由于经济权利依附于政治权力从而形成了特权阶层的存在,不劳而获或者利用权力大肆贪婪成为国有企业的诟病,长此以往,传统的公有制经济必然丧失发展活力。

其二,通过法的关系确立起的产权激励是一种典型的自我激励机制。其背后体现的是对生产经营不确定性条件下市场机遇的把握与激励,从而持久地推动企业创新与技术进步。而传统的公有制形式主要以行政表彰、政治提拔等外部因素加以激励,但这些外部机制并非用法律加以确立,因此具有偶然性、任意性与非持久性的缺陷,而且实施的社会成本也较高,不能发挥长久有效的激励作用。

其三，激励机制与约束机制是一种事物的两个方面，是相辅相成的力量。如果说激励机制是市场经济的发动机，那么通过法建立起来的约束机制就是确保经济发展处在正确轨道的刹车片。市场经济要求市场主体不仅能够独立地享有经济成果，而且要承担自己决策的一切法律后果，在所有制结构方面，产权通过对权能的确定和利益边界的划清，成为一种长期有效的约束机制；而传统的公有制经济因其与政府是“一家人”的性质和为全社会服务的标签，从而造成了经营管理者难以承担独立的法律后果的结局，放纵了其经营管理者不按照法律约束，随意投资和盲目投资的行为。在中国的国有企业改制中，我们不得不经历广大人民为国企亏损最终买单的阵痛。

第二，厘清了党的领导、依法行政与社会主义法治之间的关系，在现代意义的法的基础上，建立起现代国家治理体系。

其一，法与行政权力之间呈现的张力，使人们认识到二者的关系在中国社会需要进一步梳理整合。在这一时期，有两个案例发人深省。一是天津大邱庄禹作敏案件，它使人们认识到，任何人，无论对党和人民有何功绩，都必须在法的层面开展工作，否则就会受到法律制裁，社会主义国家坚持党的领导与依法治国是并行不悖的，党的领导更加注重依法行政，严格执法。二是轰动全国的电影《秋菊打官司》，它使人们发现，在中国社会，真正要理顺法律与行政权力之间的关系，仍然是一件任重道远的工作。随着《行政诉讼法》的出台，这一时期，“民告官”的案件层出不穷，既折射出中国社会几千年来法治观念的进步，也体现了法律制度、法律体系的滞后。

其二，从“法制”到“法治”的转变，体现出法的观念由“静”至“动”的历史变迁。1997年，“依法治国”首次写入党的十五大报告；1999年，第九届全国人大二次会议把“依法治国”载入宪法；到党的十六大、十七大报告，“依法治国”的目标逐渐清晰。从“法制”到“法治”的转变，其实蕴涵了重大的理论变化：在社会主义国家，一切权力属于人民，人民拥有的权力在我国的实现路径是将自己的权力赋予由自己选出的代表组成的各级人民代表大会，各级人民代表大会将人民的意志做出两种现实转化：一是通过立法将人民的意志法律化，二是将管理社会的权力交给执政党和政府行使，自己行使监督的职能。在这个意义上，法治成为人民行使权力的重要体现，它排除了三种可能性：一是人治的可能性，人民代表大会作为公意机关不可能将人民的权力授予任何个人。二是法律虚无的可能性，法律不再是静态的一纸空文，而是切实贯彻到社会生活中的行为规范；人民的权力由人民代表大会以法律的条文表现出来，任何对法律的践踏和否定都会遭到人民的否决。三是法律工具倾向，因为法律体现的是人民拥有所有权力的现实，而不能被任何组织和个人所驭使，成为个人或某些人谋利益的工具。

第三，“依法治国”与“以德治国”相结合，表明中国社会对于法与伦理之间的关系认知更为深刻。

“道德是人们关于善与恶、正义与非正义、光荣与耻辱、公正与偏私等观念、原则和规范的总和。”[①]道德与法律之间既有密切的渗透关系，又有明确的区别，一般来说，道德主要通过人内心的信念、思想动机来影响人的外部行为，而法律则要求人的外部行为的合法性，因此，二者的关系

① 张文显：《法理学》，高等教育出版社2002年版，第353页。

是内部调整与外部调整的有机统一。但是,在中国漫长的封建伦理关系社会中,道德取代法律一直占据主导地位,伦理通约法律成为传统习俗的重要内容。中华人民共和国成立以后,受“左”的意识形态的影响,伦理与法律曾经被同时废除,造成了社会观念的混乱。改革开放以后,社会主义市场经济体制的不断完善,市场逐利行为带来的人的产权意识的高涨,使中国社会伦理道德出现了滑坡的局面。从 20 世纪 90 年代初开始,传统思想和计划经济下的僵化意识被市场经济的浪潮不断地冲击,在中国人的心里产生了强烈的落差。这种落差在思想上表现为主体所具有的传统道德观念对市场逐利行为的评判和选择,在深层次则表现为配置资源以追求增值的资本力量对传统生产方式和配置方式的摧毁。在市场化过程中,诸多原因引发了资本扩张对资源环境的破坏和对劳动福利的侵害,造成了较为严重的生态问题和社会问题。

其一,传统的生产和生活方式被打破,工业化进程在市场经济的环境中催发了资本逻辑的展开。由于准备不足,资本的强大动力在带来巨大利益的同时也使其负面影响深刻地烙印在中国大地,同时,资本与权力的勾结导致了腐败滋生和暴利行为,对人民的利益造成较为严重的侵害。其二,西方自古罗马时期就形成了完整的罗马法权框架,经历上千年的发展,其法律体系相当完备,参与市场经济的主体具有独立的法权人格,拥有很强的法律意识。而中国民商法律制度自古就滞后于西方,改革开放后,民商法律制度的重建与落实未能跟上市场经济的节奏,许多通过不正当手段获利的行为没能得到及时的纠正和惩罚,导致市场上鱼龙混杂,“老实人吃亏”的错误导向严重影响着市场经济的秩序和道德的进化。其三,市场经济的发展带来的个人主义、世俗主义与理想主义、革命主义和传统文化发生了强烈的碰撞，计划经济体制下的集体主义、英雄主义逐步被消解，产生了极端利己主义和消极浪漫主义，主体意识日趋复杂。

针对上述情况，2000 年，党中央适时地提出了“依法治国与以德治国紧密结合起来”的重要论断。这既体现了现代性社会法治作为规范的根本特征，又彰显出中国社会特有的价值传统；注重既“修己”，又强调“安人”；既重视保障社会主义市场经济的顺利运行，又注重个体责任与义务感。很显然，这种思维对于中国现代性法治社会的构建无疑具有重要的指导意义，并成为当代中国法的观念的核心原则之一。

必须指出的是，由于这一时期社会主义市场经济发育呈现高涨的状态，法的观念也存在较为突出的问题，尤其是在知识产权保护、政府依法行政等方面存在较大的问题。首先，在知识产权领域，由于个人产权的过度放大，政府又没有做好相应的思想准备，导致知识产权事件频发，假冒伪劣、盗版复制的产品流入社会，造成了对个人产权的严重侵害。其次，举证难、打官司难、执行难等问题较为突出，相应的程序性规范没有及时跟进，导致从“法制”到“法治”转变的过程步履艰难，百姓维权程序复杂，政府不依法作为的现象普遍存在。最后，由于市场经济的快速发育，政府部门的监管制度未能健全，导致腐败现象蔓延，市场监管存在真空。上述问题集中体现为法律治理体系与权力治理体系之间的矛盾，深度考验着中国的改革开放进程。

第五节　更为公平正义与科学理性：新时代法的观念的实践与创新

党的十八大以后，中国处于新时代的历史方位，现代法律制度体系基本建成，法治国家的框架基本建成，依法治国与全面深化改革正如鸟之两翼、车之两轮，既相辅相成又相互作用。与此同时，新时代社会基本矛盾的转变，使法的观念更为注重人民性的时代内涵和时代要求。在法治与社会主义市场经济的关系、法治推动现代国家治理体系的完善等方面，新时代的法的观念再度启航。《中共中央关于全面推进依法治国若干重大问题的决定》强调："社会主义市场经济本质上是法治经济。使市场在资源配置中起决定性作用和更好发挥政府作用，必须以保护产权、维护契约、统一市场、平等交换、公平竞争、有效监管为基本导向，完善社会主义市场经济法律制度。"①显然，法治不仅是社会主义市场经济的制度保障，更是市场经济的本质特征和内在要求，还是现代国家治理体系中的重要一环。

第一，依靠法治治理贪腐行为，将党纪国法更为紧密地联系起来，全面提升国家治理体系和党的治理能力。一段时期以来，由于市场经济的高速发展，制度制约机制未能及时跟上，导致权力寻租等贪腐行为的蔓延。党的十八大以后，党中央适时出台了《关于新形势下党内政治生活

① 《中国共产党第十八届中央委员会第四次全体会议文件汇编》，人民出版社 2014 年版，第 30—31 页。

的若干准则》《中国共产党党内监督条例》《中国共产党纪律处分条例》，不但把坚定理想信念作为共产党员首要的政治任务，更重要的是，将党的执政理念融入法的程序性原则中加以贯彻，不但实现了思想建党与制度建党的有机统一，更彰显了依法治国与依规治党的内在联系。对贪腐行为的处罚，不再处于偶然性和任意性的通道中，这里主要体现出法的观念的三重进步意义：

其一，正确处理了党的领导与法治的关系。首先，党的领导与依法治国在本质上是一致的，在社会主义制度下，法体现的是党的意志和人民意愿的统一，党的领导、人民当家做主、市场经济体制改革与依法治国是有机统一的整体。因此，“坚持党的领导是全面推进依法治国的题中应有之义。只有在党的领导下依法治国、厉行法治，人民当家做主才能充分实现，国家和社会生活法治化才能有序推进”①。其次，党在执政过程中按照宪法和法律原则执政，消除过去党大于一切、高于一切、不允许有任何法的约束和监督的错位倾向。一是作为执政党的党员，无论是普通党员，还是党的各级领导干部，既要受党纪约束，也要遵守宪法和法律；二是党在执政的任何一个环节上，都存在公平公正问题，党纪只是约束党员和领导干部，但不能脱离党的宗旨，在工作程序里，必然关涉着合理性、合法性、公正性和透明性执政要求；三是从本质上说，在社会主义国家，党的规则、纪律约束只会比法的要求更严格。运用宪法和法律来治理国家和社会，要坚持依法治国，领导立法、带头守法、保证执法，不断推进国家的经济、政治、文化和社会生活的法制化、规范化。

① 《党的领导是中国特色社会主义法治之魂》，《人民日报》2015 年 5 月 5 日。

其二，党的领导与法治关系的创新。首先解决了权力边界与法治的关系。一方面，党必须在宪法和法律的框架内开展工作。现代意义上的执政党，本身意味着党对法律与制度的尊崇与维护，克服执政过程中人治的因素、偏离法治的行为、盲目尊崇的习俗与经验，以及个人决策方面的主观性和随意性等。另一方面，对党员个体而言，除了遵守国家制定的法律法规外，还必须遵循以党章为核心的党内法规。党的十八大以后，党中央健全了党的领导根本制度和工作制度等一系列制度体系；以党章为依据，建立健全一系列有助于完善党内民主、健全党纪的各种具体政策法规。

其三，在具体的运行过程中，做好两个“防止”。既要防止以倡导法治为名义，把党的领导与依法治国相对立，认为党的领导是法治化的障碍，也要防止把党的政策与法律画等号，以政策代替法律作用。作为执政党，中国共产党已经开始注重把政策上升为法律，通过政策的法治化来实现党的领导与依法治国的有机统一。

第二，以人民为中心的法治观念，注重政府守法与公民权利的实现。黑格尔曾在《法哲学原理》中提出，自由在意识形态中就体现为“法”，黑格尔法哲学的积极意义在于从哲学的高度反思了市场经济的根本动力，全面总结了现代性逻辑中市场经济与法的内生关系。但与所有资产阶级哲人一样，黑格尔基于资本永恒性立场，把资本主义国家神圣化，不承认私有财产是一切不平等产生的根源，德国古典哲学在黑格尔那里达到顶峰后开始解体，近代启蒙以来为资本合法性辩护的证明越来越体现出其虚伪性。进入20世纪之后，哈耶克从六个方面解答了自由的概念：作为内生秩序的自由、政治自由与经济自由、作为力量或能力的自由、作为一种状态的自由、消极的自由(自由与法的关系)、自由离不开制度。可以看出,这些自由观念中最核心的因素在于强调制度与法的作用。由此可见,只有与法治相结合的自由才是真正的自由,法治的真正含义在于政府守法。当然,作为资产阶级学者,无论是黑格尔还是哈耶克,其法治思维的前提是天赋人权,因此具有不可克服的抽象性与虚伪性。而社会主义法治维护的自由,是基于现实的生产力水平而进行考量的,其最终目标是实现人的全面自由发展。习近平总书记指出:“我国社会主义制度保证了人民当家做主的主体地位,也保证了人民在全面推进依法治国中的主体地位。这是我们的制度优势,也是中国特色社会主义法治区别于资本主义法治的根本所在。”[①]党的十八大以后,通过不断推进全面深化改革,政府职能进行了一系列调整,简政放权,依法行政,以及注重行政的程序化、公开化、透明化已经成为新时代法治观念的重要组成部分,极大地推动了公民的现实自由发展。尤其是关于现代政府的定位,显示了政府在落实法治观念方面的进步。

其一,明确了“现代政府”的五个职能定位。根据十八届三中全会报告,“现代政府”的职能可概括为“宏观调控、市场监管、公共服务、社会管理、环境保护”。这里包括两层含义:一是“现代政府”应保持宏观经济稳定,加强和优化公共服务,保障公平竞争,加强市场监管,维护市场秩序,推动可持续发展,促进共同富裕。二是政府必须深化行政体制改革,创新行政管理方式,增强政府公信力和执行力,按照市场经济的要求建设法治政府和服务型政府。

① 习近平:《加快建设社会主义法治国家》,《求是》2015 年第 1 期。

其二，“现代政府”与社会的关系表现为：一是多样化体制的协同治理关系，国家和政府承担的责任，越来越多地交由各种社会组织、私人部门和公民志愿团体担负。在宏观规范与调控中，政府通过与各平等主体良性合作来实现对社会的有效治理。二是多元化主体的全面治理关系。依据不同领域的发展需要，政府通过适度向社会放权，激发社会组织参与治理的活力，给其参与治理的机会和空间；在多元治理中与社会构建一种新型有序的合作关系。

其三，“现代政府”须高度运用信息化、数字化、网络化的工具手段，最大化地实现行政效率。现代政府的构建离不开五大要件：网络平台、电子政务、听证与问责制度、预算与决算制度的透明化和评价制度化、政府接受多种关系有效监督的制度。政府要优化配置要件，实现现代政府运行的科学化、效率的最大化，逐渐推出网络政府、数字政府。

其四，“现代政府”行政的公开性、透明性和人民的参与性。“现代政府”把群众满意不满意、高兴不高兴、答应不答应作为行政的出发点和落脚点，从公开政府的各项行政权力范围职责，到权力行使过程，再到行使结果，政府的整个流程都有公开机制，做到信息公开透明，展示治理诚信，切实保障人民群众的知情权、参与权、监督权，实现服务政府、责任政府、廉洁政府的目标。在此方面，要加大对政府的公共性领域的研究。

其五，“现代政府”决策民主化、规范化和科学化。在政府工作过程中，政府拥有科学民主的决策、执行和监督机制。做到重大规划、重大项目和重大政策的决策，充分发扬民主，集思广益；在执行环节和监督环节，广泛听取社会意见。

其六，始终坚持“现代政府”的中国特色和制度优势，以区别于西方政府的政治模式。资本主义市场经济中的政府，只具有“守夜人”“裁判员”“消防员”三种职能。社会主义市场经济中的政府，既要当好“裁判员”和“消防员”，还要在完善市场经济体制方面进行“顶层设计”“制度供给”，提供“路线图”。

其七，“现代政府”绩效考核科学化。“现代政府”从人的全面发展的角度出发，更加注重政府服务质量，采取先进的考核标准，制定科学的考核体系，不会只以国内生产总值增长率来论成败，而是把改善民生、社会进步、生态效益等纳入考核指标，评定考核实绩，力求不断提高政府的治理质量。

第四，通过法治维护社会公正，彰显社会主义的优越性特征。社会主义市场经济区别资本主义制度下市场经济的一个本质特征就是生产资料公有制占主体地位，经济运行以人民性为价值取向，目标是实现全体人民的共同富裕。进入新时代以后，中国社会更加注重通过法的形式保障社会弱势全体的生存权和发展权，使人权概念真正加以落实。

其一，在经济法律的制定上更加注重社会公平与分配公正。追求公平与公正是社会主义的一个基本目标，虽然市场经济会带来公平与效率之间的矛盾，但社会主义制度的优越性就在于用自身的制度优势克服或减轻市场经济固有缺陷带来的负面影响。市场经济的本质是法治经济，因此，社会主义市场经济体制下追求社会公平与分配公正的重要特征就是用法律来调适而非用权力直接干预，通过法律的调节使社会贫富差距逐渐趋于缩小。具体而言，体现为以下三个方面：一是通过法律的形式确立生产资料公有制的主体地位不动摇，这是社会主义法治的本质要求和制度实现的物质保障，也是促进社会公正的物质基石；二是利用法律法规阻断利益集团和特权集团的形成，维护市场经济的合理运转；三是在法律法规的制定方面对社会弱势群体予以倾斜，尤其是在二次分配领域，通过合理的征税制度，调整分配差距，完善社会保障。

其二，加大对弱势群体和低收入群体的经济司法救助。在资本主义国家，穷人打不起官司是正常的现象，律师只有富人能请得起，因此，资产阶级法律的公平公正具有虚伪性。社会主义国家的人民性特征要求法律的普遍性要适用于全体人民和政府组织、社会团体。因此，法律救助不仅仅是公益问题和法律问题，更是社会主义性质的体现。党的十八大以后，通过相应的制度安排，规定了司法从业人员有义务为弱势群体和低收入群体提供法律援助，在经济司法的过程中，进一步探索高效、公平、简易的司法程序，缩短人民的维权时间、减轻维权负担；法律明确规定，在经济法律的自由裁量行为中，对弱势群体和低收入群体予以倾斜。

其三，政府的经费使用由法律明确规定，对于无法详细规定的，由人民代表大会及其常务委员会同意后方可使用。长期以来，政府经费使用不透明是政治体制改革领域内的"深水区"，政府经费的使用通常由"红头文件"所决定，这就造成了经费使用的任意性，这是与法治相悖的做法。自党的十八大以后，通过法治观念的不断培育，各级政府清醒地认识到，政府所用的每一分钱都是人民的劳动所取得，最终应该用于增进人民的利益并受人民的监督。在社会主义市场经济体制下，要想切实做到政府不随意干涉经济活动，也必须从源头上对政府经费的使用加以控制与监管，因此，政府的经济行为必须置于法律的调控之下，这是保证社会主义市场经济不偏离人民性取向的一个重要维度。

第五，法治从一种外在的监督力量逐渐成为人们心中一种自觉的观念。党的十八大以后，由于市场在资源配置中起决定性作用的落实，社会交往方式逐渐告别了前现代的以人际关系为核心的模式，契约精神的普及使法治观念从一种外在的强制力逐渐演化为人们内心的约束力，遵法、学法、守法、用法成为社会普遍认可的观念形态。

其一，自觉学习法律知识成为各个阶层公民的日常生活的组成部分。无论是广播、电视、报纸还是各类新媒体，在传播社会热点事件的同时，都会将法作为评判标准，无疑，这种做法已经成为普法教育的“新常态”，公民在接受媒体宣传的同时，潜移默化地学习了相关法律知识，公民法律素养得到了整体提升。

其二，更加注重法律方法的掌握。由于商业行为的普及，法律方法成为新时代中国人社会交往的重要方法。包括处理各类合同行为、调解、仲裁、诉讼等方法，公民在日常生活中都有了现实的体验，经济生活的丰富，促进了政府和公民都注重运用合理的法律手段解决问题的意识。

其三，积极参与各类法律实践。法治思维是在丰富的法律实践中训练、培养和应用的思维方式。进入新时代以来，公民参与法律实践的渠道日益丰富，比如，积极参与立法讨论，发表自己的相关意见；依法行使监督权，对国家工作人员的行为积极予以监督；旁听司法审判，了解案件的审理过程与法律程序的威严等诸多形式，对于促进新时代法治观念的发展具有积极的推动作用。

其四，养成了守法用法的习惯。法治思维是一种习惯性思维，与长期自觉养成的生活习惯有很大关系。在计划经济时代和市场经济不成熟的时期，办事找关系、托后门儿是人们的思维习惯，进入新时代以来，随着市场经济的不断成熟与完善，依法办事、依规办事逐渐成为公民和国家工作人员行为的习惯，这表明中国社会的现代性发育已经逐步走向成熟。

总之，通过对法的观念的全面梳理，我们可以洞悉中国现代性发育的行为轨迹与思想观念转变的实践动因。习近平指出："全面推进依法治国，必须走对路。如果路走错了，南辕北辙了，那再提什么要求和举措也都没有意义了。这条路就是中国特色社会主义法治道路。"[①]可见，现代法治观念与中国特色社会主义制度是一种内生关系，良好的法治观念能够为中国特色社会主义型塑合理的制度框架、营造优良的发展环境。在社会主义市场经济"公"与"私"相交融的复杂背景下，应摒弃过去"非私即公"或"非公即私"的僵化思维，确立"公私融合、产权明晰"的法律意识；在学理层面明确政府与市场的边界，坚持人民本位，促进人民利益的最大化。

① 习近平：《加快建设社会主义法治国家》，《求是》2015 年第 1 期。

后　记

本书是上海财经大学张雄教授主持的上海市改革开放40周年研究系列项目“现代性发育的十四个观念——中国改革开放40周年经济哲学反思”研究的最终成果。项目自开展研究并落实为书稿以来，张雄教授数次召开课题组成员全体会议，对研究的总体思路、写作提纲、写作内容等方面进行了详细的设计与指导，逐一审定每个章节的具体内容。

在张雄教授的指导下，本书的作者用集体智慧与汗水完成了研究内容。各章节的撰写分工如下：

导论由张雄（全国经济哲学研究会会长，上海财经大学教授）负责；

第一章由张雄、熊亮（上海财经大学博士研究生）负责；

第二章由曹东勃（上海财经大学副教授、博士）负责；

第三章由姜勇（上海财经大学博士）负责；

第四章由宁殿霞（复旦大学博士后）负责；

第五章、第十章、第十四章由王程（复旦大学博士后）负责；

第六章由康翟（上海财经大学讲师、博士后）负责；

第七章由平成涛（扬州大学讲师、博士）负责；

第八章由申唯正(浙江师范大学讲师、博士)负责;

第九章由李秀辉(浙江海洋大学副教授、博士后)负责;

第十一章由任瑞敏(复旦大学博士后)负责;

第十二章由董必荣(上海财经大学讲师、博士)负责;

第十三章由速继明(上海电力大学副教授、博士)负责。

王程、王婷(安徽财经大学)承担了全书的编务工作。

在本书即将出版之际,课题组衷心地感谢上海市哲学社会科学规划办公室、上海市社联对本课题研究的指导与资助;感谢上海财经大学出版社金福林社长和编辑的精心策划,他们一丝不苟、认真严谨的工作作风令人钦佩;同时还要感谢参与该课题立项、结项、审稿等环节的评审专家,给我们的研究提供了十分重要的意见与建议。谨以此书一并答谢。

著　者

2018 年 12 月于上海

图书在版编目(CIP)数据

改变中国人的十四个观念:改革开放40年经济哲学范畴诠释/张雄等著. 一上海:上海财经大学出版社,2018.12
上海市纪念改革开放40年研究丛书
ISBN 978-7-5642-3123-1

Ⅰ.①改… Ⅱ.①张… Ⅲ.①经济哲学-研究
Ⅳ.①F0

中国版本图书馆CIP数据核字(2018)第219049号

责任编辑 李嘉毅 吴晓群
装帧设计 人马艺术设计·储平

改变中国人的十四个观念
——改革开放40年经济哲学范畴诠释
张雄 等著

出 版 上海财经大学出版社
(200083 上海中山北一路369号)
印刷装订 上海叶大印务发展有限公司
开 本 787×1092 1/16
印 张 23.5
插 页 3
字 数 268
版 次 2018年12月第1版
印 次 2018年12月第1次印刷
ISBN 978-7-5642-3123-1/F·3123
定 价 89.00元